不仅是户外运动必备手册
更是让你变得强大的生存指南

我无法想象，一个不对人生这场游戏倾其所有的人能获得成功。
这在荒野求生的世界里也同样如此，幸存者永远都是用尽全力活下去的人。
在人生中，在求生的关键时刻，你如果踌躇不定，就会失去力量。

贝尔·格里尔斯

荒野求生手册

Born Survivor

Bear Grylls

【英】贝尔·格里尔斯 著

李璞良 译

時代文藝出版社

图书在版编目（CIP）数据

荒野求生手册 / (英) 格里尔斯著；李璞良译. —2版.
—长春：时代文艺出版社, 2014.9
书名原文: Born survivor
ISBN 978-7-5387-4649-5

Ⅰ. ①荒… Ⅱ. ①格… ②李… Ⅲ. ①野外－生存－手册
Ⅳ. ①G895-62
中国版本图书馆CIP数据核字（2014）第205275号

吉林省版权局著作权合同登记号 图字：07-2011-3505

First published as BORN SURVIVOR by Transworld Publishers

本书译本由稻田出版有限公司提供

出 品 人　陈　琛
责任编辑　王默涵

荒野求生手册
(英) 格里尔斯　著　李璞良　译

出版发行 / 吉林出版集团　时代文艺出版社
地址 / 长春市泰来街1825号　时代文艺出版社　邮编 / 130011
总编办 / 0431-86012927　发行科 / 0431-86012939
网址 / www.shidaichina.com
印刷/廊坊市兰新雅彩印有限公司
开本/787毫米*1092毫米　1/16　字数 / 353千字　印张 / 17.25
版次 / 2014年10月第2版　印次 / 2014年10月第1次印刷　定价：49.80元

图书如有印装错误　请寄回印厂调换

鸣谢

感谢电视节目制片方和摄影组……你们实至名归。我们一起走过漫漫长路，途经无数国家，日以继夜在一起录节目。虽然饱受蚊虫叮咬，但一路欢笑。尤其要提到西蒙・雷伊和保罗・丽塔，谢谢你们。

感谢全球出版公司的萨拉・埃姆斯利和道格・扬，感谢坎宁安管理的克洛艾和西蒙，还要感谢 ARG 公司的迈克尔・福斯特和利伯蒂，感谢你们一直以来给我的支持和帮助。感谢理查德・马登，谢谢你曾经陪我一起熬夜，不管怎么看，你都是顶天立地的汉子。

感谢“多样布里斯托尔”的罗布・麦基弗，感谢探索频道的玛丽・多纳休和彼得・罗夫林，还要感谢第四频道的拉尔夫・李和凯文・莱戈，感谢你们一直以来对我的信心。非常感谢。

尤其要感谢我的太太和我的两个儿子，在这漫长的一年里一直与我同在，虽然有时他们人并不在我的身边，但我们的心一直都在一起。现在我回家了，我会更负责任，这点我保证。

卷首语

谨以此书送给我的两个宝贝儿子杰西和马默杜克，无论何时，任何决定胜负的关键时刻，你们和你们的老妈都是在隧道那头指引我回家的明灯。

深爱你们的老爸　贝尔·格里尔斯

智慧固然羡煞人，但真正能够激励人心、真正加速我们脉搏并振奋我们精神的，却是和它相反的东西：一股雄壮且义无反顾的冲动。

不妨想想看，让我们赢得维多利亚十字勋章的并非智慧，而是疯狂冲撞不利情况的那股豪气。让人类画出《蒙娜丽莎》或谱出贝多芬的《英雄交响曲》等不朽之作的，也并非智慧，因此，聪明人绝对不会一开始就步入艺术的殿堂。驱使人们凭着移山填海之志，达到耐力之极限，从而实现一些疯狂梦想的，也绝非智慧，而是潜伏在他们灵魂深处的倔强个性。同样地，激励人们在各处冒险，追求看似绝望的爱情的，亦非智慧，而是那股无法压抑的热情，以及一息尚存便永远无法浇熄的冲动。

既然如此，何不在进入棺材前尝一尝危险的滋味呢！

理查·莫里森（Richard Morrison）

——《时代杂志》

导读

你知道北极的松鼠是所有已知的哺乳动物中，唯一一种可以把体温降到冰点以下的吗？还有，你知不知道，瓢虫身上的明亮色彩是一种效能极强的警告，一旦受到骚扰，平时隐藏于脚部那股油腻且充满恶臭的黄色血液，就会在这时汩汩而出从而制止掠食者？

如今的人们都把自然界比喻为“野人之地”，就仿佛大自然是一处蛮荒、粗野、失控且让人狼狈不堪的地方，但其实不然。事实上我对自然界认识得越多，就越了解它的生命其实是有秩序的。如果你花些时间徜徉在植物王国、动物王国或昆虫类王国中并观察，就会看到一个静寂无声，但却永远在移动、成长、改变的世界，一切都那么协调一致。

讽刺的是，我们这个人造的世界才是真正的“野人之地”，杂乱、失序、一片蛮荒，只有置身在大自然中，才能让我们意识到真正的和谐。在人的领域内，不管目光落在何处，都会有纷争，而且人生也都缺乏目标，大到国与国之间彼此征伐、民族间因信仰不同产生冲突，小至企业明目张胆地污染山川大地、个人在路边任意倾倒垃圾等，这才是真正的“野人之地”，也代表我们的人生其实处于极不和谐的状态。总之，人造的那些东西才杂乱、失序、一片蛮荒，而且我们人类也一直在滥用周遭的一切资源。然而在大自然中，却没有上面所提到的任何事情，没有贪婪，没有浪费，也没有猜忌。看来只有身处于这片大自然中，真正的生命奇迹才会发生！

雪花莲之所以能生存下去，是因为雪把它们与霜隔离，而如果赤身裸体的人类在这种雪地中，不消数分钟便会步入死亡。我曾在狂风暴雨中，目睹到善知鸟笨手笨脚地在冰山之间，伴着高达九级的强风卷起的北极波涛振翅而飞，可是我却可以明显地看出来，它们充分享受着其中的每一刻而自得其乐。反观我们，当时我们离陆地 800 公里远，虽然我和队员置身的那叶扁舟拥有最先进的设备和技术，而且我们身上的衣服也没沾湿，可是，一行人却似乎快要在寒冷与恐惧中踏上黄泉路，而非死于装备不足或技术落后。总之，自然界处处都显示出，它比我们更大、更好、更灵巧、更强以及更有力。

只有当我回到所谓的“蛮荒”时，才会发现自己的心灵又真正活了过来。也只有在这个时候，我才会开始感觉到自己内心的那种旋律，也意识到与周遭的一切取得了协调，于是我开始看见幽暗处，辨别山林原野的气味，领悟到东风和西风的不同。这个时候，我才又再度成为一个人，依照大自然所创造我们并孕育我们的那套方式存在于天地之间。这些“野人之地”帮助我们脱掉社会覆盖在我们身上的一切衣裳，褪除我们在街头看到的、郁积于我们内心已久的所有挑衅，或是卸除我们在毫无盼望或梦想的人们身上所目睹到的一切麻木。

如今不知有多少人在走路时双眼下垂，定格在人行道上。对这些人而言，生存所讲求的无非是如何安然度过生活中的柴米油盐，逃过老板的“追杀”，以及通过可以决定我们生死的种种面试。虽然这些都是重要的事，但如果我们将自己的生命局限在面前的人行道上，那么一定会失去更多。

只要我们能够抽出些时间抬头仰望就好了——或许可以利用在公园的椅子上享用午餐的片刻，当我们这么做时，为什么会有更好的感受，为什么我们的想象力会被引燃，还有，为什么沉睡已久的雄心壮志和梦想会苏醒过来？大自然会让我们乐于这样做，我们有更远大的抱负，绝非只是盯着人行道发呆，我们有一个美好的生命，更有一个非凡的世界，而它不就是为了供我们享乐而创造出来的吗？

此刻我们人类却要摧毁它，无所不用其极，不过撇开这个不谈，大自然的生态现象仍然是最进步也最非凡的。毛毛虫羽化为蝴蝶虽然看似简单，但即使最棒的科技也都无法参透，我敢打赌，从小你一定很少想过这么让人惊叹不已的事。

在所有远征过的世界上注目越久，我就越觉得叹为观止。人们总是在说，这世界是那么小，然而我却一次又一次地折服于它的浩瀚无垠、丰富多彩和无坚不摧。你们知道我所看到的，正是大自然最大的恩宠之一吗？隐身在丛林深处的孤独小花，从没有博得我们关爱的眼神，但它却那么洁净、那么活泼有力、那么美丽，就仿佛这种隐蔽在深幽处的奇幻景象是上帝的爱好，正是为了取悦他自己而造的。

这世界到处都充满了如此细微而娇柔的东西，因此我们得尽到两项责任作为回报。其一是了解并保护它们，其二是懂得欣赏它们并享受它们的存在。“我们只有一次生命”，这句话值得我们一说再说，有一个充满魔法的世界正等待我们发现，而且我从这个世界学到的越多，也就越了解到仍有许许多多东西等待我们明白。

我深切盼望这本书不仅能够有朝一日救你一命，同时更能鼓励你展开探险，开始了解并充分享受大自然对我们的厚爱。大自然不是让我们畏惧不前，而是让我们充分领略其乐趣。人类有能力支配每一种动物和植物的命运，我曾目睹到沙漠里有一支枯瘦又矮小的游牧民族，竟然能够把全世界最致命的 11 种毒蛇玩弄于股掌之上，让它们匍匐在自己的脚趾间。这到底是什么样的知识啊？

好几个世纪以来，我们的祖先已创造出许多让人目眩神迷的“营生诀窍”，永葆我们生存，保障我们不缺食物和饮水。我们未必非得扬弃这些奇技淫巧不可，不过如果你和朋友在一座荒岛搁浅，无任何供应品，而只有你知道如何从小树苗中收集水分，在没有火柴的情况下生火，还会捉蛇和剥皮，难道你不会感到骄傲？当然，人类已经用好几千年的时间进化，所以生存已成了 种本能，而上面的这些本领即源自于此。

在现代化生活所带来的种种惊奇下，人类的生命变得更美好了吗？或许我们的生活已变得更轻松或更快捷，但真的变得更好了吗？如果真的变得更美好，那忧郁症又为什么这么盛行呢？我们已经远离了内在真正的自我了吗？

这些问题的答案我都不知道，我只知道大自然让我显示出真正的自己，当我需要时间或空间时，当我身陷悲伤痛苦时，我要投奔到哪儿？——我会投入崇山峻岭的怀抱，在那儿找到一份宁静和慰藉。那种感觉就像是回到了家，我有时间尽情地嘶吼、喊叫和呼吸，那就是大自然。

要善用本书所提供的工具，帮助自己走入这条极端冒险的路程，并在身陷任何困境时全身而退。不过最重要的是，要善用上帝赐予的天赋精神。这或许需要一些复习，毕竟你已有好一段时间没用过它了，不过，它却一直在那儿静候你的到来。只要有它陪伴，生命就一定会变得更加丰盈。

何不热热闹闹、浑身充满活力地加入我们，有什么好害怕的？哦，还有，别把太多注意力放在人行道上，它不值得你这么做。

首先要请你记住的事

我喜欢摘要的部分，如果阁下时间不够或记忆力欠佳，那么这就是您需要牢牢记住的几页内容。许多人在生死攸关之际，都犯了颠倒先后次序的错误，因此就逻辑而言，本书应该从这个地方开始，先掌握住求生的先后次序，之后再进入求生的核心部分。

保护

求生的首要任务是保护你自己，不管面对的是极端情况（比如，0°C以下的温度再加上潮湿的衣服，就会在几小时内取你性命，置身毫无遮蔽的极端高温下也会如此）、危险的动物，或是即将爆炸的飞机，都必须先保护自己。

救援

次要任务便是作好待援的准备，如把石头或手上的任何材料拿到显眼处，排列成大大的“SOS”字样。一旦救援人员知道你身陷困境，他们就会立刻展开搜寻，所以，请别错过这些尽早得救的大好机会，作好必要的准备。只要安全并无大碍，就应该原地等待，镇定下来，不要乱动。如果身处交通工具当中，就待在附近，不要走失。这类的不幸故事我听得实在太多了，比方说有人在开车行经澳大利亚内地时发生车辆故障，随后顶着极端的高温外出寻求援助，结果死于脱水，数天之后尸体被人发现，陈尸处距离他们的车子仅有数公里的距离。因此务必要放聪明点，保证自己安全，让别人很容易就可以看到你，然后静待救援（置身于没人能发现的雪洞中，就不是什么高明的点子）。

如果救援人员还没有来，或是过了数天后仍没有搜寻的迹象，那就得想出自我拯救的计划，凭着自己的两条腿脱困。这应该是最后的手段，但最后必须把成功获救当作求生的主要目标，而且你也得尽一切力量自救。过程中不妨用石头或任何能够找得到的东西留下记号，指引出要前往的方向。

水

一旦有了妥善保护，足以避免一些灾害的侵扰，并且作好了待援准备，就必须活得够久才能等到救援的到来。此时水就成了最最重要的东西。这时不妨想想下面的几个“三字诀”：没有适当的保护躲避极端的高温或低温，你只能维持三个小时的生命；没有饮水，你绝对活不过三天；但如果没有吃的东西，你却可以足足熬过三个礼拜。按照这样的先后顺序，你不是一眼就看出来问题的所在了吗？——你务必要先找到饮水。

食物

如果你的计划涉及自救，那就需要更多的精力。但要记住！如果没有食物，你能存活的时间要比在没有饮水的条件下更久，而且你的身体也储存了许多的肌肉和脂肪，足以让你多干些活儿。如果饮水的供应短缺，那就要限制自己的饮食，尤其得避免摄取过多的蛋白质，以免需要更多的水来消化。在这方面不妨像早期的人类那样，学会到处觅食的技能，换句话说，在追击较大的猎物之前，不妨先找找草莓、蛆或一些甲虫的幼虫，这才是真正的生存之道。

所以，最重要的是 PRWF，就是“保护、救援、水、食物”（Protection, Rescue, Water, Food）或是“首先要请你记住的事”（Please Remember What's First）。

chapter 1

生存的基本要素

强者是由敌对力量塑造出来的，
就像逆风而起的风筝一样。

纳尔逊·曼德拉

大祸随时都可能发生，而且目前正在发生，无论个人、团体还是整个社会，没有一个人可以免受这种突如其来的命运干扰。

虽然人类已经发展到了一定的阶段，我们可以支配的科技要比过去多得多，但讽刺的是，与此同时，我们也遗忘掉了许多人类祖先赖以生存的技巧。

现在就算隔了半个地球，仍然可以实时地互相交谈或者见到彼此，而且我们也把这些视为家常便饭。除了海洋的最深处，实际上地球上已经没有什么地方是人类难以接近的了。科技可以告诉我们，我们究竟身在何处，其误差不会超过几米；它可以跨越大洲传递出求救的信息，让救援人员及早展开必要的行动；它可以协助我们，让生命力几乎完全耗竭的人得以复苏；甚至只要按下按钮，它就可以产生灯光、火、温暖、热水和食物。

然而，如果这一切在意想不到的情况下，转瞬间就被剥夺殆尽，又会发生什么情况呢？

当电被切断，我们就会在一瞬间陷入黑暗和死寂，计算机和电视的屏幕一片空白，我们就无法和世界的其他地方取得联络，我们的供热失灵，我们就无法清洗或喂饱自己。

一时之间，在短短几个小时当中，一切的经历似乎都是那么新奇，我们会发现自己竟然还有街坊邻居，我们居然会向陌生人开口说话，并且还互相扶持着脱离困境：似乎事情并没有依照想象中应该出现的那些剧情走下去。接着在突然间灯光又亮了，大放光明之余一切都恢复常态，并且大家也都相信这只是昙花一现的突发状况，在很长的一段时间内，都无须担心它会再度发生。

艰苦跋涉佛罗里达沼泽的湿地——一个无情的地方。

我们正越来越依赖各种形式的科技，不过这可是一把双刃剑。事实上，这个备受宠爱的现代世界已经越来越值得信赖，至少就表面来说确实如此，但矛盾的是，单纯的小聪明使得我们日渐脆弱而且容易受到伤害。当这些“系统”发生故障时，至少在一段不算短的时间内，人们都不再有能力应付。

当科技出了问题时，哪怕只是最基本的东西出了问题，我们往往也会感到特别无助。其实本书所谈的，就是如何匡正这种失衡的现象，并重新教导我们一些被先祖视为理所当然的技巧。他们曾经在一片恐惧中发现这些技巧，但很快就失去了它们。由此观之，这是一本工具书，主要是谈当电灯熄灭时，我们要如何求生，以及如何安全地待在户外。

一旦我们所依赖的科技被剥夺殆尽，到底会发生什么事？如果突然之间我们已没有可以联系的工具，或是我们发现自己只身处在一个奇怪的新世界，可能是一处沙漠、一片丛林或是高山上的一座冰川，我们到底会面临怎样一种状况？

这最初是怎么发生的已不再重要，或许是你的轻型飞机在飞越崇山峻岭时不慎撞毁，你到了一间人迹罕至的小屋子；或许是你在团体旅行时掉了队，一个人孤零零地被抛弃在一处不毛之地；又或许是你在山径上因雪的反光而暂时失明。你满脸的难以置信，站起来才发现自己除了衣服之外竟然已一无所有。没错！你已经走失了，而且又落单，或许你认为自己死定了，而且不会再有任何人寻找你。

此刻你没有手机，也没有全球定位系统可以帮助你脱困，它们全都遗留在所谓的文明世界，那个遥远的星球上。你连可以遮风避雨的地方都没有，没有饮水，没有火，也不知道自己置身何处，而且更不凑巧的是，此时夜色正笼罩着大地，四周有不知名的动物出没，危险把你完全包围，甚至天气也开始让你直打哆嗦。四顾茫茫，你发现自己竟身无长物，连一些在现实世界中毫不起眼的东西都不可得，没有打火机，没有水壶，也没有可以让你保暖的睡袋，望穿秋水也无济于事，这时就连一只从圣诞节爆竹上拆下来的简易罗盘，也能让你感激涕零。可是，不管你有多么渴望，它们全都牢牢地锁在你一直深深依赖的那片遥远土地上。

从现在开始，一直到你可以让自己离开险境为止，看来你都得独自求生，否则就难逃一死。

本书的宗旨就是提供各种信息帮助你克服这样的情况，在后面的篇章中，我会把目光置于所有可以想象到的地形，这样就可以让你体验到我所知道的一切技巧。一路上我也会把在皇家特种航空部队服役时期所学到的求生技巧，和各位一起分享，并告诉大家一些有关我的趣闻轶事，它们都是我从攀爬一些全世界最高、最危险的孤峰中得来的经验之谈。此外，我还加入了许多激励人心的真实故事，这些男男女女所对抗的，往往都是一些极为不利的情况，可是，他们却有办法从一些全世界最极端的环境中生存下来，并活着告诉你们这一页页动人的传奇。

我将许多特殊的技术与技巧和一些特定的地形串联起来，好让大家了解这两者之间的联系。举例而言，冬天在高山上所盖的避难所，就和在潮湿又闷热的丛林中所搭建的大不相同。不过，我想在这一章中先谈谈适用于所有不同地形和不同情况的一些技巧。

求生者的心理

当灾难袭来，我们独自置身于一个未知且充满敌意的环境里，为什么有些人会幸存下来，而有些人则逃不过死神的魔掌？常识告诉我们，答案想必在达尔文的进化论中，即所谓的“适者生存”：一般来说，身体最强壮、知识最丰富的人，也就是最可能熬过当时的恶劣情况并全身而退的人。

在任何人类与蛮荒的对抗中，上述两种属性都扮演了一个十分重要的角色，这毋庸置疑。航天员、探险家、山难救援小组的成员以及救生艇的船员等，全都拥有无数宝贵的知识，了解自己必须面对的环境，并且已经作好自我调适，使得身体方面足以应付环境所带来的各种状况。

可是，这仍与整个故事相去甚远。谈到荒野求生时我必须指出，几乎在所有的最不同凡响的传奇故事中，都牵涉到一个让人无法给出明确定义的X成分，也只有当我们掌握到这个神秘本质的源头，即所谓“人的精神”时，才会对它有所了解。

几乎在所有的最不同凡响的传奇故事中，都牵涉到一个让人无法给出明确定义的X成分。

的确有些极为特别的故事值得我们一叙，而它们所涵盖的范围也十分广泛，包括叙述英雄事迹的史诗，迷途而返的探险队带给我们的一些知名案例，还包括某某个人出于意外突然被扔到一个必须和大自然一搏的战场里，等等。按道理说，他们并没有存活的指望。

其中第一大类包括欧内斯特·沙克尔顿（Ernest Shackleton）的南极探险，这是他在1914年到1917年之间进行的一次壮举，虽然他和全体船员驾驶“坚忍号”（Endurance）身陷在大块浮冰当中，但凭着高超得让人难以置信的求生技巧，一小群人竟然成功地驾着那艘无甲板的小船，在地球上最凶险的水域里横越1 300多公里寻找救援。此外，在第一大类中还有其他迥异的环境，其中包括阿波罗十三号（Apollo 13）宇宙飞船，飞船上共有三个油箱，其中两个发生了致命爆炸后，宇航员们仍然能够驾着他们那艘负伤颇重的宇宙飞船返回地球。

第二大类则包括两个美国人的故事，他们分别是海伦·科拉宾（Helen Klaben）和拉夫·傅洛瑞斯（Ralph Flores），1936年，就在他们驾着轻型飞机飞过加拿大不列颠哥伦比亚省（British Columbia）和育空省（Yukon）的交界处时，他们不幸遇到冬季的暴风雪，飞机失事坠毁，不过他们最后却死里逃生。尽管身负重伤，手上的食物十分有限，缺乏野地求生技巧和野地生活的经验，但他们仍能设法在温度动辄-45°C的酷寒之地熬过了七个礼拜，最终幸免于难。

虽然这两大类故事都在讲述如何抵抗十分不利的局面，最终达到生存的目的，但却强调出两种迥异的情况。组成第一大类的人士都不是寻常人，比方说两支探险队的队员都拥有作家汤姆·沃尔夫（Tom Wolfe）所称的“合格特质”，否则他们不会发现自己置身于这样一个可怕的状况中。

当初他们之所以会入选探险队，就是因为这些人已经展现出身体上强壮的一面、绝佳的适应能力以及心智上的韧性，这些条件赋予了他们在极端环境下的最佳生存机会。另外，他们也受过严格的训练，拥有丰富的经验，足以在危难时有所倚靠，尤其在阿波罗十三号宇宙飞船的案例中，更可以看到这种优势。

至于第二大类就难以掌握了，故事里的主人公都不是专家，没有专业的技巧，但却拥有隐性的X成分，而它最大的特色，便是让自己活下去的意志力。科拉宾和傅洛瑞斯只是普通人，天气预报称当时的天气不适合飞行，但他们仍在第一时间决定要飞，这就充分显现出他们的判断力是不及格的。再者由于缺乏知识，他们几乎无法充分利用到本书所描述的任何一项求生技巧。既然如此，他们为什么也能存活？这个问题的答案就在于求生的真正核心上，如果要我在知识与精神之间作个选择，那不论在什么时候我都会选后者，因此在我挑选探险队的队友时，就会采用这一标准，而英国皇家特种航空部队在挑选他们的战士时也是如此。技巧是任何人都可以学会的，但绝非每个人的内心深处都有那把火。

在上述所有故事的核心处，都有一种无从捉摸的生存要素，而那把“火”所指的即是该要素。只不过在牢牢掌握住其火源之前，我还想找出一些最重要的精神特质，而那些在最后关头能够从大灾难中存活下来的人，也一再地展现出他们生命中的这些特质。这些“法则”相信会有助于你撑过和蛮荒的战斗：由于那把火只能意会而无法言传，所以只好称之为“求生的意志”，而这些“法则”正是它不可或缺的

沙克尔顿的“坚忍号”残骸。

要素。

当你发现自己一个人置身于一些无法摆脱的恶劣环境中时，首要任务便是切不可惊慌，并竭力避免做出一些会让恶劣局势变得更糟的事情。每一样东西都会陷入供应不足的窘境，尤其是体力更容易耗竭，因此，每一样东西都像是风中残烛或电力即将消耗殆尽的电池一样，务必小心地加以保护。

在这个时候，必须尽量以客观的眼光来审视自己面临的情况。在极端的压力下，最常见的反应便是拒绝相信自己已经身陷困境，可是这样做却完成不了任何一件有价值、有意义的事，生存的机会还会因此而大打折扣。与此同时，你

在这种情况下，焦点应该是：“真是幸运啊！居然还能活着！”

还要说服你自己相信，与其在失望中结束自己的生命，或是让本来就十分涣散的士气遭受更严重的打击，倒不如静待明天的获救。

人们在面对自己的生存环境时，或许会脱口说出下面这番话：“我看算了吧！何不务实一点，在这儿还有什么可选择的？”不过我却不这么想，而是会像许多天灾横祸后的幸存者那样告诉自己：“天无绝人之路，要做个乐观的人！”根据我的经验，当某些人表示自己是“务实主义者”时，通常只是为他们的悲观找个奇蠢无比的借口而已。那些能够幸存下来的人需要看到的是机会而非问题的所在，是希望而非绝望，是各种的可能性而非不可能。

记住！生死往往只系于一念之间，扼要地说，两者间的差别就在于自己的选择。你相信自己所面对的情况是什么，它的“现实情况”也就是什么，如果认定自己所面对的情况奇糟无比，根本没有一丝生存的机会，那么这场仗就已经未战先败了。你已经听过不少动人的故事，知道那些主人公虽然没有任何对抗蛮荒的技巧可以仰仗，但最后仍然幸存了下来。因此反过来说，如果选择让这些故事激励自己，就一定会知道，一些看似不可能的事其实充满了无限的可能。只要你能够说服你相信，自己绝对可以成功脱逃，那么生存机会便会远远超过其他人。

不要老是想自己的运气有多么背，而应该把焦点放在能让自己在第一时间存活下来的事情上，要知道这机会可只有百万分之一。事实上，你正要走向一段充满迷人色彩的人生旅途，而且能够活下来，运气真是好得让人无法相信。统计数字可以说话，大部分的人都是在五天之内获救的，不妨依据这些数据提起精神，保持乐观的态度，永远怀有希望。所有的生存者都紧紧抓住希望，这可能是上帝所赐的礼物！

就在这个时候，你也会发现你正同时面对自己的优点和弱点，可要注意的是，千万不要让它们在不知不觉间伤害到你。没有一个人是毫无弱点的，有些人会莫名其妙地怕黑，有些人对蜘蛛和蛇感到恐惧，在别人看来也实在是够夸张的。同样地，有些人生性胆小，但也有些人对自身能力的认知有过分夸大的可能（后者往往是最糟的）。

记住！勇气和恐惧通常是一体两面的，没有在第一时间产生害怕的感觉，就永远没办法真正地鼓起勇气来。同样的道理，那些公认的真正强者之中，也没有一个人未曾面对过自己的弱点，或是未曾克服过那些弱点，这就是置身于蛮荒世界时，你真正要做的事。当你面对每一个障碍，并进而加以克服时，比方说搭建避难处、寻找食物，或是跨越一条急流时，你的信心便会逐步建立起来，同时进一步强化自己的决心。

你的思维更会因情绪突然转变而受到侵扰，比方说再也无法见到至亲所爱的那种认知，有时会排山倒海而来，似乎要把你完全湮没。不过，千万不要犯下试图阻挡“负面”情绪的错误，如果这样做的话，反而会发现它们已让你身心备受煎熬。有鉴于此，最好的做法便是坦然接受这些想法所具有的力量，并进而把它们转化为自己的优势，换言之，即是善用它们以强化求生的决心。如果你真的无法渡过这场劫难，你的至爱也必须在没有你的情况下继续活下去，那么，不必为自己感到可怜或惋惜，而要为了他们继续撑下去，永远都不要放弃。这也就是说，不妨让他们的脸庞指引你，让对他们的追忆成为自己力量的源泉。

烦恼、痛苦和疲乏永远都只是暂时的，或许它们会持续一个礼拜、一个月，甚至一年。可是，生存下来的兴奋，和至爱重新聚首后的喜悦，以及在回首前尘之余对苦撑等待的过程油然而生的骄傲，则会持续到永远。

许多幸存者都在诉说着他们如史诗般的悲壮故事，因而让我们知道，他们能否漂亮地完成其“精神体操”的动作，其实对他们能否劫后余生至关重要。换句话说，他们一方面能够果断且明确地思考，持续把焦点置于手上的工作，并把它进一步细分为一些可以轻松达成的较小目标；而另一方面他们也能够把一些较重要的想法铭记在心，不管心中所想是信仰还是对家人的爱，都有助于他们克服一些看似无法克服的困境。

意志是我们最强大的工具，不妨静静地聆听那些幸存者的故事，看看他们如何忍受并熬过各种折磨，以及“隔离监狱”所带来的悲苦。难怪他们会谈到，到最后意志往往会成为他们的避难所、力量的所在、面对痛苦的麻醉剂，甚至是喜乐的源泉。

现在让我们来看看这个真正非比寻常的案例：1996 年，新西兰人贝克·威瑟斯（Beck Weathers）进行了一趟让他名声扫地的珠穆朗玛峰探险之旅，不过短短几天工夫，便有十多位登山队员死于非命。后来在山顶附近下了一场极大的暴风雪，之后贝克便浑身瘫软无力地躺了下来，除了严重的冻疮外，他还极度脱水。不过在经过两天一夜的垂死状态后，他居然还能够起来治疗自己的双脚，并爬下山到达安全的处所。

肯·卡姆勒医师（Ken Kamler）在他的名著《极限生存》（*Extreme Survival*）中，曾详细地描述，在濒临死亡时人体如何对剧烈的压力作出反应。此外，他也用实物说明，在最极端的情况下，在我们脑干深处有个叫扣带回（cingulate gyrus）的区域，有办法拒绝我们脑部接收到的所有在感官上、情绪上，以及理性上的投入，“创造”出它自己的真实情境。有些人曾奇迹般地从“濒死”经历中回到人间，而扣带回便好像是这些奇迹的源头。

但正如卡姆勒医师所说的，尽管科学界已经有能力约束从扣带回所发射的脑波，“但始终都会存在着一种不可测的神秘障碍，阻止我们深入地了解自己。到现在人的基本特质想必仍是不可测知的，因此到最后，我们要如何解释从极端环境中存活的原因，看来除了需要有科学外，还需要佐之以信念”。

所以我们要如何找出那把火或是那股精神？它是属于我们每个人的，还是只存在于少数幸运儿身上？我相信你我每个人都拥有它，这是极其明确的，只是有时候它的隐藏功夫实在做得太好了。或许我们终其一生都在追求一些错误的事物，那么因它们而建立的东西又怎么才能牢靠呢？像是金钱、财产或是地位等，似乎全都是肤浅的，没有一样可以带出内在的真正自我。

往往只有置身在这种梦魇般的情况，浑身的“绒毛”尽被剥除时，我们才会在足够长的时间里停下脚步，让内心深处的那股精神力量再度滋长。那把火是压抑不住的，虽然不管多久它终究会熄灭，但就像生日蛋糕上的那些蜡烛一样，它永远都可以重新点亮。而人类身上的那把火或是意志，也永远不可能完全浇熄，只要问问在第二次世界大战时的纳粹党卫军，他们曾千方百计地想要扼杀无数反抗军的那股精神，你就不难知道，可以打败铁蹄下的人民，也可以镇压他们，但永远都无法胜过人民的意志和精神。

那些在生活上极度仰赖这种意志和精神的人，会常常谈到信仰，有时候似乎难以从这些言谈中得到什么结论，但是，却往往很容易明白他们之所以会存活下来的原因。我们全都需要希望，其程度要远远超过你的理解，而希望则需要一个家，对我来说，这个家就是基督教信仰。你要到哪儿寻找自己的信仰完全是你个人的事，旁人无从置喙，但耶稣基督却是我永生之火的源头。当你只身处在异地，又怕又冷，而且归乡之路又遥不可及，那最好有谁陪伴在身边呢？是什么东西会让一个骄傲的人大声地说他什么都不需要？

所以我的信念就是，我们每个人都有这种对抗不利情况而生存下来的能力。事实上，它就是我们之所以为人的真正核心之一，如果少了它，人类就永远都不可能走到今天这种地步。可是在我们这个现代化的世界里，我们发现自己备受科技纵容，甚至可以自我保证对抗任何事物，这种想法越多，我们人性中的另一面也就越会被激发出来，我们就会想逃脱这一切。

目前我们拥有有史以来最多的安全意识，但与此同时，我们也热切渴望着冒险。没错！这正是为什么有这么多的探险家都会说出下面这番话的原因：唯一可以让他们感觉到“真正活着的”，就是面对极端危险的时候。不过矛盾的是，当他们直视死亡之时，却往往是和生命有最多接触的一刻。

或许到最后我们得承认，人类和蛮荒世界实际上是紧紧纠缠在一起的，谁也离不开谁，而且都是上帝美好创造物的一部分。我相信到最后，这一创造的源头乃是信仰而非科学，不管我们的信仰是什么，一旦少了它，就无异于冒着失去方向舵的风险，也就是相当于冒着失去人类有史以来所拥有过的所有导航图的风险，当然，这种“损失”是我们永远都不想经历的。

火：上帝的恩赐

发现生火的方法应该是人类早期最伟大的发现之一，当然，轮子的发明也让人叹为观止，但如果硬要我在两者之间作个选择，那我宁愿没有轮子而陷入绝境，也不愿意放弃生火的方法。事实上，在遥远的异乡，仍然有人生活在没有轮子的世界里，但没有火的话他们就活不下去了。

当你猛然间发现自己孑然一身地处在一个陌生又充满敌意的蛮荒世界，尤其当四周又黑又冷时，火似乎就成了仅有的真正朋友，难怪从远古以来，火就一直被视为上帝所赐的礼物，以及神之光在俗世的展现。

但是，你得用爱和尊重对待这位天赐的朋友，因为它全然值得我们这么做。火可谓多才多艺，可以赐给我们光明、温暖，让我们烹煮食物，把湿的东西弄干，并保护我们远离有害动物。但一旦现代的方法不奏效，也没有现代化设备时，我们的生活便可能陷入困境，因为连生个简单的火都是那么困难。

从安全火柴、打火机，到石油、点火剂之类的易燃燃料，都被绝大多数的人类视为再寻常不过的东西。但生火材料俯拾皆是，这是现

火会为你提供热和光，让你舒适，给你保护。

代社会才有的现象。19 世纪初，塞缪尔·琼斯（Samuel Jones）为他的“黄磷火柴”申请专利，从那时起，摩擦式的火柴就一直与我们长伴左右了。但是在这之前，人类却一直在使用几乎不变的技术，来制造不可或缺的火花并用它来生火，从最古老的时代起便是如此。

如果古时候的人想要在生活中随心所欲地取用，他们需要一个最重要的因素，那便是耐心，可是，现代化的生活方式却免除了这个需求。从地球还很年轻时起，这样的化学作用就一直未曾改变过，换言之，只要把适量的空气、热度和柴火加以结合，便可以生出火来。可是一旦缺少了现代的化学材料，那就需要正确的心理状态，才能为火创造出良好的环境。

置身于蛮荒大地，耐心不仅是“额外的选项”，同时也会让你怡然自得。事实上，如果少了它，你就一定会发现，自己所面对的情况正越来越糟。在日常生活中被大多数人视为极度欠缺的一项“日用品”——时间，届时就会在一瞬间成了极度过剩的玩意儿，所以，你应该好好控制念头，不要想以危险速度迅速解决每一件事，因为它正是火的大敌，更何况火还极有可能成为救你一命的东西。

虽然有许许多多的环境因素不是挥之不去便是处处和你作对，绝非只有雨和湿气而已，但只要有决心，就应该能够在除最极端情况之外的任何环境下制造出火来。其秘诀便是妥善准备，除此之外，也需要有不可或缺的耐心。即使花两个小时才生出火来，也远比一个小时又一个小时地被烟熏、被烟呛，但火却始终有气无力来得好。

永远都要铭记在心的是，像体力、士气、柴和火花等资源都是十分有限的，甚至全都供应短缺。还有，虽然时间似乎是唯一可以任意挥霍而你又绝对付得起的资源，但仍得谨慎地管理好时间，比方说永远都要在夜色降临之前，把火生好，因为要在漆黑的晚上找寻适合的生火材料，势必会更加困难。

从远古以来，火就一直被视为上帝所赐的礼物。

生火需要一套合乎逻辑的行动：找寻适宜的地点，找到并备妥制造火绒、点火材料和燃料的最佳材料，制造火花，“培养”火焰，以及把火安置好，等等。其中每一项都需要有妥善的规划和方法，并且注意到细枝末节。尽管地形不同，固然需要针对这一基本模式略加修正，但大原则仍是相同的。

找寻适合的地点

利用“烟熏法”让蜂巢平静下来，并顺利取得蜂蜜。

要仔细挑选生火的位置，而最重要的两大考虑事项，则分别为风，以及火与你避难处的相对接近程度。在营火旁坐过的人应该都知道，风随时都会改变，此外，少量的烟不但是我们可以容忍的，而且它还有附带的好处：逼退会叮咬我们的昆虫。

不过如果风势强劲的话，就不妨考虑把火生在防风物的背风处，像是大圆石、堤防、树干，或是两根大木头所形成的V字交叉处。另外还有其他的选择，那就是挖个沟渠以减轻风的效应。值得一提的是，如果地面能尽可能平坦的话，也会有所帮助，这样一旦下起雨来，水就不至于流经你的避难处。还有，生火处也不要靠近大树、冰壁，或是任何融雪会从上方掉落的地方。

由于入夜后温度奇低，因此，能否在晚上保持温暖也是一个主要的考虑点，在这种情况下，生火处和避难处的距离不应太远，最好是在伸手可及的范围内。这会让热度发挥出最大的作用，而你也可以在入夜后，毫不费力地照顾到火。还有，只要利用一些构造简单的热气反射装置，就可以大大提高温暖的程度。在这些装置中有些是天然形成的，比方说掉落的树干，也可以把一些小石头堆在火的另一侧，好让热度可以很容易地反射到自己身上。至于另一个更有效的方式，则是先在地上竖立起四个有斜面的柱状物，并用桩固定在地上，然后把小树枝堆在这四个柱状物之间。这方法所形成的热气反射装置是有角度的，因此反射作用最

观赏天然电视——我的那把火。

为有效。

在半夜里如果可以不用爬出“温暖的被窝”，随手一拿，就可以从木头堆里抽出一根，再轻松地往火里一扔，整个过程都能够在避难所里进行，始终被温暖包围，那该是多么棒的感觉呀！因此，不妨尽量将备用的木头堆靠近自己，但又不能过近，以免危及你自己以及其他装备。

一旦决定好了生火的地点后，就要清出一块地区，面积约 2 平方米，地上只留下泥土或石头，把其他的东西全都弄走。不管出现了什么样的天气状况，或是基于什么样的理由，大地永远都会进行反扑，想要破坏你的好事，让你生火的努力付诸东流。因此不管在什么情况下，都要先弄出一个平台，把小木头或石块堆在上面，这样可以顺利地生出火来。生火处不宜选在沼泽地，但如果非得在这种地方落脚，那就要把一些笔直的东西相互交叉地搭放，弄出一处占地数平方厘米的平台，然后用一堆木头覆盖在上面，做营火的底部。如果可以的话，宜选择绿色的木材，因为它们燃烧的速度不至于太快。

生命所系的要素

要想让火顺利燃起不至于熄灭，就需要三种不同的材料，它们分别为火绒、点火材料和燃料。它们之间的差别其实很简单：燃烧的相对难易程度以及相对的快慢程度。三者的分量必须全都符合要求，搭配起来才能发挥出最佳的效果，反之，如果只有其中一项的分量正确，那么即使有适合的温度和适量的氧气，也是绝对没用的。

火绒

火绒本是生火的一个要件，可是现代化的方式却让它显得多余。在安全火柴出现之前，在口袋里随身携带一个“火绒盒”，简直是再平常不过的事了，这样的盒子里包括燧石、钢片，以及一些火绒。火绒通常以烧焦的棉花为材质，只要有火花即可点燃。这些都是天然的东西，在面临险境时，也是你必须紧急寻找的东西。

大自然往往是十分体贴的，从过去一直到未来都是如此。在寻找任何火的燃料时，有个粗略但颇为实际的方法，那就是仔细检视每一个地上的东西。大地本身是有湿气的，像是采自灌木丛的小细枝，或是附着在死树上的那些东西，不过相较之下，枯死的树便干燥多了。你的火绒必须易燃，最好是即使受到最轻微的刺激，也可以立刻点燃的，因此不妨选择纤细、有如绒毛般的纤维性材料，像是鸟巢或鼠窝的内层、干苔藓、干草、松树的松针、香蒲、干的棕榈树，或是蕨类植物等，全都可以为我们效劳。不过，必须把这些东西拉断、撕成碎片，或是将它们梳理得起毛，这样才能够在极低的温度下燃烧，并能充分与氧气接触。至于从干木头上折下的枯枝，则不宜太粗。

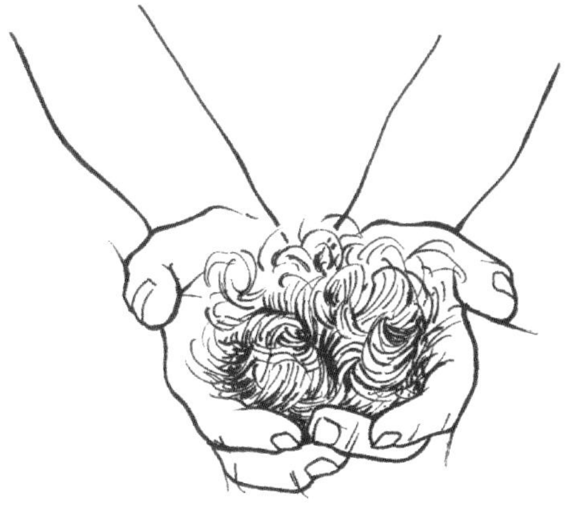

你必须能够临时准备出这些东西，一旦你知道哪些东西可以制成良好的火绒，往往就可以很容易找到它们。像种子顶端带有绒毛的植物如铁线莲等，就可以轻易地点火引燃，也可以把它拿来和干草混在一起，并让它们膨胀开来，或变得松散一些，再揉成一个球，这样一旦有火花落在它们上面时，便会很快地冒烟并燃烧。如果使用干草，也得让它们膨胀开来，或者把它们弄得更松散些，最后再捏成球状物，而且在尺寸上不宜小于葡萄。

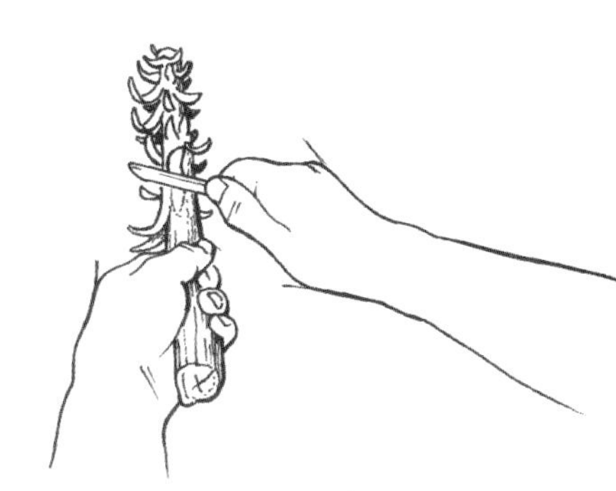

许多蕈类植物都有纤维状的内层，也是火绒的丰富来源。总之，只要是干燥、柔软且腐烂的木头，类似“朽木”等，都可以弄碎并揉成一堆可燃的东西。

寻找任何生火的燃料时，不管在何处都不能漏过地上的任何东西。

当天气寒冷又在下雨时，生火就变得更加困难了，但只要把上述事项实际应用一番，就没有理由说你生不起来火了。总之，把自己、火，以及所有的材料好好保护起来，这是众所皆知的预防性措施，而保持火绒的干燥，则是生死攸关的重大事项。想要做到这些，就永远都得确保一件事：如果找到了一些适合的材料，就得立刻捡拾起来塞进口袋，或是堆放在旁边，这样就可以利用走动的时间让它们更加干燥，并可以在往后方便地使用。

选择像是树皮等树脂较多的材料做火绒，也会有所帮助。此外诸如桦树、杜松、雪松及云杉等，在防潮的效果上也胜过其他绝大多数的植物，如果可以找到这些植物的小树枝，那就不妨用刀把它削得膨胀开来，并让它成为更松散的“火枝”。这样就可以将较干燥的内层暴露在外，并提供更大的表面区域，使得火花可以牢固地附着在上面，在添加临时制作的导火线等点火材料时也会更加方便。

有些人造的东西也可以废物利用，而且效果相当不错，比如棉织品、棉球，或是胶卷等，都可以把它们切成条状使用。完善的准备就是一切，因此，不妨把棉球弄得起毛，或变成绒毛状，这样一来，它们就不至于太过浓密，而且空气也更易于流通。

最后要注意的是，你所搜集的火绒在数量上应该是你认为所需量的两倍，这样万一在第二天早上，一切都得重新来过，你就会有足够的火绒让你再生一次火了。

点火材料

点火材料是介于火绒和主要燃料源之间的东西，所以它们必须燃烧得够久，执行应有的功能。由于火绒所产生的火焰并不会持续太久，而且又是在相对较低的温度下引燃的，点火材料就必须够小，才能很容易地着起火来。所以把松树之类的软质木材切成一片片如铅笔般大小的东西，应该就是最理想的了。

点火材料的大小也可以逐步增加，作为烧火之用，直到主要的燃料着火为止。如果常绿植物死亡，那么它们的枯枝就成了绝佳的点火材料，因为它们充满了树脂，而燃烧的速度又不至于太快。

燃料

供作燃烧材料用的木头必须有足够的燃烧时间，以及产生足够的火焰，这样才能达到我们的目的。在理想状况下，它们应该慢慢地燃烧，这样所引燃的木头堆才能保持一段很长的时间不至于熄灭，不但产生足够的热度，也留下大量可以持续燃烧许久的“木炭”。

我们所使用的燃料种类，会决定火的燃烧方式，看它最适合用于烹饪还是加热。软质木材（像针叶树、雪松、云杉和松树之类的常绿植物）在燃烧时，通常要比硬质木材更猛烈、更快速，所产生的烟雾也较多，但是热度却较低。反观山胡桃、山毛榉和橡树之类的阔叶植物，则属于硬质木材，它们虽然在一开始时较难点燃，但却会留下不断冒着烟的火炭，只要把这些火炭和烧完的灰烬留在地上，那么到了第二天早上时，仍可以用它们来重新点燃。现在不妨再说一次，当搜集燃料时，地上所有的东西都是我们寻找的来源，只要是较干的东西皆可，当然最好还是来自于死树的枯枝。还有，在我们发现它们时，它们的位置越和地面呈垂直状态，通常就越干燥，这是因为落在它们表面上的雨水会相对较少。除此之外我们也要记住，动物的粪便是绝佳的燃料，比方说在印度的某些地区，仍有人“逐大象而居”，先搜集它们的粪便，再晒干后当成加热用的燃料拿去兜售，以这种方式谋生。身处蛮荒地区时，我也经常利用大象的便便当燃料，虽然臭不可闻，但效果奇佳！

维持生命所必需的火花

现在已经备妥了生火所用的一切材料，接下来就该找到一个适当的方式，来产生足够的热度形成火花，否则如果少了这个关键要素，那所有的努力都是白搭。你或许很幸运，口袋里还带了些火柴，如果它们还很好用的话，那就要用自己的生命好好保护它们避免受潮，而且当省则省，一旦第一根管用，就千万别用第二根。

不过，别以为在口袋里找到了一些火柴，

就代表可以立刻生火获得好处。它们虽然是最容易取得的现代化点燃材料，但问题是它们并非是为了应付艰辛的使用条件而设计的，而且也很容易受潮，因此你早晚都会发现，自己还是得回过头来依赖咱们祖先所使用的那些方法。

摩擦生火

最原始的生火方式始终都围绕着“摩擦生热”这四个字在打转，其原理就是拿木头互相摩擦，产生焦掉的纤细木屑或木灰，这样就可以形成火炭或是燃屑，点燃火绒并开始整套的燃烧过程，最后产生火焰。

锥弓法

利用摩擦而生火的途径有很多，而最古老且最有效的方式之一，即是所谓的“锥弓法”，现在全世界有许多人仍在使用。

它的原理即是回转一个主轴，使之就像锥子一样进入底部的一片木板，直到摩擦所产生的热度足以生成火炭或燃屑为止。通常我们是用一张弓来回转这个锥体，并以十分耗费体力的方式驾驭那张弓。这个摩擦方式之所以最有成效，是因为弓会产生最有效率的回转动作。此外，我们也可以使用一个压力板，这个压力板最好用硬质木材制成，透过锥而把往下的巨大压力施予底部的木板。

锥弓法的三大主要元素分别为锥、弓和底板，因此务必要确保这些元素都坚固耐用、大小刚好，同时都是以最适合的木头制成的，这些都

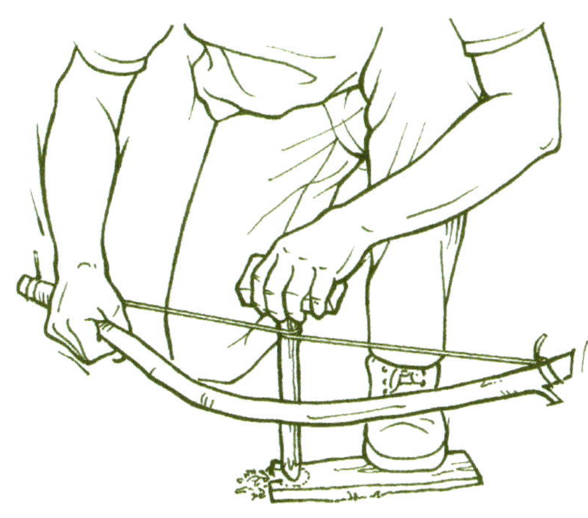

是成败的决定性因素。最理想的情况是，锥和底板都用同样的木材制成，像桦树、赤杨、美国梧桐和柳树等，都是很好的选择。

底板

底板最好是用干枯的木头制成，尺寸则为10厘米宽，20厘米到25厘米长，2厘米厚适宜。这块木板必须用脚牢牢地固定住，在用弓回转锥体时，这块底板仍须保持不动，所以只要板子没有让你的靴子有什么不适的感觉，任何的板子都是适宜的。接下去的动作，就是从一侧的边缘切出1厘米的凹槽，让主轴可以安装在里面并回转，然后再在同一侧的边缘切出一个刻痕，当燃屑在凹槽里生成时，就会透过此一刻痕落入燃屑盘，准备点燃火绒。

锥和压力板

锥体的顶部应该逐渐变尖，最终形成一个较钝的顶点，减少和压力板之间的摩擦；而底端则应该比较粗糙些、宽些，并且可以相当合适

地安置在底板的凹槽里，以便能把摩擦力发挥至最大。压力板可以用平滑的石头或是硬质木材，可以用来抵住锥体的一侧，并使之固定在凹槽中。另外，也不妨试着把一些草塞进凹槽里减少摩擦。

最好生两处较小的火，一处用来烹煮食物，另一处提供保暖和照明，这样要比只生一处较大的，但两种功能却都缺乏效率的火来得好。

弓

弓应该用活树的木头制作，这样才有较佳的弹性和效能，它的直径应该为 1.5 厘米，长度则以一米为上限。如果可能的话，最好两端都带有自然形成的刻纹，以便能为绳索提供握点，然后将弓拉紧，再用这根绳索将弓的两端紧紧绑住，使之具有较大的张力。

燃屑盘和火绒

只要够薄，任何东西都可以制成燃屑盘，使得燃屑可以顺着底板的刻痕滑入，总之，薄而干燥的树皮是较佳的选择。如果用火绒的话，就得把它弄得蓬松开来，好像鸟巢一般。双手呈杯状将其握住，使之成为球状，最后把锥体压在该球状体上，让它变成半个圆筒状的东西，这便是盛放燃屑的地方。

生火

现在精彩的部分来啦！用弓的绳子绕住锥体，使之旋转，再把锥体朝下的尖端置于底板的凹槽内，把压力板置于锥体朝上的顶端，并把燃屑盘置于刻痕之下。一脚跪在底板上，位置尽量接近凹槽，但又不至于妨碍到锥体的动作，然后用顺畅的锯木动作，带着前后一贯的向下压力，来回移动那张弓，旋转锥体。一旦建立起流畅且前后一致的动作来，烟便会开始出现，当烟出现时，再施加更多向下的压力，加快锯弓的动作，当一层浓烟开始在凹槽四周累积起来时，便立刻停止，让经过刻痕而滑入燃屑盘的燃屑生出火来。此时不妨轻扇已经炽热而泛红的火种，然后小心地移到事先准备好的圆筒状“鸟巢”里，向它轻轻吹气，要积极认真，直到它点燃为止。

手钻法

大体上手钻法和前述的锥弓法十分类似，都是借助于锥体和底板之间的摩擦而产生出燃屑。它们的主要差异在于，手钻法是由手的前后旋转来控制锥体，不过在湿气较重的天气下，由于摩擦难以维持，这个方法也就变得不太可靠。此外我们还得确定，锥体是十分笔直的，上面也不宜长有小瘤，否则手会起水疱，同时还得不断地把唾沫吐在手上，改善手握的成效。过程中不宜太用力地压你的手，因此在一开始时，不妨以轻松的来回动作为主，然后再稳定地缓缓加速，并让作用力由锥体的顶点往下端延伸。

火皮带法和火锯法

这两种方法在热带当地居民那儿颇为流行，其中前者是用一条细长的藤杖在一根扯下的树枝之间用力地来回拉动，而后者则是摩擦两根竹子产生热度。

较现代的方法

可以点燃火绒的火焰、火花或是热度，也能够由一些较现代化的发明制造出来，如打火石和钢、镁板、放大镜、双筒望远镜及摄影机的透镜等都可以。另外，像汽车的蓄电池、普通的闪光灯或手电筒的电池等，只要用一根铁丝把它们的两端连接在一起，就可以制造出火花来。

虽然有时候可以把火柴拿到太阳下晒干，但一个良好的防水方法或许更管用，比方说拿来与头发摩擦，或是浸泡在蜡烛油当中。还有，不管天气如何，把打火石和钢制物放在一起摩擦，即可制造出火花，或是把镁板的刨屑拿来与火绒放在一起，也可使成功的机会大为提高，至于其他像把镁与打火石混合在一起之类的设计，则更可产生较高质量的火花。

值得一提的是，把诸如高锰酸钾之类的化学品与以乙醇为主的防冻剂或者糖混在一起，也可以制造出火来。

火的种类

有许多种方法可以把火妥善安置好，并且通过添加燃料让它生生不息。因此在生火之前，最好先决定火的主要功能为何，这样才能让燃料发挥出最大的经济效用。一般而言，最好是生两处较小的火，一处用来烹煮食物，另一处拿来提供温暖和照明，这样要比只生一处较大的，但两种功能却都缺乏效率的火来得好。用来烹饪的火势必须均匀，不至于太大或是太小，这样烹饪器具才能轻易地置放在它的顶层，一般来说，交叉堆放的设计是最理想的。

也可以把较小的圆形木材堆成一个平台，它的好处是可以隔开地上的湿气。在十分寒冷的天气里，应该把地上的雪完全清除干净，或是在雪地的顶端建起一处由大树枝架起的平台。

十字押式

用适当的角度把较小的圆形木材一层层互相交叠在一起，就会投射出大量的热度，而且它的基础也十分牢固。这样可以形成较深层的残火或是余烬，对于烹饪食物而言是最完美不过的了，同时这也是我最喜欢选用的方法。

星式

可以把较粗的圆形木头缓缓添加到中央的区域，并使之呈星星状，这种方法也可避免体积庞大的木材在燃烧时所可能产生的问题，并为炊具提供一个较稳定的平台。

圆锥形帐篷式

它的形状类似于印第安人的圆锥形帐篷，火焰可以透过中央的空穴而向上卷烧，就好像一座通风良好的烟囱一样，把火势和烟不断往上抽。这种方法可提供更大程度的照明，但缺点是火往往烧得较快，而且不够稳定。

我们也可以用余烬或是干的矿土覆盖在火上，让它彻夜冒烟，而冒着烟的木材也可以用树皮做成的筒状物来搬运。

长木式

较长的圆形木材可以互相平行置放，是隆冬季节中前开式避难所的最佳取暖方式，此外，它也可以提供许多的空间，并为许多炊具提供一处稳定的平台。

壕沟式

在风势较大的地方，不妨用这种方式来生火。不过正如它的名称所暗示的，我们得挖掘出一个30厘米深、30厘米宽、1米长的壕沟，并用石头沿着边缘排列，用完火后还可以把它埋起来，为一整个晚上提供绝佳的地热来源。不过自始至终都得要小心有气孔的潮湿岩石，如砂岩等，因为它们可能会爆炸。有一次像这样的火床就差一点要了我的老命，要不是我及时跳入冰河中降低体温，下一餐就有免费的熏肉可吃了。

蛇洞式

可以在河床边的下风处掘个洞，并堆放枯枝或是其他东西，使它的上方形成一处空穴，实际上就相当于制造了一个烟囱。在地下起火可以提供一处焦点较集中的热源，可用它来烹饪，也可以保存好燃料。此外在这种方式下，火会从缝隙处吸入大量的空气，减少浓烟量，而且可以很容易在风势较强的地方点燃。

不管是哪种火，保持其有效率燃烧的关键，都在于小心调整空气的流动，并确保每一

片木材都紧紧靠在一起，这样一来，热度才不至于无谓流失。火最热的部分并非火焰本身，而是当火逐渐增强并成为火床时，所形成的炽热火炭，任何火都是如此。至于用来炙烤和烘烧的最佳火种，则非火炭所形成的均匀火床莫属，因为其热度可以从岩石的四周反射回来。

火的运送

一旦成功地生好火，刚才的满头大汗就会让你相信，火花是十分宝贵的，值得好好保存，因为火花会形成火焰造福我们。找到干的火绒通常是最困难的问题所在，因此不妨烧掉任何多余的衣服，制作出若干所谓的焦衣，或者用先前的火所烤的焦衣来做成薪架。在第一次燃烧后，这些余烬甚至可持续数月。

我们也可以用余烬或是干的矿土覆盖在火上，让它彻夜冒着烟，而且冒着烟的木材也可以用树皮做成的筒状物来搬运。

火是可以救命的，尤其在你又冷又湿的时候。

食物的准备

卫生问题应该是我们心中最重要的事，即使处于最绝望的状况中也是如此，或许不用说大家也知道，尤其在进行烹饪时更要注意。如果不照标准程序进行，比方说用脏手处理食物等，那你一定会为此付出代价，而且这个代价还会不轻——或许会让你没有能力继续进行下一步，即使小小的胃痛，都有可能让你脱水，并且四肢瘫软无力。

因此得试着建立一套例行公事的程序，记住每天清洗脸部、双手、双脚和牙齿两次，而且每到准备食物时，都得再次洗手。这时得尽量取用流动的水，如果不方便的话，就试着用一些沾着露水的草丛擦拭双手，就算是干燥的土壤也比什么都没有来得好。

最好猎取较小的猎物，比如小兔子、蛇、蜥蜴以及鸟类。

猎物

自行猎取较大的猎物很容易耗费时间、精力，而且充满危险，更何况由于你顶多只能带走其中一小部分肉，所以猎物大多会被浪费掉。有鉴于此，最好猎取较小的猎物，比如小兔子、蛇、蜥蜴以及鸟类。

小兔子

先取出肠、肚等内脏，然后剥皮，并去除头及四肢。最后用尖锐的树枝刺穿，再放在滚烫的火炭上炙烤，炙烤过程中还得不时地翻转。

蛇类

先去除头部、蛇皮和肠胃，并把剩余的蛇肉切成一块块的。放在滚烫的火炭上炙烤风味最佳，也可以把整条蛇层层包覆在一条树枝上，并用蔓草或类似植物的纤维把蛇肉的头尾两端固定，然后加以炙烤。这种方法会很有效，而且所耗费的时间也不多。

蜥蜴

在放在火炭上炙烤之前，只需去除头部和内脏，蜥皮仍可保留。

鸟类

如果不立刻去除头部、羽毛、内脏的话，鸟类的肉质会很快腐烂，此外，也应该尽快放血。不过不要浪费这些血，不妨喝了它，因为它充满了现成的营养，而且如果现宰现喝的话，滋味会相当鲜美。烹食鸟肉时不妨用树叶或是较薄的树皮包裹，并直接置于火炭上炙烤。

鱼类

只去除内脏，鱼鳞先不要去除，然后包覆上树叶或树皮炙烤，烤熟时再去除包覆在外面的东西，然后剥除外层的鱼鳞和鱼皮，露出里面刚烹调好的鲜美鱼肉。有一个秘诀可以知道鱼肉是否已烹熟：只要静待鱼眼的眼白部分凸出其眼眶，就可以好好享用大餐了。

保存猎物的肉

如果顺利宰杀了一头像鹿之类的较大猎物，并且食物的供应也很可能陷入短缺，那就可以试着将肉类弄干，或是用烟熏——只要肉类仍然新鲜，就可以这么做。由于这个过程需要在相同的地点待上两三天才能完成，所以如果当天就要移往他处的话，就不宜尝试这个方法。

在任何动物（包括我们人类）的体内，水都大约占了体重的70%，所以在完成这个过程后，搬运起来就方便多了。要先移去肉类全部的脂肪部分（肥肉），将其烹调并且吃光，因为这部分不会完全干燥，并会引发病菌。至于剩余的部分则不妨切成一条条的，而且越薄越能够增加表面积，同时更有助于干燥。

干燥的过程如下：先把若干长钉子钉在地上，使之成45度角，然后把一条条的生肉挂在上面，这样所有的肉就可以均匀地暴露在阳光下和空气中。如果四周飞来许多苍蝇，就不妨生一处火，让火势慢慢燃烧，再用烟熏烤这些肉。树皮通常是很好的燃料，可以有效达成干燥肉类的目标，但却不宜使用松树或冷杉的树皮，因为它们会产生出足以让肉腐烂的油烟。

储存食物

不管什么时候，都要确保所有的食物远离昆虫或肉食动物的嗅觉，像较软的水果或是浆果食物，最好包在树叶或苔藓中，获得最佳的保存效果。如果身处海边，不妨把海鲜类食物包在海草中，以保持食物的湿润度。千万别把食物储存在避难所或营帐里，以免引来一些不速之客，它们可分辨不出你和它们所追逐的食物到底有何不同。在落基山区，灰熊或棕熊都是严重的威胁，因此我会把所有剩余的食物放在罐子里，然后用绳子悬在距离营帐至少有100米远的树枝上。

千万别把食物储存在避难所或营帐里，以免引来一些不速之客，它们可分辨不出你和它们所追逐的食物到底有何不同。

我在加州东部的内华达山脉用火炙烤猎物。

导航和天气

除非待在原地会有很明显的获救机会，否则随着时间一分一秒的消逝，或许应该选择走出去。这时，最重要的任务就是在心理上作自我调适，掌握自己所处的情况，并确定方位。

几乎所有我待过的不同地形都需要不同的知识和技巧，其中绝大多数都可由地上的一些天然标记物观察出来，并成为方向的指引。不过这些会因地形的不同（如沙漠、丛林或北极区）而有极大的差异，因此在往后的章节中，我会逐一加以解释。

不过在这儿我想先让大家掌握若干求生导航的基本原则，不管你处于世界的哪个角落，它们都极有用处，即使你很不幸地发现自己正独自置身于不知名的地方，且没有任何全球定位系统、地图、罗盘或其他任何导航上的帮助也没关系。

在放弃第一个安身位置之前，心中得有明确的方向和目标，因此得先确定如果继续留在原地，会失去所有获救的机会，而且也必须决定，在能力许可下最好抢救并携带什么样的设备和供应物。此外，至少还得知道目前以及未来的天气变化。

如果身处高地，或是可以轻易占据一处有利的地点，检视周遭的地形，就绝对会帮助你掌握眼前的情况，并且以目测法在心中绘制出一幅地形图。此外，也不妨关注一些显著的地标，帮助自己在动身离开时重新确定自己的方位。这个时候，应该寻找并注意一些河流和山脊，因为这些都是大地的重要“纹理”，可以帮助我们确定自己的方位。

权宜的导航辅助

在决定出发时，如果能够知道罗盘四个方位基点的大致方向，应该会有很大的帮助。在一些缺乏特色的地形中，比方说在沙漠或海洋里，这些相关知识不仅宝贵，而且关乎生死。换句话说，如果不知道东南西北而任意走动，就多半只是原地打转，并且耗尽了日渐枯竭的饮水和精力，一切都徒劳无功。

以下这些权宜之计虽然十分简单，但却是十分实用的导航辅助办法，过去我曾经使用多次，它们对确认自己的位置帮助很大。

树枝阴影

先找到一根长约一米、大拇指粗的笔直树枝，摘除所有的嫩枝，并垂直插入平坦且柔软

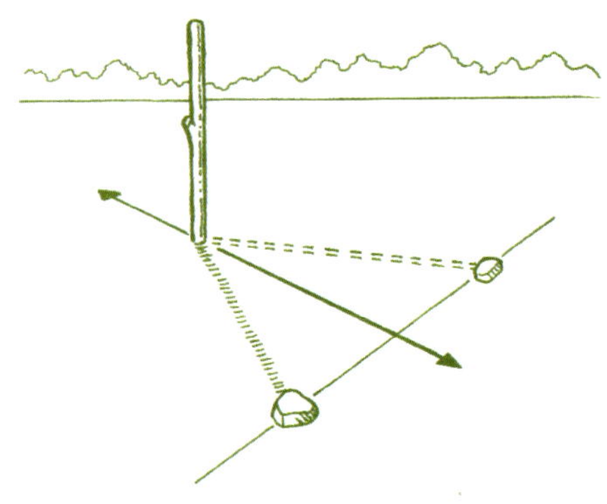

的地面。接着在树枝顶端所形成的阴影处仔细作个记号，15 分钟后，在树枝顶端所形成的阴影处标出记号，将这两处记号连成一直线，就代表东西两方所形成的轴线，如果再标出这条直线的垂直线的话，即是代表南北两方所形成的轴线。

在北半球，我们可把左脚放在第一个记号上，再把右脚放在第二个记号上，这时你面对的就是正北方，如果在南半球则完全相反。

使用腕表

如果在北半球，而且手上仍然戴着手表的话（当然功能还在），就可轻易地推算出方位基点。方式是先把时针对着太阳，再以一条虚拟线平分时针和“12”这个数字所形成的夹角，而这条线就是南北两方所形成的轴线。

这时太阳在空中的高度，以及当时的时间，会告诉你这条轴线的哪一端是南方，哪一端又是北方。记住！太阳从东方升起、西方落下。

如果在南半球，就把表面的“12”对准太阳，并以一条虚拟线平分它和时针所形成的夹角，而这条线就是南北两方所形成的轴线。

如果所戴的是数字显示型手表，没有时针、分针的话，就只需把当时的时间以指针式手表的表面画在地上，然后再视自己究竟是身处于南半球还是北半球，就可依上述原则判断出南北的轴线。

即兴制作的罗盘

任何较薄的金属片都会很容易磁化，可以制作成罗盘，不过要确定该金属片是会生锈的铁片，而非铝、银或金。要是有一根针或刮胡刀的刀片，那就真是再完美不过了，但一根拉直的回形针，甚至一根带刺的铁丝都可以发挥出其功能。如果能够抢救出一块磁石（所有的喇叭和耳机内都有）固然很好，但如果没有的话，那么一片丝织品或以合成材料制成的东西（像是一顶降落伞），甚至手臂都可以制造出微弱的磁荷。

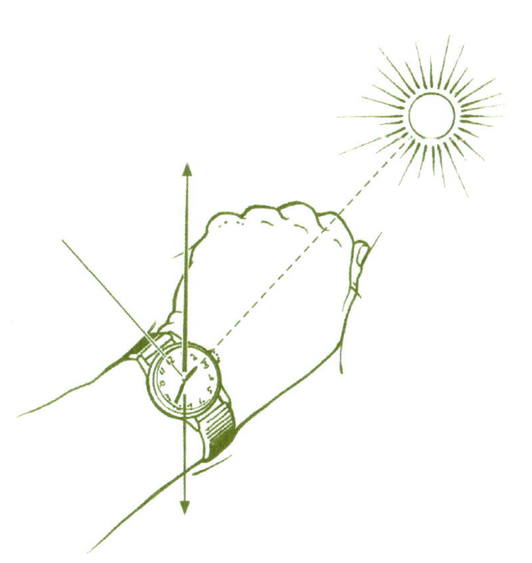

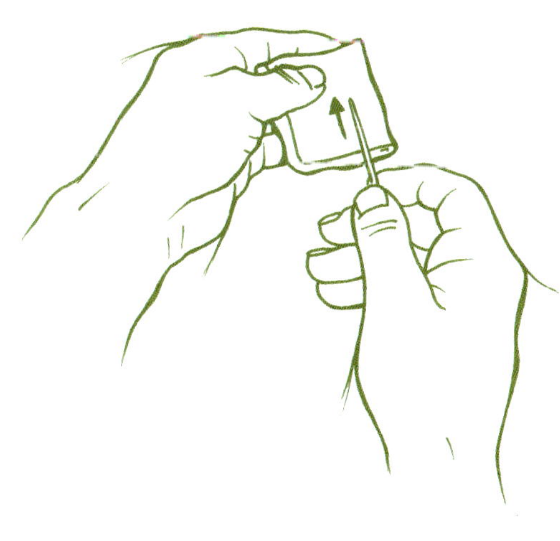

用上述的织品以相同的方向沿着针之类的金属物来回摩擦约 30 下，每一下结束时都要小心地将针举起，再重新开始先前的动作，然后让针浮在一片较薄的树叶或树皮上，如果使用刀片的话，可以把它悬挂在线的尾端。这时不管是针或刀片，都会缓缓地显示出南北的方向。

我们也可以使用电池让针磁化，或是用一些绝缘线沿着针盘绕，如果没有绝缘线，就不妨用树叶包着针。接下去再将针附在电池（至少是两伏特的电池）的接头上，并静待五分钟。

记住！用这两种方法所制造出来的磁性会立刻消失，因此你得频频将针“重新充电”。另外要注意的是，在接近南北极的纬度区内，磁性的变化会将针拉开，而距离真正的北方相当远。

天际导航的原则

尤其在像沙漠和海洋这些毫无特色的地形里，有关太阳系的基本知识，以及星体在天际的移动和地球有何关联性等，都可能关乎我们的生死。

当我们在晴朗的夜空仰望星辰时，举目所望是那么浩瀚无垠，因此有时候难以有效掌握我们所置身的宇宙。不过人类的老祖宗却可以轻轻松松地了解到天际的奥秘，比方说他们可以把横过夜空的群星，组合成自己所熟悉、在白天常看到的各种生物形态，如狮子、马、狗、鱼，以及在横越天际时不断舞出曼妙舞蹈的人类。

直到最近的一百多年我们才发现，在天际造成“圆形屋顶”的光带，其实是由数百万个类似太阳的恒星所组成的，名为银河，我们的太阳和周遭星体所形成的太阳系，就围绕着它运行。银河系共有数十亿个像我们这样的太阳系，至于由我们的太阳和周遭星体所组成的太阳系，只不过位于银河的边陲地带，不但模糊而遥远，且毫不起眼，更何况整个宇宙共有数十亿个银河呢（吓着了吧！别从椅子上摔下去）！

在夜空中我们看得最清楚的星辰，都是银河系中最接近我们的那些街坊邻居，而且它们都是根据一套固定的规则在运行。像我们地球，就每隔 24 小时绕着自己的轴线旋转一次，并且每隔 365 天就绕着太阳运行一周。地球的轴线倾斜 23.5 度，这就指南半球和北半球究竟是接近太阳、抑或远离太阳而运行，都得视年度运转时它们所处的位置而定，结果会导致温度的改变，进而引发四季的更迭。

所有的这一切都以它们各自愉快的方式在运行着，像月亮就每隔 29.5 天围绕地球运行一次，至于照射在月球上的阳光则会反射到地球上，并视阳光射至地球的角度，而出现由盈转亏和由亏转盈的现象。对这些现象的观察，产生出一种我们至今仍在使用的导航方法，即使离开了被我们视为理所当然的那些导航仪器，人类仍然可以用“土法炼钢”，让自己不致迷航。

我们的祖先早已了解到，星星、月亮和太阳大致上是由东方升起，并且跨越天际，最后大致落于西方。这事实再配合对某些特殊星体的观察（如北半球是以北极星为主，南半球则是以一个叫做南十字的星座为主），于是便成为数百年以来的导航基础，一直到罗盘以及可信度相当高的地图出现为止。

在夜空中我们看得最清楚的星辰，都是银河系中最接近我们的那些街坊邻居，而且它们都是根据一套固定的规则在运行。

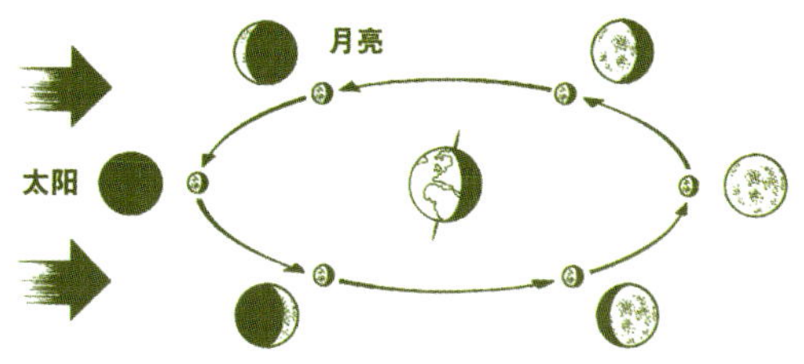

在白天导航

在白天出现阳光的那几个小时，只要观察太阳横过天际的路径，再配合对地上自然物的敏锐观察，就会对罗盘的方位基点有更深入的了解。

正如我们日常所见的，太阳从东方升起，并在西方落下，事实上，由于地球是倾斜的，所以它并没有十分精确地以此方式运行。在春分或秋分时（分别为 3 月 21 日前后及 9 月 21 日前后），太阳的确是由正东方升起，但在夏至（6 月 21 日前后）的北半球，太阳是在东偏北 50 度处升起，到了冬至（12 月 21 日前后），则是在东偏南 50 度处升起，而同样的原则也适用于日落。不过到了南半球，此现象则完全相反，而且观测者距离赤道越近，变异性就越小。

夜间导航

在夜间旅行时，是否需要这样的导航技巧，则完全视地形而定，如果至少在某些时间可以清楚地仰望天空，那就永远可以取得若干极具价值的方向指针。

善用月亮

月亮也像太阳一样，由东方升起并在西方落下，所以如果是满月的话，就可以在夜间使用前述的“树枝阴影”法，正如同白天利用太阳一样。

我们的秘诀是请牢牢记住一件事：根据定义，月亮的亮面永远都是最接近太阳之处，如果月亮在日落前升起，光面就必定是在西方；如果月亮是在日落后升起，光面则必定在东方；如果日落时间和月亮升起的时间一致，那必定是满月。

另外也要记住，如果是在北半球，那么把弦月的两点连接起来形成直线，便大致会指向正南方，到了南半球情况则相反。如果是满月的话，我们可以在斜视月亮时，找到玉兔星座的头部和两耳的位置，从而确定北方的所在：把最接近中央的那只耳朵与月亮连成一线，就大致指向北方。

如何在北半球找出北极星的位置

正如同我们眼睛所见，太阳和月亮是以由东至西的方向横越天际的，而且从任何一点来看，众星辰也都是如此，包括一些我们熟悉的星座如猎户星座和北斗七星等。在北半球，却有一个十分明亮的星星不按此规则而行，它就是北极星，它位于众星座所围绕旋转的那根轴线的北方顶点。一旦知道了来龙去脉，就很容易找出它的位置所在，并且永远都能指出正北方，只是要记住一点：置身的纬度区越高，准确度便越差，而且北极星就在我们头顶的正上方。

我们有两种方法可以找出北极星的下落，第一种是先找到北斗七星（或称大熊星座），由

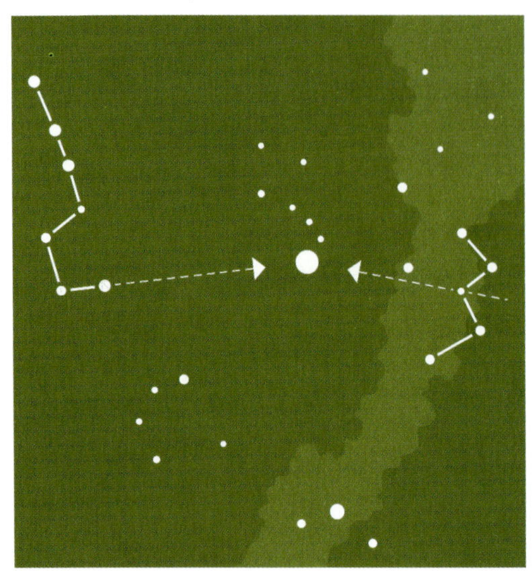

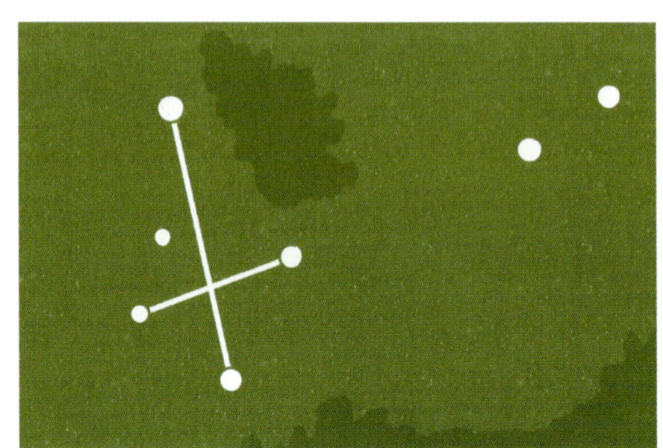

于它们像极了旧式的犁，或是更像一只附有长长把手的深锅，所以很容易辨认，更何况它们也是北半球最明亮的星座之一。把这只深锅外缘的两颗星连接在一起，就可直指北极星，换句话说，若把这两颗星之间的距离向外延伸四倍，就能给我们指出北极星。

如果碰到乌云遮掩，北斗七星晦暗不明，就得利用仙后星座来寻找北极星。这个星座看似一个巨大的“M”或“W”，而且也像北斗七星一样，会围绕着北极星旋转。如果画一条通过“W”顶点的垂直线，就可带领我们找到北极星，在亮度的指引下，它永远都是那么清晰可辨。

如何在南半球找出南十字星座的位置

在南半球，由于没有一颗星星像北半球的北极星那样具有足够的亮度，所以最好使用南十字星座当指引。它不但独特，而且有非凡的吸引力。

由于南十字星座具有十字架的外形，十分特别，因此相当容易辨认。寻找时可跟随着银河的云带，直到发现类似于墨汁状的一处乌云为止，这处乌云在天际尤显漆黑，在这处墨汁（即天文学上为大家所熟知的银河的煤袋星云）附近，即是由四颗星星所组成的南十字星座，其中的两颗更堪称为南半球夜空中最明亮的星星。不过可千万别和伪十字星座弄混了，后者是由五颗星星所组成，不但亮度较差，而且范围也更宽阔。

如果南十字星座垂直于地面，那就可以由其中心臂画一条垂直于地平线的直线，找出正南方的所在。反之如果它是倾斜的，那就可以把中心臂两点间的长度沿直线向地平线延长五倍距离，再从该点做一条朝下的铅垂线，即可看到正南方。

星辰的标记

当夜空的一部分幽暗不明时，就可以挑出任何较明亮的星辰，并把两根树枝布置得像枪身的准星一样，监控它横越天际的动作。比方说在北半球，即可依照下列原则作出推论：

- 向左移动：是位于北方的星辰
- 向右移动：是位于南方的星辰

- 向上移动：是位于东方的星辰
- 向下移动：是位于西方的星辰

到了南半球，这些规则就完全相反，比方说：

- 如果某颗星星正在升起：代表你在往东看
- 如果某颗星星正在落下：代表你在往西看

• 如果能够找到猎户星座的云状带，那就不难发现三颗较显眼的星星横跨在北方的天际。接着又可以发现三颗较微弱的星星和该云状带垂直，即猎户星座的利剑，而该剑所指穿过云状带的方向，便是北方的所在。

在赤道上，一颗星星会从正东方升起，并直接通过正上方的天空，然后在正西方落下。

入夜后一旦找到了自己的方向，就可以在地平线找出一点，或是找出一颗星星，然后跟随着它。不过要注意：千万不要追踪某颗星星超过20分钟，因为星辰通常都会横越天际而移动。只有北极星例外，正如我们所看到的，它是恒久不变的，并且永远都可以追随着它前进。

预测天气

判断变幻莫测的天气会有助于你作出各种正确的决定，比方说最好何时动身，最好在什么时候停留在原地不动，等等。让你决定动身的最好天气类型，主要还得视自己所置身的地形而定，不能一概而论，比方说在沙漠地区，如果再出现一个会烤焦大地的大热天，就绝对不是动身的理想时刻，反而适合把自己埋在洞穴里。不过到了山区，这就成了动身出发的绝佳时候。另一方面，如果置身在沙漠里的话，那么远方的暴风雨很可能成为水的来源；而如果在山区走动时发现了一些天气改变的迹象，那就最好找个隐身处或避难所，而且事不宜迟。

预测出短时期内的坏天气并不像制造火箭或飞弹那样是什么了不起的高科技。当有不好的兆头出现时，如乌云遍布，遥远处传来阵阵雷声，或是在强风突然出现后又下起雨来，等等，通常就表示短时期内天气会变坏，而此刻也应该采取些预警措施。我在皇家特种航空部队服役时，就有人告诉我一个很棒的诀窍：云是不会说谎的，它外表是什么模样，不一会儿就会出现相对应的“行为举止”。换句话说，如果云彩看起来是一副恶汉或泼妇的样子，那么不久之后它的泼辣和彪悍就

积云——一堆堆累积起来的云

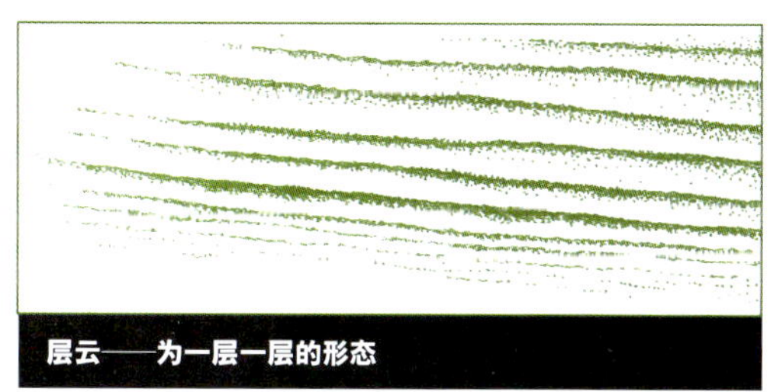

层云——为一层一层的形态

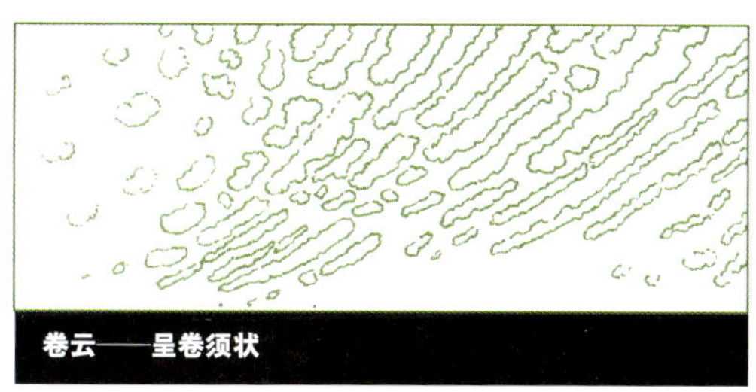

卷云——呈卷须状

	云的类别	一般描述	可能出现的天气
高云	卷云	稀薄且呈小束状的倾向，很像马尾，卷云往往是难以说明的，有些较浓密的卷云没有变化	好天气，即使有雨也很稀疏
	卷积云	所谓的“鱼鳞天”，或是“阵阵涟漪的沙地”	会下骤雨或阵雨
	卷层云	无固定形状的云，会产生光圈或晕轮效应	会下雨
中云	高积云	起涟漪的积云	会下骤雨或阵雨
	高层云	虽然出太阳，但却是一副要下雨的样子	会下雨
低云	层积云	一层层的云堆积起来	天气不会改变
	层云	一层层无固定形状的云	毛毛雨
	乱层云	一层层的云堆得很高	暴风雨
	积云	如绒毛般的云堆积起来	好天气
	积雨云	如绒毛般的云堆积得很高	雷雨

会让你受不了，反之如果云彩外表是一副温和有礼状，那么天气就大致不会太差。

不过有些天气迹象对于预测长期气象（超过六小时以上）的变化甚为有用，云彩尤其如此。因此，若能够辨识出不同种类的云彩，以及它们各自代表的意义的话，对你绝对是受益无穷的。

一旦冷空气超过它的饱和点时（百分之百的相对湿度），就会形成云。为了达到辨识的目的，云依其高度通常可分为如下三大类：

- 高云：高度为 5 000 米到 14 000 米
- 中云：高度为 2 000 米到 5 000 米
- 低云：高度为 2 000 米以下

如果依其形状区分的话，又有如下三大类：

- 卷积云：又名堆云，为一堆堆累积起来的云
- 层云：一层一层的形态
- 卷云：呈卷须状

正如任何诚实的电视气象主播所告诉我们的，与其说气象预测是一门科学，倒不如说是一门艺术。尽管如此，对云层类别的观察以及未来天气形态的可能走势等，都和这方面的知识大有关系，因此，自然值得我们加以明了。只不过要记住一点：在讨论天气时，没有一样东西是可以拍胸脯保证的。

侧风的规则

我们也可以从风的刮动情形判断天气是否发生改变，其原因不外乎是风从我们前面吹过，会产生大气压力上的改变，进而产生风向的变化。以下这些规则仅适用于中云到高云的情况：

站的时候背要朝向风，再察看是否出现下列情况：

- 如果高云来自于左方，那么天气便很可能会更糟。
- 如果高云来自于右方，那么天气便很可能会改善。
- 如果在南半球的话，这些规则便完全相反。

闪电

在荒野中如果有雷雨接近，则千万不可轻视，至少这代表会出现不受欢迎的大雨。

最重要的是，在所有的雷雨中都会伴有闪电，一旦在闪电四周的空气向外扩张，并且放出一股让人难以置信的力量时，其结构便会引发轰隆轰隆的雷鸣。当闪电打在地上，并且让电流通过附近的每一样东西时，便会释放出极大的能量，如果碰巧在不对的时间出现在不对的地点，那就会遭到池鱼之殃。记住！闪电不仅会影响到一个冲击点，电流也同时会向下及向外扩散。如果还有时间，就得立刻找寻避难所，或是较低的地方，并尽量远离空旷或开放的地方，如孤零零的大树或是大石头，这些都会招致闪电的攻击。

找一些干燥的东西坐在上面，就不易导电，即使是登山绳或木头也比什么都没有要来得好。坐的时候要维持胎儿的姿势，双臂环绕着双腿，双脚离开地面，这个方法可以确保与地面的接触达到最小的程度，并使遭受雷击的可能性降至最低。还有，要远离任何金属器具，或事先拿开它们，如冰斧、徒步旅行用的金属棒，甚至连珠宝首饰或手表都不要佩戴在身上。

此时洞穴可以提供最佳的保护，以防止闪电的攻击，不过在任何情况下，都不可以站在入口处附近，否则电流极易在间隙处散裂出火花。同样的原则也适用于岩壁，不要让它成为死亡的陷阱。另外平坦且无特色的地方也须注意，其间的洼地极容易导电。

若置身于丛林，这种闪电中夹杂着暴风雨的狰狞景象则可能每天都会上演，有时候甚至会让你感觉到，那些雷击距离自己是那么近，是那么嘶鸣狂吼并充满了暴力，好像随时都会被击倒在地似的。有一次我曾和当地的一位丛林求生专家共度一夜，听他向我描述，在某个暴风雨中遭遇雷击是如何近在咫尺。后来他出于本能把脸埋在手中，并且紧闭双眼，再也不敢去看眼前的景象。可是接着他又描述，当闪电将他抛向半空中时，他又是怎样透过紧闭的眼睛看到双手的一根根骨头。看来他老兄真是交到了好运，居然大难不死，还能在日后张口向我诉说这些。我始终认为，一个人不可能被闪电击中两次，所以下次夜访丛林时如果出现了雷雨，看来一定得一步不落地紧跟着他老兄。

站立在厄瓜多尔阿特拉斯山（Atlas Mountains）的高处，坏天气已经袭至。

绳结、陷阱和各种工具

绳结

绑绳结这门艺术没有任何秘诀可言，只要勤加练习即可。我得向各位耳提面命一番，求生的关键是耐心，而且千万不要等到独自置身在一个不熟悉的蛮荒之地时，才开始花上好几个小时的时间，试着了解绳结的正确使用方式，以及如何绑出这些绳结。

所以不管是谁，只要喜欢户外这项活动，我都会提出这样的建议：在外出走动时，不妨随手携带两根绳子，而且在烈日当头，其他的人都躲在河边打盹时，你就可以利用这段时间，多多练习我在下面将要描述的各种绑绳结的方法，直到它们成为你的第二天性为止。绑绳结是一项会带来极大满足感的技巧，因此要学会闭着眼睛也能绑出自己所喜欢用的绳结，因为你永远都不知道，什么时候得在一片漆黑中迅速地打好绳结。

知道如何以及为什么使用某些特定的绳结，对我们来说实在是好处多多。在海上航行时，不管置身于哪一种以风为动力的船只，有关绳结的学问都是不可或缺的。人类扬帆于海上已有相当长的一段时间，在这期间帆面、绳索和绳结都无时无刻不在改变中，因此我们也会很容易了解，为什么任何一种老式的祖母结都历经悠久的历史而一直未曾改头换面过。

打绳结最基本的目的，就是把两个不同的对象结合在一起，比方说可能是把两根绳子绑在一起，产生防滑的作用，或是把一根绳子绑到另一件物体上，产生类似于锚的作用，或者也可能是用一根绳子把两个不同的物件捆绑在一起（好比说在丛林中，可用绳结把一些柱子呈十字交叉状地搭在一起，形成一张直立式的高床）。

有时候当我们置身于茫茫大海或是悬崖边缘时，一个绑得既牢固又正确的绳结，可能意味着生与死的差别。不过在其他的场合，如在野外搭帐篷时，一个错误百出且松松软软的绳结，就可能带来极度的不便（比方说在暴风雨中搬动帐篷时，你就可能要使尽吃奶的力量，才能把潮湿的绳结打开，这无异于在无形中浪费了许多宝贵的时间、精力与体温）。在诸多不确定的因素中，倒有一件事是可以打包票的：任何一个绳结的失败，都可能带来无法预知的影响，尤其当你置身蛮荒地带且面临生死攸关的时刻，如果无法顺利解开绳结的话，就很可能带来致命的后果。

绳结会随着不同的目的而演变，好比说有些绳结得成为一种安全装置，能在突然需要承受重量时真正派上用场；有些绳结必须在负荷下发挥其强而有力，但同时又可以轻松解开的特性；另外也有些绳结得制作成一个扣环，一旦拉起时便可以顺势收紧；当然，更有些绳结必须能把若干大小不同，且甚为滑溜的物体牢牢地固定在一起。任何打算绑出绳结的人都应该要确定一件事：虽然往往有许多种方法可供选择，但自己所绑的绳结必须是符合当初目的的最佳选择，而且在合并后的结构中，该绳结本身绝对不是最脆弱的一环。

基本的绳结

单结和扣环

用处：最简单的绳结之一，也是许多其他绳结的一部分。通常它扎在一根绳子的顶端，防止它过于滑溜、顶端磨损，或是要将其投在某些突出物上，把它拉紧。不过要注意的是，在负荷下它可能变得难以拆解。

“8”字结和扣环

用处：较前一种绳结牢靠，也易于解开，即使绑扎的方法不正确，最后也顶多成为另一个单结而已，依然安全稳固，因此深受登山客和山地少数民族部落的欢迎。“8”字形扣环是一种随时可用的装置，比方说可做登山装置，或是在把绳索拴在长钉等支撑物上时，便可以使用这种扣环。为求更安全与牢固，还可以在另一端打半个结（详见下文平结）。

把几根绳子绑缚在一起的绳结

平结

用处：用途最广泛的绳结之一，最大的用处，即是把尺寸相等的两根或多根绳子绑在一起。不过要注意的是，如果绳子的直径不同，或如果它们是尼龙绳的话，便可能过于滑溜。还有，如果绳子的粗细度适中，又不至于拉得太紧，就会很容易解开。打结过程中要记住一个原则：要一左一右、一左一右地打结，而且如果在两端各打半个结的话，就可以更加牢固。

如果在危急关头无法顺利绑好绳结或者将其立刻解开，便往往会带来致命的后果。

双结

用处：主要用于把绳子系在一起，需要一定的牢固度，但最好不要在过大的张力下使用。

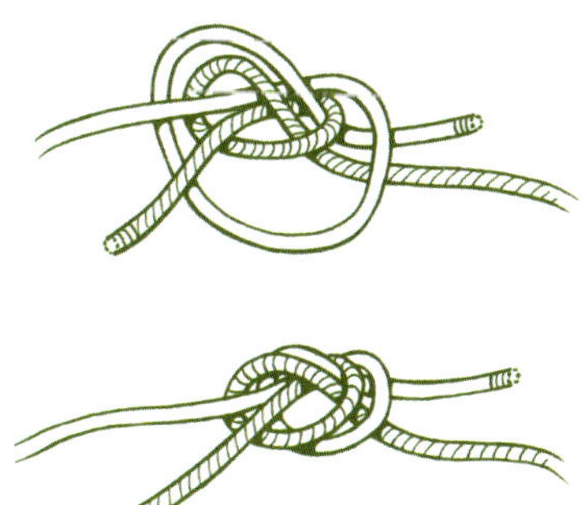

接绳结和双接绳结

用处：如果目的是要把一根以上的绳子结合在一起，那么这个方法便会胜过之前所谈的任何一种方法，而且要想把不同材质和不同粗细度的绳索结合在一起，它应该算是最理想的。值得一提的是，除非拉得过紧，否则它是很容易解开的，还有，在应付潮湿的绳子上，以双接绳结为最佳，即使在拉力经常变换下，它也不致过于滑溜。

渔人结以及双渔人结

用处：登山客在登山时就会使用这些绳结，把较滑溜的绳子牢牢地结合在一起，并且在绕着树干或石头打结时，可以确保滑轮的带索或扣环是十分牢固的。渔夫经常使用这些绳结，以便把好几个钓鱼用具固定在一起。如果在丛林里，面对的材质以潮湿的蔓草类为主，那么这两种方法也是最佳的选择。不过它并不是没有缺点的，如果绳索又细绑得又很紧的话，那就很难解开。

扣环式绳结

滑结

用处：它是最基本的扣环式绳结，通常与其他绳结纵排使用，并且应该打半个结使其更加牢固。

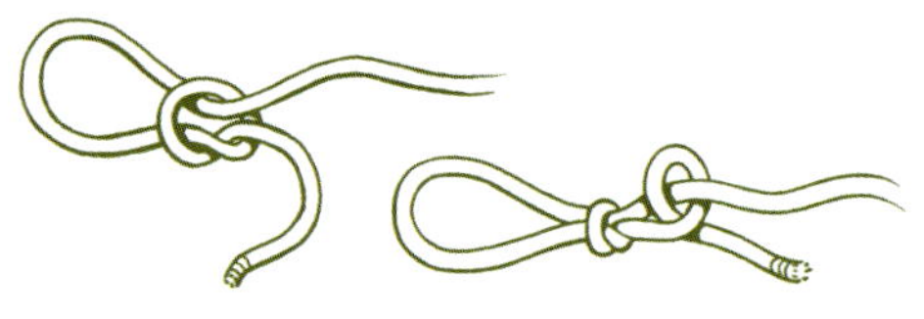

称人结（我个人最喜欢用的一种）

用处：一种甚具实用性且用途十分广泛的绳结，同时更应该列为你的首选。一般来说，无论在海上或是在山区，都可以广泛地加以应用，不但速度快，而且既结实又可靠，是围绕在身体中央形成救生索的最有效工具之一，即使使劲拉它，也不至于太滑溜或是过紧。不过最好牢记住一句童子军的老话："兔子跑出洞后，会来到大树附近，然后又钻回洞里。"如果阁下的生命就系于

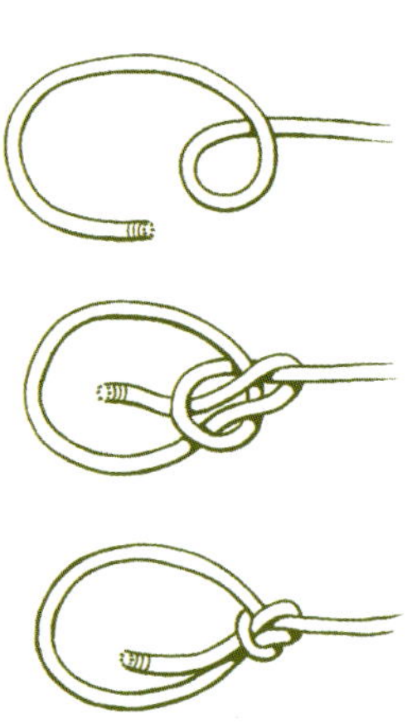

它，那就得在另一端打半个结加以牢固，以避免松脱。

活称人结

用处：尤其可使用在陷阱中，它最重要的特性就是一旦扣环里扣住了什么东西，它就一定会收紧。由于它有可能成为绞刑所用的套索或是活结，所以千万不要在人体的四肢附近使用。

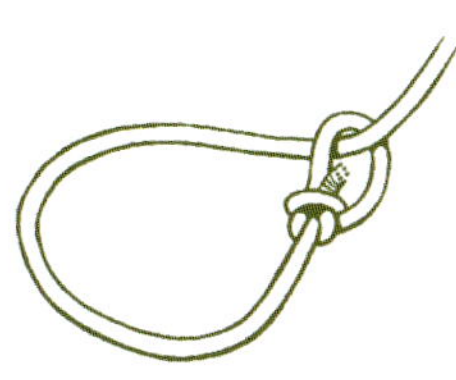

三重称人结

用处：如果想要用它的三个扣环来举起重物或是搬运重物的话，那么这种称人结就应该算是无价之宝。尤其在山区，更是举起重装备的利器，只要用两个扣环各套在一条大腿上，并把第三个扣环套在胸前即可。

学会闭着眼睛也能绑出自己所喜欢用的绳结，因为你永远都不知道，什么时候得在一片漆黑中迅速地打好绳结。

普鲁士式绳结

用处：大家熟知的车夫式绳结，拥有一个滑式扣环，可以附在树枝或是另一根绳子上，这样立足处或把手处就不会在张力下变得滑溜。可是一旦张力松开，身子就可能前倾或是后仰。因此到了多山的地形时，最重要的是得知道何时正在上坡路上。

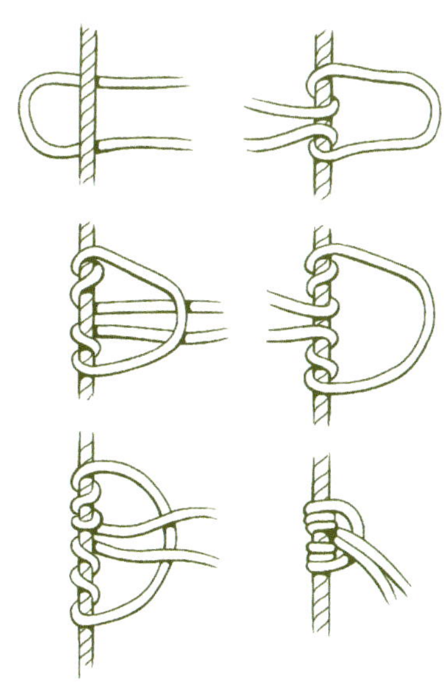

它有个替代品，即是所谓的法式普鲁士绳结，该扣环会被缠绕七到八次，而底端则是在顶端处通过扣环。一般来说，这方法要比传统的普鲁士式绳结更容易解开。

我曾使用过这种法式普鲁士绳结，它让我一路连抓带爬地从阿尔卑斯山的裂缝脱困。若是少了它，那就无法形成一个长长的踏脚皮绳，我就没有办法在它上面站起来，并沿着那根细细的绳子往上爬。若真如此，说不定我至今还在那个裂缝里进退不得呢！

用于捆绑的绳结

十字结及圆式系绳

用处：把一些圆形木头、树枝、棍棒或竹

子捆绑在一起，形成避难所、平台、墙壁或浮筏。千万别小看这些东西，它们可都是求生的基本需求呢！十字结可用在X形的结构上，让两根横梁能够以最适当的角度相交。

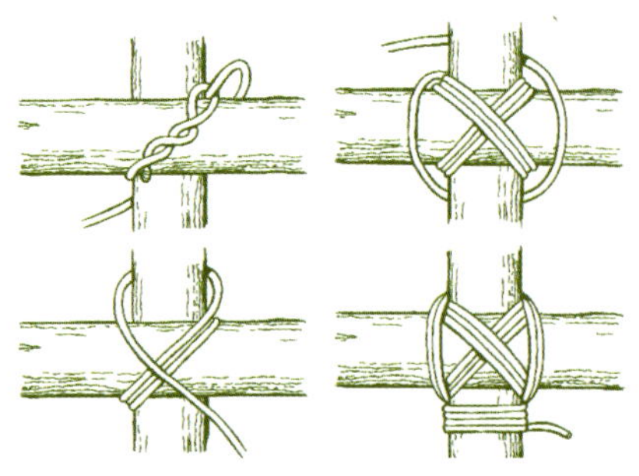

圆式系绳则用来结合两根向相同方向延伸的柱子，拉长该结构。

鞭式绳结

用处：一种简单却十分有效的绳结——只要绑的方式正确即可，其主要目的是将把手和刀身做有效的结合，或是把叉子连接到鱼叉或矛的尾端。至于张力则是一切的关键所在。

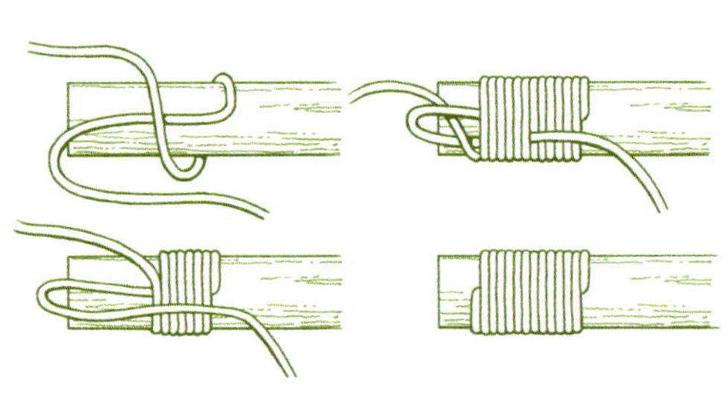

绳套

双套结

用处：把绳子附着在一个固定的点上，当柱子或杆子呈水平状态时，珠芽式拴住法便能发挥出最大的作用。不过如果柱子以某个角度立于地面，它便有可能滑开。

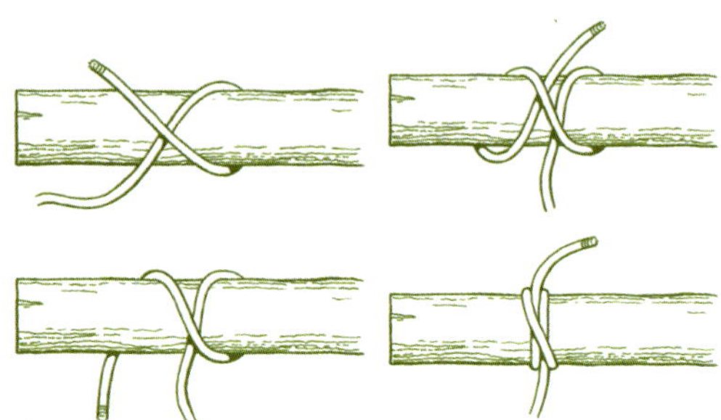

旋圆双半结

用处：最常见的就是将绳子附在树枝或柱子上，只要一拉即可轻易解开。它具有相当程度的防滑作用，而且可以从任何方向调整不均匀的拉力状态。

陷阱

在找寻食物时不应该把猎捕野外动物列为首选。一般来说，找寻植物类食物较为简单，而且用的力气也少，不过一旦制作出了适合的工具，便应该试着设些陷阱捕捉野外动物。设置这些装置不会耗费多少时间和精力，而且应该在每晚入睡之前完成。一般来说程序如下：找到避难所，搜集木材，生火，设置陷阱，这就是求生者的座右铭。等到陷阱设置好之后，就可以让它们在你休息时发挥出作用。通常捕鱼要比捕捉哺乳动物来得简单，在后面的章节中，我会陆续谈到一些最棒的捕鱼技巧。

动物一旦落入陷阱中，遭受痛苦在所难免，毕竟我们实在无法保证一种迅速又毫无痛苦的生命终结方式，因此，大部分的陷阱便在许多国家被列为非法装置，包括英国和美国。不过在求生的情况下，这一切又另当别论了，毕竟在士气陷入谷底之际，如果可以用陷阱捕捉到一只兔子，给锅里添些野味的话，相信对振奋精神绝对功不可没。

找到避难所，搜集木材，生火，设置陷阱，这就是求生者的座右铭。

陷阱通常是指一端带有扣环的一根铁丝、一根绳子，或是一根电线，动物一旦落入该活结里，就会拼命挣扎以求脱困，但套在脖子上的扣环便会越来越紧，直到把它勒毙为止。这么做固然有些残忍，但如果硬要你在自己的生命与动物的生命之间作个选择的话，相信你一定会认为这个陷阱是值得的。

只要把活结或是套索安置在适当的地方，那么绝大多数的动物都可以用陷阱加以捕捉，比如接近洞穴的入口处，或是两棵树之间的往来路径上方。此时要注意的是，不要把陷阱设于洞穴的正前方，因为这些动物通常都很警惕，一旦发现洞口出现了过去从未见过的一些东西，便会立刻提高警觉，因此，最好是置于离洞口一两步远的地方（是以它们的一两步或跳跃一两次的距离为准）。活结的安置不应该过于刻意，好让动物可以在不知不觉中陷进去，而另一端则应该牢牢地固定在一棵树或一根柱子上。陷阱在夜间最能发挥出作用，因为这时动物都无法看到它们。

成功的陷阱是根据如下的三项主要原则而来的：一是选择适当的猎物种类，并且深入了解它们的习性；二是制作出简单但却有效的陷阱，诱捕并杀死猎物；三是把它们设置在适当的地点，并加以伪装。

接着便依序探讨其中的每一项要素。

了解动物习性

首先得根据地形判定，到底能捕捉到什么种类的动物。此时野心不要太大，要懂得适可而止，某些兽肉固然会让人食指大动，可是宰杀的艰难却远远超乎想象，比如鹿就是如此。此外，这些大型动物的肉不但会多得吃不完，还会迅速腐败，除非把它弄干燥，否则肉还会重得让你抬不动，甚至引来其他的野兽，如熊等。如此一来，就无异于把自己的生命置于险境中。

效果较好的做法是猎捕些像是兔子、松鼠、青蛙，甚至獾或黄鼠狼之类的哺乳动物。求生才

在阿尔卑斯山进退不得之际，只好设陷阱捕捉猎物。

是最重要的，请把偏好和偏见留在家里，一切都得务实，此刻你所需要的是食物。

先寻找大量的证据进行合理的推论，看自己所置身的那个地区到底会有何动物出没。一旦知道要猎捕的动物是什么，绝对会有助于从其觅食处、睡眠处以及饮水处的角度切入，进一步了解它们的行为。在讨论到陷阱的安置时，这些都是重要无比的参考。

制作陷阱

既然决定了所要猎捕的动物种类，接下去就必须设定适合的陷阱，圆满达成任务。到底哪些陷阱适合哪些动物，完全得视它们的大小和重量而定，以下便是一些制作陷阱的要素。

材料

虽然绳索也可以用来制作陷阱，但如果想要尽量做到废物利用的要求，那铁丝无疑是最佳的选择。要想顺利取得材料，还得发挥想象力，就拿我来说，便曾经利用降落伞的开伞索，解开金属座，取出铁丝。要注意的是，如果猎物没有立刻死亡，它就可能咬断绳索，而铁丝就没有这种顾虑了。这时不妨选用最细小的铁丝，它绝对能够紧紧扣住猎物不放，而且即使在很大的拉力下也不会扯断。

扣环

扣环的设计目的，就是在猎物落入陷阱后紧紧绕住它们的脖子，以防其挣脱。至于扣环的大小则须视猎物的大小而定，如果扣环过大，猎物便可能顺利逃脱，如果太小，则可能让它成为漏网之鱼。因此，这个活结在张开的情况下，应比猎物的脑袋稍大些，比方说三指宽的活结可用来对付松鼠，拳头般大小的活结则适合用来捕捉兔子。在活结放置处的四周应该清除地面的障碍，使得扣环的底部可以达到猎物胸部的高度。为了达到这个目的，不妨用小细枝支撑着它。

张力陷阱

可以让小树枝在张力下折弯，并用绳索附在固定于地面的柱子上，然后再把活结本身附于其上。当陷阱弹开时，就会松脱具有扳机作用的柱子，而小树枝则会顺势把猎物拉离地面。这方法的好处在于猎物再也无法自行脱离，你辛苦得到的一餐就不至于落空。

类似的张力陷阱或弹力陷阱在种类上实在是多得不可胜数，而唯一会让它受限的，则是我们的想象力。比方说一根柱子上可以同时设有许多的陷阱，而它所代表的意义，在于这样可以事半功倍（只需要安置一个有弹力及扳机作用的柱子），因为越多的陷阱即代表越大的猎捕机会。

饵和落石式陷阱

如果在陷阱上加个诱饵的话，就会大幅增加猎物被捕获的机会，进而丰富你锅中的菜色。可用来当成诱饵的东西有很多，从动物的部分死尸，一直到啮齿类动物和一片片的兽皮，都可以吸引好奇的猎物。

在落石式陷阱中，这些诱饵最能发挥出作用：一旦猎物被饵所引诱，便会在过程中撞击到扳机，使得一个重重的大石头或大树枝应声落下，让猎物跌入陷阱中。不管任何地方，相信都可以顺利取得枯死的木头或是小的岩石，因此，落石式陷阱安置起来可谓既容易又快速。

我总是会一次安置八到十个陷阱，希望其中一个可以顺利宰杀到猎物，不过，在这方面并没有什么硬性规定。至于基本原则是，尽可能多制作并安置这些陷阱，前后连贯，要有耐心。另外在安置或定位的过程中务必小心谨慎，到最

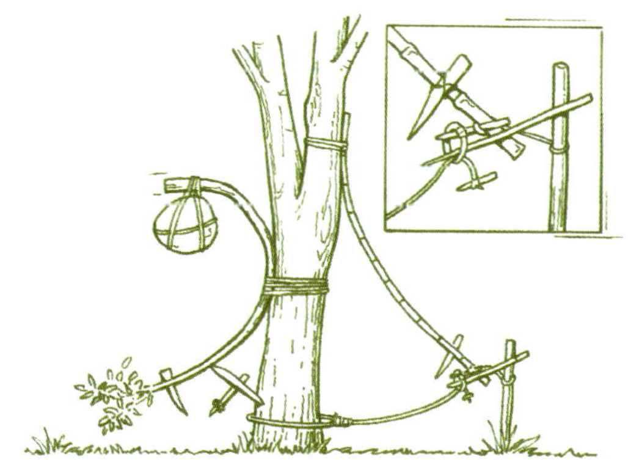

后，幸运便一定会落在你头上——毕竟你的脑容量要比兔子的大许多。

地点

要想成功地运用陷阱，最后该考虑就是把它放在一个最佳的地点上。此时，不妨到树林下的灌木丛中，寻找动物背部掉落的毛皮，通常这会指出一条动物所经常选用的路径。动物通常会沿着相同的路径走动，并且驻足在相同的地方，所以若能仔细观察它们的习性，就会从中发现一些重要的细节，如它们的洞穴在什么地方，它们又是在什么地方觅食和饮水，等等，而往来于这些地点的路径就成了安放陷阱的最佳位置。

导引动物步入陷阱的栅栏、围墙或是瓶颈等，应尽量精巧细致，并进行适当的伪装。这些栅栏、瓶颈或是陷阱本身，都要与四周的草丛充分融合在一起，让动物们看不出丝毫异样，且所有新断裂的木材都得用烂泥巴覆盖。在安置陷阱时，要尽量少干扰到那个区域，并尽量遮盖住自己的肌肤，以免留下任何蛛丝马迹或是气味。如果可以掌握到烟的来源，如经过烟熏过的树叶，那就可以用来隐藏你的气味，或是用潮湿的草或烂泥巴擦拭铁丝，制造些其他的嗅迹来掩饰你的气味。

原始人之所以能够生存下来，最主要的就是因为他们有能力制作出各种工具。

工具

想象力和横向思考模式，是在荒郊野外中制作出工具的关键性要素，你也会凭本能发现，到底哪种工具最适合自己使用，如刀子、棍棒、叉子、弓及炊具等等。它们在设计上并没有多大的诀窍，顶多是要求你有充分的耐心，这样才能花很长的时间寻找出适合的材料，并有效地制作成合用的器具。

我还记得在皇家特种航空部队公开“选秀”的日子里，许多想要入选的家伙都会随时掏出藏在身上的各式兰博刀，仿佛把自己想象成正在潜进大使馆窗户的特工一样，这是大家耳熟能详的趣闻轶事。一般来说，在所有的刀子和工具中，堪称最方便且最实用的，非最简单的瑞士军用小刀莫属，它不但重量较轻，易于携带，且锐利得足以削断木头，或是取出动物的内脏。我所见过的许多专家就只在身上携带最小号的刀子——不过它们永远都锋利异常。

一般的工具可以用石头、兽骨或木材制成。

石头

石头一般是用来击打和劈砍用的，不过燧石却可以制成边缘十分锐利的工具用于切割。像我就曾用过这种燧石制成圆盘形刀刃，切断了响尾蛇的脑袋。

兽骨

它具有许多用处，包括可用来制成鱼钩、顶端呈叉子状的武器，以及把手等。可以先用石头将其击碎，再用碎片制成各种工具。

木材

木头的用处无穷，只有你的想象力才会让它受限。为了达成制作工具的目标，基本上有两种木材可用，一种是硬质木材，另一种是软质木材，其中后者是点火焚烧的上好材料，但得尽量避免用它来制成工具。要分辨出这两种木材其实并不难，只要利用手指甲便可知道其间的差异：如果压到树皮上会留下一处记号的话，那便是软质木材，如果没有则为硬质木材。

记住：如果要用木材来当攻击的工具，或是当成锋利的东西来使用的话，就必须先用火将之硬化。过程中先握住该木材的顶端，将其余部分置于燃烧已久的火床上，并不断旋转，直到它开始出现嗞嗞声，且冒出水汽为止。这么做会扩大其细胞，并让树液变得浓浊，当然还会使它更容易抗拒击打所带来的冲撞力道。

炊具

锅碗瓢盆

不妨运用木材、兽骨、角、树皮或其他类似的材料，制成锅碗瓢盆等炊具。如果想要在木头上挖个浅坑当碗或锅子用的话，那就千万别用像刀子之类的锋利东西刻出来，以免把它弄得一团糟，还留下许多碎木片。最好是从火中取出又红又烫的火炭，把它放置在想要制成锅碗的那根木材之上，然后添加更多的火炭，并不断地吹气，使之逐渐炭化形成空穴，接着便可以进一步挖掘并让它更加平滑。

刀叉和汤匙

我们可以用不含树脂的木材刻成刀叉和汤匙，这样在饱餐一顿后，就不会留下满嘴的树脂味道了，此外这种木材也不至于让食物腐败。通常不含树脂的木材包括橡木、桦树和其他的硬质木材等。

水瓶

可以利用大型动物的胃来制作水瓶，过程中先用水将胃彻底冲洗干净，然后绑紧下端，上面当开口，并附上绳子以便随时收紧。

武器

棍棒

一提起棍棒，大概“摩登原始人”之类的形象便会映入脑际。可是，这儿所说的棍棒是用木材或石头制作的，并用绳子将之捆绑于一根结实有力的竿子顶端，制成十分有用的武器，不但可以保护自己免受野兽的袭击，也可以用来杀死蛇，或是终结在陷阱中挣扎的动物。

矛和投掷用的树枝

矛和尖锐的树枝都可以用来杀死野生动物，不过，最好是用它们来防御而非攻击。此外，它们也可以用来钓鱼，只要用鞭式绳结把尖锐的兽骨固定在一根树皮已事先剥除，且又长又直的小树枝末端即可。不过，最好事先过下火，使之更加坚硬和直挺，而山毛榉和芙蓉则是最适合的木材种类。

求生才是最重要的，请把偏好和偏见留在家里，一切都得务实，此刻你所需要的是食物。

弓和箭

能否制作出效用良好的弓，视能否选择适合的木材制作伸缩自如的弓而定。其材质应以结实、长、充满弹性，且没有由分枝所产生的节瘤木材为主，因此，像紫杉、橡树、桦树和山胡桃等，就最适合担任这项工作任务。不过必须用火将它烤上数日，使之干燥，再于两端刻出凹痕，并用绳索绑在上面将其拉紧。其中又以桦树的小树枝所制作出来的弓质量最佳，而大小宜以60厘米长、直径约1厘米的为主。此外还要确定它们是笔直且可靠的，可以提供更大的精确度和力道。

我曾在亚马孙河流域制作出一副弓和箭，接着便用它顺利猎捕到水中的鱼。其成功的关键即在于箭足足有2米长，可以在隐身于岸边的阴暗处之际，近距离直射出去。

其他有用的东西

挖掘用的树枝

许多日常的琐碎事情，如从地下挖出蛆虫食用等，倘若能用树枝制作出挖掘用的工具，就可以事半功倍。我们必须先找到一根硬质木材的树枝，长约1米，直径约2厘米，并尽可能地笔直。接着再去除树皮，使其末端呈凿子状，再以前述方式以火硬化。

我通常会制作较长的树枝来做挖掘之用，长度大约为行走用手杖的两倍。在高山地区它会十分有用，不但可以帮助我越过雪地、探测湖面的冰和野地里浓密的草丛，而且还能够掘出蛆虫和云杉的树根。

松胶

松树的树液可以制作出绝佳的胶，因此可以先切开树皮进行搜集，好让它可以顺着细枝滴入一个容器内，再放在火上加热。用生成的树脂涂在树枝上，然后点燃树枝，让融化的汁液滴到需要用到胶的东西表面。这时还不妨撒些灰烬在上面，催化胶黏的过程。总之，这是个颇具实用性但制作起来却相当简单的东西。

我在一头小鹿的腐烂尸体里找到一些蛆，并用它们喂饱了肚子。

到处觅食

早期人类最重要的工作便是担任“清道夫”，甚至以腐肉为食。也就是说他们会先躲在安全的地方，然后坐山观虎斗，等到拼斗的野生动物分出胜负后，再出面吓退获胜的掠食者，以此方式生存。有一次我在肯尼亚偶遇到一只狮子，它在几小时前刚宰掉一头斑马，并把对方大卸八块而后吞下。只见血、软质器官及大部分的肉都进了它的五脏庙，然后它就扬长而去，只留下秃鹰群聚在尸体的上空盘旋。我看到尸体犹温，于是把秃鹰吓跑，就这样，剩下的残骸便全是我的了。我不但吃了许多颈部的斑马肉，临走时还带走很多，好留给以后打牙祭用。只是在食用大量的肉类时要注意，如果水的供应陷入短缺，便无法消化蛋白质。不过如果水的供应量无虞，那就放心大胆地随处觅食吧。有一次我在莫亚布沙漠（Moab Desert）随处觅食的过程中找到一些乌鸦的蛋，然后放在岩石上，依靠太阳的热气，石头变得滚热，我再徐徐搅拌，煮熟后就享用到了一顿美食。

求生医学

> **急救的基本原则有赖于清晰的思考、常识、基本的医学知识，以及临场反应的能力。**

在求生时若能保持身体的健康，就无异于培养出继续忍耐下去的坚实基础，并大幅提升获救的机会，更何况若是知道自己的身体状况良好，那便很容易在精神上和心理上保持一种正面而积极的态度。如果运气很好，从一开始便发现自己毫发无伤，那么首要之务便应该继续维持现状。如果身体稍有不适，但又具备了一些医学知识的话，那也可以在缺乏医疗设备的情况下，实施些简单的医护救治，进而让这些知识发挥出最大的作用。

许多急救的基本技巧，如恢复体位或口对口人工呼吸等，都是在假定病患和拯救者双方都在的情况下进行的。当你独自求生时，这些技巧就不太适合了。因此，我只在这儿探讨一些自我医护的技巧，不过别小看了它们，不管在什么情形下，它们都十分管用哩！在往后的篇章中，我也会讨论在个别地形中可能出现的一些特定问题，如冬季山区里体温剧降，丛林里遭到蛇咬，以及在沙漠里中暑等。

急救的基本原则有赖于清晰的思考、常识、基本的医学知识，以及临场反应的能力，其中最重要的当属临场反应。还记得在部队里接受降落滑翔训练时，我的好友季罗便因牙痛难忍而求诊，医生说他用来吞咽的那颗牙齿必须拔除，不然整口牙都将不保。当天晚上他虽然痛得受不了，但还是毅然决然地跑到工具间，亲自钻了那颗牙，于是所有压力立刻得以舒解。

我们的能力往往都远超过自己的想象，素以一袭白袍现身的医师固然会让我们放心不少，但是在生死攸关的情况下，即使少了那袭白袍，我们自己的能力依然不容忽视。请牢记住阿伦·罗斯顿（Aron Ralston）的故事，他曾落入陷阱中长达五天，这期间手臂一直压在一块大石头下动弹不得。他判断如果再不挣脱的话势必难逃一死，于是用口袋里的刀子自行切断手肘以下的部分，然后加上止血器进行急救，并急忙赶造一些支撑物，再固定一根绳子，以便能垂降到犹他州蓝色约翰大峡谷（Blue John Canyon）的地上，最后终于顺利脱逃到安全地带。

在蛮荒地带，“预防胜于治疗”这句古老箴言要比在舒适的家里来得更真实。在家里即使毫不关心自己的健康，都随时可以预约就诊，但在蛮荒的世界，固然也可以随时预约就诊，只是医生就只有阁下一人（若往好处想，虽然资源有限，但至少只有你一个人就诊，因此永远都不会有排队候诊之苦）。

保持健康

保持身体健康与防止脱水、从食物中摄取更多的能量，以及维持个人卫生有很大的关系。

水

水在我们人体中大约占了七成，在没有食物的条件下，人可以生存数周之久，但如果少了水的话，绝大多数的人都熬不过几天，甚至可能更早蒙主宠召，这完全得视所处的地形而定。为了维持生命，人体得耗用大量的水，以尽力维持其基本的功能，包括处理我们所摄取的食物、流汗、排尿、排便和呼吸等。

如果处于正常的温度（20°C），人体没有承受额外的压力下，我们的肾脏每天会排出约两升的水分，至于多出的水分则通过汗蒸发，在此过程中我们可能会注意到，也或许毫无所觉。一些环境因素如酷暑、严寒、高度、从事的活动类型、发烧和其他疾病等，都会使上述的数字进一步扩大。而且，所有的这些水分都必须加以替换，否则身体便容易脱水，进而无法敏锐地思考，以及更有效率地工作。

一旦失去的水分超过所摄取的量时，血液会变得浓稠，无法把氧气携带到肌肉那儿，或是让热流遍全身后再经皮肤排出。即使体液仅流失了 5%，都会导致口干舌燥、过敏、反胃和虚弱无力等症状；等到流失了 10% 时，则会出现头晕眼花、头痛、无法行走和四肢有刺痛感等现象；如果流失量达到 15%，就会引发视力消失、小便疼痛、舌头肿胀、耳聋及皮肤感到麻痹等情况；一旦水分失去了 15% 以上，上述所有的不适感就会很神奇地消失不见，因为这时你几乎已经确定死亡了。

我们应该随时注意，看看身体是否出现了脱水的最常见症状，比如尿液呈暗黄色或带有恶臭味、尿量减少、皮肤在受到捏掐时缺乏弹

在高山地区很容易脱水，即使天冷也是如此。

性、手指甲的颜色渐渐消失，以及身体感到异常疲乏等。在这一切的症状之后，便会出现极端口渴的现象，要知道口渴并不是个好的指标，它表示你得饮用更多的水，也表示你已经呈脱水状态。

我有一次在珠穆朗玛峰便碰到过类似的事情，当时我们正在南关口预备登顶，高度为 8 000 米，在这之前我们曾等候了好几个小时，为了融化足够的冰好取得一杯水。原来一行人已一口气爬了 16 个小时，脱水情况十分严重，以至于每个人都产生了幻觉，尿液也呈深棕色，还带有恶臭，当然这种光景绝非我们所乐见。

在一开始就得防止水分的流失，这永远都是最佳的策略，所以要避免太阳的直晒，还要确定任何活动都能达成一些值得从事的目标，以

流失的体液（升）	脉搏频率（每分钟）	呼吸次数（每分钟）
0.5	100以下	12~20
0.6~1.5	101~120	21~30
1.6~2	121~140	31~40

免耗费无谓的精力、平白制造汗水。最佳的策略便是定时饮用少量的水，因为在干燥的天气中，我们每小时所损失的体液，便可能高达3.5升。

检查脉搏

有一个十分便利的方法可以预测出所流失的体液到底有多少，那就是依据上表随手检测自己的脉搏和呼吸。

净化

别饮用不洁的水，以免承担不必要的风险，否则一旦摄取了受到污染的水，那么从疾病中所失去的水分，就一定会超过所获得的水分。如果对水质有疑虑，就至少煮开五分钟。

食物

在没有食物的状况下，我们仍有可能存活三个礼拜，只是几天没进食的话，无论身体或心理状态，都会迅速恶化。为了保持健康，就必须找到一种均衡的饮食方式，凡是碳水化合物、蛋白质、脂肪、维生素、矿物质及纤维质等，都要均衡地摄取。如果只吃兔子或鱼的话，可能会要你的老命，因为这无异于过度倚赖蛋白质，而缺乏足够的脂肪来支撑你继续挺下去。我们的身体需要一种碳水化合物与脂肪的混合物，正如同需要蛋白质一样。

若能了解营养的基本要素，以及为何这些元素全都如此重要的话，一定会有助于你在找寻食物时，掌握到最适合的优先次序。

蛋白质

这是构成我们人体最重要的“建材”之一，像我们的肌肉、皮肤和骨骼等，全都需要它才能够成长。至于最常见的来源则有肉、蛋、鱼、蒲公英、坚果、骆驼奶、羊奶或牛奶及动物的血等。

碳水化合物

这是人体主要的能量来源，人体可以立刻对其加以处理，产生许多的热量，并储存在肝脏中，但是，它们也会很快枯竭。碳水化合物的常见来源有香蒲、坚果类和水果。

脂肪

它是很好的能量储藏形式，却难于分解，一般常见的来源有骨髓、肝脏、鱼腹、动物的肥肉及骆驼、羊或牛的奶。

矿物质

人体缺铁便意味着无法产生充足的热量，一般常见的矿物质来源包括了动物的血、鱼、蒲公英和荨麻等。

维生素

这是人体新陈代谢作用的必需品，如果所摄取的维生素数量太少，就会产生坏血病，以及不计其数的其他过敏症状。一般常见的维生素来源有松树和云杉的针叶、荨麻、许多种树皮的底层、鱼、绝大多数的可食植物和浆果。

纤维

这是帮助我们的肠道分解食物的必要成分，一旦摄取太少，则可能导致肠胃过敏等症状，一般常见的来源有草和松树的针叶。

求生用的草木

在日常生活中，植物堪称我们最重要的食物及营养来源之一，一旦陷入了求生的挣扎中，它们的重要性就更明显。今天人类所栽种的一切农作物过去都曾生长在荒野之中，其中包括诸如稻米和蔬菜之类的食物，一直到水果、坚果类、药草类植物和香料，而且至今仍有许多植物如此。至于人类所饮用的大部分东西，包括从酒、茶到咖啡和软性饮料等，也是源自于植物。

尽管蛮荒地带的植物往往是我们无法立刻辨识出来的，但其中仍不乏一些可食用且富含营养的。不过，各个国家或生态系统的地形不同，植物也各异，由于篇幅有限，我在这儿只好有所选择和割舍。如以英国为例，在林地和灌木篱墙中，便充满了种类各异的水果、浆果植物和坚果类植物，这些都可以无限期地让我们侥幸躲过饥饿。

所以在这篇扼要的概述中，我会把焦点放在过去曾亲自使用过的一些植物上，它们不是效用卓著，就是曾在全球各地被我找到过的。此外，也包含了其他一些较罕见的例子，它们都是沙漠或 0°C以下的极地中的特有品种。

香蒲

栖息地：常见于全球各地的河岸、湖边、溪流旁及湿地中。

外观：一到三米高，很容易从种子头部辨识出来，因为该部位就像是钓鱼用的浮标，也有人说像是一根串在棍子上的香肠。它的地下茎（根茎）会在地表之下呈水平状扩散。

用途：它的根部可食，含有 46% 的淀粉，以及 10% 的糖。可以生食，也可以放在炭火的余烬上烤熟而食，在根部烤好后剥掉外皮而食，就可品尝到饱含淀粉的甜美滋味，很像栗子。此外，种子的头部也可以用来当成火绒或是绝缘材料。

蒲公英

栖息地：常见于北半球温带日照充足的空旷地区。

外观：它的花为明亮的黄色，在白天盛开，到了晚上则闭合，因此和其他植物的花有所不同。叶子平均长约 15 厘米，边缘呈锯齿状，并贴近于地面生长。

用途：富含钙质、维生素 A 和维生素 C，其叶生食、熟食皆可，根可煮熟或烤熟而食，更可制成绝佳的饮料，是咖啡的上好替代品。

荨麻

栖息地：在北半球温带地区，常生长在溪流沿岸的潮湿地区。

外观：通常会长到一米高，其独特处在于树叶的边缘和底面长有刺人的毛。

用途：嫩枝和叶子是可食的，非常有营养，位于植物顶端的树叶也含有丰富的蛋白质，不过在食用之前，宜在水中煮 15 分钟。

玫瑰果

栖息地：遍布于北半球除极北地区以外的所有灌木篱墙和林地的边缘地带。

外观：玫瑰果为一种犬玫瑰的果实，属于带刺的攀爬类植物，拥有弧状的花梗和粉红色的花朵，果实则通常为鲜艳的红色，长 10 到 20 厘米，呈卵状。

用途：是维生素 C 含量最丰富的植物性来源之一，此外，也富含维生素 A、维生素 D 和维生素 E。最好熬煮成汁液后食用，对头晕和头痛颇具疗效，若生食种子的话可能会引发肠胃过敏。

莲花

栖息地：全球的温带和亚热带地区。

外观：叶子很大，会浮在水面上，花也很大，有浓郁的香气，通常为红色和白色，因此极易辨识。

用途：花、种子和根皆可食，且生食、熟食两相宜，不过根部最好先剥皮。熬煮根部后所得的汁液有助于治疗痢疾，并可缓解喉咙的疼痛。

竹子

栖息地：拥有各式各样的栖息地，从具湿气的丛林到寒冷的高山均包括在内，种类则不下数千。

外观：由于它可以当成家具的材料，且可长至 15 米那么高，因此不难立刻辨识出来。

用途：幼苗（嫩笋）生食或熟食皆可。此外，竹子亦可当建材，制造各式各样的求生用具，包括避难所、床、筏和炊具，具有结实和难以切断的特性。我曾为了砍倒一根竹子而不得不烧掉它的基部。

龙舌兰

栖息地：以墨西哥最多，此外也常见于整个中美洲、南美洲的热带地区、加勒比海地区及美国的西部和南部。

外观：粗厚又肉质多的叶子拥有锐利的尖端和边缘，一看就知道是从根部长出，颜色则为黄色和绿色。此外龙舌兰只开花一次，茎部也很硕大。

用途：叶的用途十分广泛，可制成绳索，汁液在水中也可以起泡沫，可当成肥皂的替代品。花和芽可食，不过食用前应先煮熟。在墨西哥更拿它来制成龙舌兰酒，味道很棒呢！

霸王梨

栖息地：常见于美国及中南美洲的沙漠和半沙漠地区，此外在世界各地亦有类似的栖息地。

外观：平坦的绿色叶子很像衬垫，上面带有梨状的果实。

用途：该植物的所有部位皆可食用，“衬垫”则为水分的绝佳来源，也有助于治疗伤口，但过程要十分小心，以免被它细小又尖锐的毛刺伤。通常可以把它拿到沙地上摩擦，去除掉这些恼人的玩意儿。种子可以烤食，或是磨成粉。

北极柳

栖息地：常见于北美、欧洲、亚洲、靠近北极和南极的地区，以及温带的山区和多岩的荒地。

外观：小小的就像灌木一样，圆形的绿色叶子会闪闪发光，拥有银色的毛，平时低垂，会形成浓密的“席子”，不过很少能生长至离地面 45 厘米以上。

用途：嫩叶含有丰富的维生素C，而生长于地上或地下的新芽则可在脱除外皮后生食。

驯鹿苔藓

栖息地：很能适应寒冷气候，常见于北欧及美国，面临冷热两种情况皆能成长，不过需要开阔且排水良好的环境。

外观：易碎的绿色地衣类植物，生殖组织为鲜艳的红色。

用途：整株植物均可食，不过通常有苦味，因此可以压碎后放进热水中煮熟。不但可用来当成治疗痢疾的药物，还可以生食，我就曾在一只死鹿的胃里发现它，当时已呈半消化的状态。因此拿来食用的话相当不错，第二次世界大战的挪威反抗军，就曾运用这套觅食技巧而得以存活下来。

求生用的树木

在全世界的蛮荒地区中，再也没有其他任何一种栖息物要比树木更有用途，或更受到单独求生者的青睐了。在一个充满敌意的环境里，它们似乎已成为我们唯一的真正朋友，因为这些树木提供了保护，让我们免于一些不利因素的干扰，比方说像避难处和筏，便可以利用它们的树干、树枝、树皮、种子、果实、树叶和针叶制成。另外，这些部位通常也都可以食用，不但营养丰富，从其根部、树干、树枝或凹陷处所熬煮出的汁液，还可以提供我们生命所需的饮料。唯一的问题则是，我们得对它们有所认识，并知道它们可以提供什么样的帮助。

树木可分为如下三大不同的类别：阔叶树、针叶树及棕榈科植物。其中阔叶树拥有又平又宽的树叶，绝大部分都具有季节性，到了冬天，叶子便会掉光，因此大家都知道常绿类植物就不属于这类树木。针叶树拥有针状树叶，不但属于常绿类植物（除了落叶松之外），果实通常也都是木质的球果。至于棕榈科植物则只有树干而无树枝，在正常情况下树叶就由位于树干顶端的中心点处长出。

以下即是在荒野中用途最广的一些树木。

山毛榉

栖息地：性喜中纬度地区，在美国东部、欧洲、中亚及北非等地区都随处可见。

外观：一种高大又具对称性的树木，拥有光滑且呈淡灰色的树皮、深绿色的树叶，以及如穗一般尖锐的种子荚。

用途：山毛榉的果实为坚果类，其白肉富含营养，是求生者最佳的食物来源。

杜松（雪松）

栖息地：北美、欧洲、中东、亚洲及北非的山区，开阔的空间和日照充足的地方，均是其理想的栖息地。

外观：可由它浓密、成串且小小的树叶，以及独特的气味而辨识出来。

用途：其浆果可生食，细枝可泡成营养丰富的茶品。

云杉

栖息地：性喜中纬度地区，进而延伸到南北半球极寒之地的山区。

外观：属于角锥式圆柱状的针叶树，拥有又长又多刺的针叶，颜色则呈多样化，从深绿色一直到银蓝色均包括在内，可长至30米高。

用途：把针叶泡在热水中，即可制成富含维生素C的绝佳茶品。

松树

栖息地：北半球的中纬度地区，但性喜日照充足的地方，遍布于美国、加勒比海地区、中东及部分亚洲地区。

外观：有100多个不同品种，皆属常绿植物，拥有富含树脂且具黏性的树液，以及十分独特的气味。大多数松树的树皮都很厚，且具鳞状薄片，“注册商标”则是树枝以螺旋式生长。

用途：饱含水分的白色树皮内层可以生食，或是磨碎后食用，而松针可泡成营养丰富的茶品，且两种均含有大量的维生素A与维生素C。此外，松球种子亦可食，而树液则在加热后可做成胶，或紧急情况下的牙齿填充材料。还有，可以用手把松针压碎，然后把压成的树脂涂抹在皮肤上，形成天然的防蚊液，不过每小时都得重新涂抹才行。一般来说，云杉和松树皆由于松针富含树脂，因而具备了燃烧快及高热的特性，可以制作成绝佳的焚烧用木材。

枣椰

栖息地：为北美及中东地区的原生物种，但现在已扩至全球许多的亚热带地区。

外观：高大而且就像所有的棕榈类植物一样，没有树枝，只在树干的顶端长有叶冠。

用处：果实成熟时呈黄色，干燥后可以储存极长一段时间。树叶可用来盖成屋顶或墙，而树干则是建造避难所的绝佳材料。

尼巴棕榈

栖息地：遍布于整个亚洲的海岸地区。

外观：短而粗大的树干大部分都在地下成长，突出于外的叶子颇为硕大，有时候可以长至4.5米高。

用途：花柄犹嫩时富含糖分，可煮成汁液饮用，果实的种子亦可食，至于树叶则为一流的建材。

棕榈藤

栖息地：属于雨林区的一种植物，主要生长在非洲、亚洲及澳大利亚的热带地区。

外观：为攀爬类植物，借由叶子上的钩附着在雨林区的其他树木上，茎则可长到60米长。

用途：茎部含有大量可饮用的水分，而茎顶端和树干的肉亦可食，且生熟两相宜。此外，我们可以把茎部扭曲缠绕，制作成绳索。

西米棕榈

栖息地：亚洲的热带雨林区，主要生长在潮湿又多水的内陆地形。

外观：树干又矮又肥又短，像穗一般尖锐，叶子则呈冠状，粗厚且附有硬皮。

用途：以较低部位的树干为主，可把其软而白的内层部分捣碎、过滤，制成“燕麦粥”，营养价值极高，且充满了像淀粉一样的糖。另外，西米椰子所结的干果也可食用。

猴面包树

栖息地：非洲及澳大利亚的热带大草原。

外观：其独特处在于它的球根状树干，有时直径可长成7.5米，接近树干顶部则有短而粗硬的树枝。果实呈葫芦状，长可达45厘米，附有短而浓密的毛。

用途：可从树干的中空处搜集水分，而其根、叶、果实和种子则全都可食用。此外树皮亦可制作成绳索，用处颇大。

个人卫生

身体

每天得努力清洗身体，尤其得注意手部（其中又以指甲缝为主）、腋下、鼠蹊部、牙齿、脚和头发。记住！任何一处隐秘、潮湿及温暖的地方，都会成为受疾病困扰的主要目标。

白色的灰烬、沙子或土壤等，可以作为肥皂的替代品，不然的话，也可以从动物脂肪或是灰烬中试着自行制作出肥皂。别忘了在缺水的情况下，仍然可以从“空气浴”中获益：尽量多地脱掉衣服，让清新的空气洗涤全身，反正没有人会偷看，时间约一个小时。太阳光有杀菌的作用，因此，可在适当的时候把脏衣服拿到太阳下暴晒。

牙齿

试着尽量保持口腔的清洁，如果没有牙刷，不妨先咬住细小树枝的一端，拉断纤维，然后沿着牙齿和牙床来回摩擦，自行制作出“咀嚼棒”。如果靠近河边，可扯掉香蒲的小茎，留下牙齿状的末端，使之可以方便匀称地贴在牙齿上，让牙齿更加清新。然后摘取同样的茎部，弯成两段，利用摩擦后的折弯处取出汁液，放入口中五分钟，之后就会感到牙齿要比以往来得更清新，效果十分惊人，难怪当地的印第安居民都长了一口好牙。此外，也可以用盐水漱口，只是别吞下肚。另外，树皮煮成的茶也可以防止喉咙受到感染。

足部

军队给每一位士兵的第一条规则，便是无论何时只要一有机会就得照顾好自己的双脚。请善待自己的双足，能否脱困而出就得完全仰仗它俩了，因此要不时地清洗、干燥和按摩，不要等到起了水疱才注意到脚的保养。预防永远是保护足部的关键所在，如果怀疑足部出了状况，或是感觉到有“热点”隐约浮现，那就不妨脱下鞋袜，透气五分钟，晾干，再穿回鞋袜。

也可以把采自原野的苔藓放进袜子里，有时这可以防止水疱的生成，只要这样做没带来额外的压力就好。如果真的起了水疱，那就别管它，不过如果破了的话，就得把它当成开放性伤口予以治疗。

阳光也可以杀死病菌——不妨在适当的时候把脏衣物拿到太阳下暴晒。

医疗方面的问题

在面对医疗方面的紧急事故时，由于只有自己一个人可以依靠，你的选择会无可避免地受到限制。不过，只要尽可能保持冷静，并试着控制好紧张的情绪，那么得到好结果的机会便会大为增加。要注意的是，任何小小的伤害都应该立刻加以妥善照料，以免演变成足以威胁生命的重大疾病。

创伤

皮破了的时候就会产生创伤，它可能由任何东西所导致，从小小的割伤、擦伤、起水疱，到烧伤和冻疮等，都包括在内，而且不管乍看之下有多么微不足道，都得以严肃而慎重的态度加以治疗。除了失血所产生的危险之外，另一个更可能发生且更具致命性的危险，就是感染。病菌的滋生源有许多，只要任何一种和伤口有所接触，都有可能导致感染。

出血性伤口的“关键词”即是施加压力并抬高（只是后者并不适用于遭到蛇咬的情况，参见探讨沙漠的第 5 章）。如果伤口出血不止，那就得施加压力，并坐下来，让伤口的位置高过心脏，这样一来，血便会在压力较小的情况下抵达伤口处。要注意的是，所施加的压力必须牢固得足以止住流血，并且施压的时间也得长到足以让血开始凝结。另外，每隔 15 分钟就必须缓缓地舒解压力。

接着就是用水清洗伤口，并应该把保持伤口的清洁列为首要任务。如果无法取得清水，那就利用尿液，尤其是必须冲掉任何碎片时更非得这样做不可。一般来说，尿液是无菌的。还有，除非是很严重的伤口，否则最好暴露在空气中，不要有任何包扎。

用水清洗伤口，并应该把保持伤口的清洁列为首要任务。如果无法取得清水，那就利用尿液！

休克

（也可参考第 3 章讨论薄冰的那部分）当心脏无法再以足够的压力将血输送到全身，为各个器官和细胞组织提供适当的供应品时，就会发生休克的情况。除了所有种类的受伤情形外，感染、中暑、水分流失、盐分流失、疲倦及呕吐等，全都可能导致休克。

应不计一切代价想办法止住严重的血液流失，如果流失的血液超过两升，便有致命的可能。因此应立刻找到避难所，保持身体的温暖，双脚保持抬高的姿势，并且小口小口地喝水。

水疱

别管它！不要试着弄破它，不然细菌就会趁机在皮肤下滋生。不过如果已经弄破的话，就要像对待其他任何开放性伤口那样妥善处理：不管在什么时候，都要尽可能地用清水冲洗，并让空气流通。

烧伤

尽早用大量流动的水清洗是烧伤的最佳治疗方式，不论大小，也无论严重或轻微，任何烧伤都得以此方式处理。只要冲水的时间够久，就能够让身体的细胞组织冷却，并防止进一步的伤害，不然的话，细胞组织还会不断地烧伤，时间会长得远超你的想象。另外，多喝点水也可以弥补体液的流失。

晒斑

不管在世界上哪个地方，晒斑都可能衍生为重大问题，从冬天穿越高山地区，到行经灼热的沙漠都是如此。因此不妨把泥土涂抹在脸上，这样做虽然不会让你在选美大赛中取胜，但却可以提供充分的保护，抵御最具杀伤力的太阳辐射。其实这并没有什么，猪不是也喜欢在烂泥巴里打滚吗？过去我在阿拉斯加和喜马拉雅山区时，就使用过这招，而且都十分有效，身处冰河地区时，更可能为严重的晒斑所苦。

脓肿

在濒临重要关头时，不妨用热来对付脓肿，比方说将树枝尖端浸入煮沸的水中，然后放在脓肿处，再用尖锐且无菌的工具刺破，好让里面的脓流出。脓汁一旦流出，就要先用流动的水冲洗，然后找干净的东西覆盖住，防止再度感染。

细菌感染

在这种情形下，太阳光扮演着关键性的角色，因此，要一直把肌肤暴露在空气中及阳光下，并尽量试着不要挠它、抓它，否则只会让情况变得更糟。在这方面，有些天然的防腐剂（参见后文）会提供不少帮助。

发疹

医护人员的规则在这儿仍然管用：如果疹子是潮湿的，就保持干燥，但如果是干的，则应保持湿润。煮过的橡子或是硬质木材的树皮有时可发挥出良好的作用，而动物的油脂亦可让干燥的疹子保持湿润。

虱子和寄生虫

这两种东西的排泄物都能让你染上斑疹伤寒，所以永远都不可掉以轻心。要随时检查它们的踪迹，一旦出现在衣服上，就得立刻清除掉，不然就拿到阳光下暴晒，如果方便的话，把衣服放入热水煮开消毒也行。如果遭到虱子的叮咬，切不可抓挠，以免遭到感染，而是应该用水清洗。如果虱子依附在皮肤上的话，有时可以用烟来熏，好让它们把颚松开，可是，这么一来也会让它们的吐出物留在皮肤里，因此这样做并非良策。燃烧的树枝在驱虱方面效果不错，作用和酒精或烟头类似，只是在过程中也要连虱子的头部一同去掉，以免它们依旧附在我们的皮肤上而造成感染。

挫伤或扭伤

如果发生在脚踝，那么最好从一开始就穿着鞋子别脱，以免脚肿之后穿不回去。此时要多休息，再把脚踝稳固住，并保持向上。如果有冰袋，就可以带来极大的帮助，如果没有，那么冷水也有助于减轻肿胀的程度。此时要记住所谓的“稻米”（RICE）原则：休息（Rest）、冰敷（Ice/Cool）、施压（Compress）、抬高（Elevate）。

骨折

姿势尽量保持固定不动，若有移动则可能导致内出血，并导致休克；如果非要移动不可，就必须先彻底地用夹板固定住断骨。

骨折后若有移动则可能导致内出血，并导致休克；如果非要移动不可，就必须先彻底地用夹板固定住断骨。

脱臼

将患处重新接好是最佳的治疗方式，而且越早进行越好。你会知道自己该做些什么，且尽可能快一些、早一些，毕竟短期的疼痛要比置之不理所导致的长期痛苦，以及长期无法使用患处部位来得好。一有脱臼就应立刻休息，保持温暖，并且大量饮水。

天然的防腐剂

泥炭藓

碘的天然来源，也可以用来当成包扎伤口的绷带或药品，记得有一次在阿尔卑斯山时，我在制作雪鞋时不小心用刀割伤了自己，就用了泥炭藓处理伤口。它的效用可谓完美至极，可用它清洁和填塞伤口。

野生大蒜

可用它擦拭伤口或是脓肿处，然后用水来擦拭伤口。

盐水

有助于杀菌。

蜂蜜

直接使用或是溶解在水中后再使用，它具有功效十分强大的防腐特性。

蛆

永远都别小看蛆，卑微的蛆虫除了是蛋白质的上好来源外，在你陷入困境时，它也具有某些医疗作用。比方说如果开放性伤口遭到严重的感染，而且很明显地变得更糟时，用蛆虫治疗即可成为最后的手段。

做法是不要把苍蝇赶走，让它们在伤口上来回爬动，并把卵下在伤口上。一旦有蛆出现，就把伤口盖住，好让它们吃掉坏死的细胞组织和脓。当新鲜的血开始出现时，就可以知道它们的数量已经繁殖得够多，并开始以健康的细胞组织为食。这个时候，就用水把蛆虫给冲掉，并定期检查，以确定它们全都被驱除殆尽。

保持信心，并下决心继续生存下去。

生存的五大基本原则

原则一：下定决心生存下去

不管知不知道所谓的求生技巧，也无论在这方面到底了解多少，知识的重要性永远都排在精神或意志力后。只有你才能下定决心继续苦撑坚持，还是就此放弃，这个决定是让你得以扬名立万的所在，而且痛苦也不可能永远持续下去。

原则二：水是生命的所在

当我们陷入困境时，如果食物少得可怜或者一无所有的话，那么即使人体极度不舒服，存活的时间仍可长达三周，可是一旦缺水，那么短则三天便会挂掉。因此，永远都得把取水当成首要之务，以免让自己太渴。

原则三：家、甜蜜的家

归属感是出自于内心最深处的本能之一，因此要尽可能自己打造舒适而温暖的避难所，只有在这个时候，事物才会开始好转起来。一个温暖、干燥又舒适的避难所会带来自尊和笑容，而且突然之间，每一样事物也似乎变得不再那么糟了。

原则四：上帝之火

再也没有一件事能比利用周遭资源成功地生起一把火更能激励自己士气的了。它可以温暖你，帮助你喂饱自己，或许到最后还会救你一命呢！要让自己成为生火的大师，这是人生最具关键性的技巧之一。

原则五：保持信心

不要轻易失掉信心，要对自己有信心，要对你心中的神有信心，而且你和心中的神也要互相有信心。历史上一次又一次的案例不难证明，信心是人类最强大的盟友和力量所在。

chapter 2

夏季的山区

衷心期盼希望能够被重新燃起，期盼你的祈祷能够以不可思议的方式得到回应，生命中的干枯季节不再继续下去，春雨必再度降临。

萨拉·班恩·布雷斯纳克
Sarah Ban Breathnach

* 美国当代文学家，作品以礼赞静谧的喜悦、简单的乐趣和每天的启悟为主；《华盛顿邮报》和《洛杉矶时报》的特约作家。

一旦置身于山区，则无论是在世界上的什么地区、什么季节，在面对让人打哆嗦的温度、强烈的风势，以及危险的冰冻时，我们总是显得那么脆弱。可是到了夏季，大自然就会在较低处的斜坡和山谷之间，显现出它最丰盈、富裕的一面。

像极端的温度、缺乏饮用水和食物等，虽然都是人类生存的大敌，也是在全世界许多其他地形中的求生挑战，可是在这儿问题就未必那么难了。

所以，何不算算自己的运气，毕竟在心理上维持一种正面而积极的态度，是一项在任何一种生存情况下都攸关生死的要素。这并不是说毫发无伤地重返文明世界是件容易的事，因为除了一些较明显的危险外，山区的范围涵盖了全球所有的气候区，从南极一直到撒哈拉沙漠的边缘，以及介于这两者之间的每一个气温区，几乎全都包括在内。

有些区域像乌拉山地区等，其分布地会从北冰洋一直延伸到俄罗斯与哈萨克斯坦之间的国界，因此，该区可谓全都覆盖在针叶林带中。而这处以松树为主的浓密原野，会使得我们行进起来特别困难，更何况棕熊自始至终都是个严重的威胁。入冬后，大地会被冻得坚硬异常，温度也频频下探至 -60°C，而夏季则十分短暂，融雪会制造出一些沼泽，使得人们行动起来困难无比。

接下来还要再谈谈安第斯山地区，它是全世界最长的山脉，横跨 7 200 公里，最后到达南美洲的西侧，范围从加勒比海一直到合恩角（Cape Horn）。全球最高的活火山——厄瓜多尔的科多帕希山（Cotopaxi），全世界最干燥的环境之一——智利境内的阿塔卡马沙漠（Atacama Desert），以及位于海平面的冰河区——巴塔哥尼亚高原（Patagonia）末端的火地岛（Tierra del Fuego）等，全都迤逦其间。

绝大多数位于北半球温带地区的山区，它们的最高峰在整个夏季都会被雪覆盖，不过到了原野和山谷，气候就相对温和多了，像欧洲的阿尔卑斯山和比利牛斯山及北美洲的落基山脉等均如此。

不管是炎炎夏日抑或寒冷的隆冬季节，山区里往往都有一股孤傲而卓绝的美，然而地势陡峭之处，是不宜久留的。我们可以假定，在此处不太可能展开快速的救援行动，也没有现成的庇护处可供我们使用。在这种情形下，较明智的做法便是立刻降低海拔，并往下走，回到山谷地带，因为那儿的空气暖和多了，另外在那里找到庇护处、食物和水的机会也会大增。

然而如果你还没想到如何离开陡峭的处境，这个看似再明显不过的决定仍可能充满危险。因为，虽然在平时地心引力有利于你，但一旦到了近乎垂直的地形，那么对于任何没受过专业训练的人来说，攀岩便很可能是愚蠢之举。值得一提的是，一旦置身于山区，即使碰到天气最好的时候，都很难看清楚下方的地形如何，可能在经过好几个小时的折腾后才发现，唯一的脱逃机会就是再度爬回上方，而此刻自己的力气和士气却早已一起陷入枯竭。

较明智的做法便是立刻降低海拔，并往下走，回到山谷地带。因为那儿的空气暖和多了，另外在那里找到庇护处、食物和水的机会也会大增。

我曾在新西兰有过这样的亲身经历，我曾沿着一条路径爬到山顶，然后又顺着另一条不同的路径下山。正当我踽踽独行时，才发现岩壁已变得陡峭起来，并在我前方的另一块平滑岩石上凸了出来。这位置距离下方的岩架约有三米的落差，于是我只好悬在壁缘，并缓缓垂下。

我继续以这种方式往下滑落，不过随着绝壁的凸出处越来越多，脚下所踩的岩架却越来越小。最后来到一处小坑洞的边缘，我顺势往下窥视，准备依样画葫芦一番，可是，在下方除了空气之外什么都没瞧见。这还不打紧，我往下一滑，居然一口气就滑行了 150 米，而非像过去一样只有区区的 3 米，而且是笔直地落下。后来才好不容易爬到一处“牢笼”中，但前不着村，后不着店，一时之间可说是上下不得。

只见上方全都是悬垂的裸露岩石，下方则是“无底洞”，垂落的距离远超过任何一根绳子的长度，看来除了再试着爬回头顶上方那些岩壁的凸出处外，我已别无选择。如果无法爬出这些小坑洞，就必定会陷入进退维谷的窘境，而且如果一直待在这个危险的岩壁上，到最后力气也一定会耗尽，让我无法再继续撑下去。

那种暴露在危险之中，独自面对困境的感觉是十分可怕的，一时之间，自己仿佛成了世间最无助、最脆弱的家伙。而沿着岩壁往上爬回去，也是这辈子最难以忘怀的危险经历之一。因此各位一定要注意，如果无法看清楚下方的路径，就不要硬往下闯，以免陷入一个进退不得的困境中，而这则是常见的山难原因。

大自然制造的一些危害在山区尤为常见，比如闪电在任何地方都会要人命，可是最危险的当属无掩蔽的空旷区域，一旦人置身在其中，就会成为唯一的“接地线”。一般人会认为河谷似乎较为安全，但是这些地方也有危险之处，比方说暴雨导致的洪流就可能涌至干燥的山腰，并以让人难以置信的速度狂奔而下，而沼泽、湿地、湖泊，以及无法涉水而过的河流，亦可能成为我们最大的梦魇。不过至少你还是活着的，现在就让我们打起精神重新开始，并试着从这可怕又紊乱的局面中脱困而出吧！

搭建避难所

面临任何求生的状况时，都应把建立避难所列为第一要务。即使是夏天，就是现在这个时节，就算一切都显得那么和蔼可亲，也同样不能忽略寻找或搭建避难所的重要性。水和食物无疑是第一必需品，但如果缺乏遮风挡雨的避难所，为了保持温暖和干燥耗尽了多余的精力，那么食物和饮水的正面效应就势必会大打折扣。

我曾在第 1 章中谈过，这可能会成为敌人在精神战中发动的首波攻击。在压力如排山倒海般袭来之际，你可以真正冷静地思考吗？你是否能够对自己所拥有的精神力量和体力，进行最有利且最充分的运用，不至于平白无故地浪费掉？在现代化生活的纵容下，大多数的人都疏忽了出自本能的那些常识，甚至犹如断了线的风筝，和它们失去了接触，在面临求生的状况下，是否又让你重新发现了它们的真正意义和价值？

由于缺乏休息而产生的疲惫，会导致不当的决策，而不当决策的本身又往往会造成体力和精神上的衰退。还有，你可能称之为“家”的那个地方，它的重要性就像其他任何东西一样，不管它有多么简陋，都是振奋精神的主要动力。

> **面临任何的求生状况时，都应把建立避难所列为第一要务。**

可是正如面对生活的每一项要素一样，在搭建避难所之前务必要仔细思量一番，以免把宝贵的精力都耗费在不适合的避难所上。这时，不妨问问自己下面这些关键性的问题：我应该继续留在现在的地方吗？如果这么做的话，获救的机会是否会增加？如果此地不宜久留，那又该寻找什么样的地点来代替，从而搭建理想的避难所？我可能会在这个地点待多久？有没有可能再回来？

要记住一件事：多动脑筋思考。如果你急急忙忙地搭建了一处避难处，地方不适当、不牢固，还通风不良，比方说一场倾盆大雨后，从高地流下的汹涌雨水就把你泡在当中，或是野猪挟着雷霆万钧之势冲来，一瞬间就把好不容易才搭盖起来的“新卧室”捣毁得片瓦不留，等等，都会让你欲哭无泪。这样的避难处不但没用，更糟的是还让你平白耗尽了许多宝贵的精力，至于喉咙间那股又苦又干的感觉就不用说了。如果这时黑暗又快要笼罩大地，或是大雨下个不停，你一定会捶胸顿足地仰天长叹：“噢！不！不！不！为什么当初不静静地坐下来，好好地想想……为什么要这么着急？”

现在，就让我们回到一些基本的原则。

最重要的是，得用想象力和常识搭建我们的避难所。

地点，地点，地点

即使来到穷乡僻壤，一旦谈到如何搭建“巢穴”时，来自于房地产中介的传统智能仍然十分管用，那就是“地点即一切”这句话。而选择适当地点的最佳方式，首先要牢记的就是，一流避难所的关键属性为何。这时你一定会问：到底是哪些？首先也是最重要的，就是良好的保护，免于风雨的干扰。在高山地区，你会面对大自然所带来的各式各样的威胁，它们统统会破坏你的好事，让你在求生之路上屡受挫折，比方说像烈日、大雨、强风及极端温度等，处处都会考验你的能耐，看你的精心杰作究竟可否免于受困。一言以蔽之，避难处必须坚固、稳定，远离一些如洪水、落石之类的天灾，避免野生动物、昆虫和蜂群的干扰。

有鉴于此，不妨多花些时间研究周遭的地形，如果所在地直接暴露于风雨之中，比方说在山脊的高处，那就得考虑换个地点。

我们的目标是寻找面向南方的斜坡，因为这儿的树木和石头都会保持它们的温暖，但又不至于受到阳光过久的暴晒。

一般来说，较有意义的做法就是走到山谷间，但又得避免山谷的最底部，因为这儿或许有河流、湿地，因此有遭受洪水的危险。而且一入夜之后，在冷空气下沉后，温度往往会迅速降低。

> 寻找面向南方的斜坡，因为这儿的树木和石头都会保持它们的温暖，但又不至于受到阳光的暴晒。

在山区过露宿生活的最理想地点，当属山谷最底部之上约 30 米的平坦地面，如果这儿有大树或岩石可以吸热，能受到它们的保护，那就更理想了。因为离山谷最底部约 30 米的这种高度，会为避难带来相当程度的保暖作用。

还要避免任何有明显动物足迹的地方，因为这是动物经常出没的所在，如果把避难所搭建在这儿，就无异于阻挡了它们觅食或饮水的路径，因此别指望它们会善待你的心血结晶。再者，在搭建之前，也要抬头仰望一番，看看上面的树木是否有腐朽的树枝，许多徒步旅行的人一不留神，就会被正巧落下的枯枝砸到，轻则头部疼痛难忍，重则枉死。因此在搭盖避难所时，要确定绝对不会有腐朽的树枝落在自己脑袋上。

避难所的种类

要搭建哪种避难所，主要取决于你打算在该地点停留多久。有时候你只需寻找一处可以过夜的地点，或许你已在暴风雨中待了好几个小时，只想找个地方暂时喘口气，顺便把全身弄干，那么搭建一处短期性的避难所就可以了。

天然的避难所

洞穴

如果碰巧在附近发现一处洞穴，那么从短期来说，应算是上帝的恩赐，就长期而言，它的不利处很可能就会超过有利处。比方说它们往往太冷、潮湿，甚至栖息着蝙蝠、蛇，或其他的野生动物，对于你这位不速之客，它们当然是不会展开双臂欢迎的，这里甚至还有可能是散播疾病的温床。

树、洼地和大石头

任何树木、腐烂的树干，或是可以提供适当保护以躲避风雨的天然构造物，都算是潜在的避难处。另外同样重要的是，不妨在周遭增加一些具保护作用的结构，如树叶浓密的树枝，其作用一如防风林，或是在下面加一层以树丛做成的绝缘物。如果暴风雨抵达已经无可避免，那么充分利用地上的坑洼当成排水沟渠，对于避免被水浸泡应该也称得上成效卓著。

…………

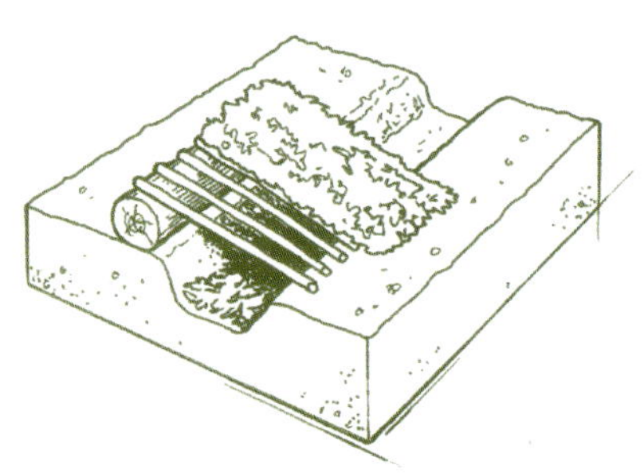

低垂的树枝

如果高度较低的大树枝长有茂密又粗大的小树枝（此时针叶树又优于阔叶树），那往往会成为避难处所的绝佳来源，不但提供了适当的保护，足以抵挡风雨的侵袭，而且还有个附带的好处：掉落的松针可以当成天然的垫子，隔开湿冷的大地，可谓最佳的绝缘体。

在山区过露宿生活的最理想地点，当属山谷最底部之上约30米的平坦地面。

暂时性的避难所

90度结构

一些大地自然形成的风貌，如圆圆的大石头或是树干等，由于和地面形成的角度十分适合，因此就很容易通过一番改头换面成为一个功效不错的避难所。挖个浅坑，用小树枝和灌木丛排成一列，最后再以树枝和叶子覆盖。

单倾斜面的小屋

原则与上述的“90度结构”相同，都是选择与地面形成的角度相当适合的一些东西，而不同处即在于后者的正前方应十分开阔，可以让营火和反射装置额外提供些温暖。首先得找出些细的树枝，以及和树枝呈45度角的叶子，再用一根竿子或绳子，以同样高度把两棵树连在一起。在缺乏防水布或塑料板的情况下，要想达到防雨的功能，叶子至少得有10厘米厚，并且其重量也可以把顶端的树枝往下压。记住要保持适当的角度，远离无所不在的强风，并避免树枝刺透避难所，让雨水整个灌进来，或是一滴一滴地落在头上。

弄弯的避难所

有时候我们可以找到一些成长在一起、互相弯曲倾斜，并且在顶端彼此纠结的幼树或树苗。而用它们搭建起来的结构，就很像典型的圆顶形帐篷，相信大家在世界各地的摇滚演唱会和露营地都可以看到。如果无法很方便地安置或定位，那就不妨剪掉些枝叶，挖出一系列的小洞使之排列成圆圈状，然后把幼树或树苗堆到地上，再按上述情形那样让它们在顶端互相纠结在一起。当然，也可以把树枝和叶子组成良好的绝缘结构，有效隔离风雨。

三脚架式结构

我们可以用又直又有力的树枝搭建成各种形状和尺寸的三脚架式结构，用来为许多种狗屋式建筑提供基础架构，这样就成了绝佳的避难所。此外，也可以沿着边缘置放些圆形木头和树枝，形成牢固的墙面，接着再覆之以层层的树叶。

在初步的雏形定了之后，就可以躺在基础架构下面，进行适当的调整，并及早决定最适当的内部尺寸。此时应该留下足够的空间，提供通风之用，并有效地保留热量，绝无任何的损耗。最后还要记住，在搭建的过程中，压在上面的草会在重力作用下让整个结构往下沉，并减少一些空间。

碎物堆积式避难所

如果经过一些天然形成的碎物处，如被暴风雨吹倒的小树，或是被熊摧残过的树木等，就可以清除树下的杂物，形成一处天然的避难所。此时你要做的就是以草丛、苔藓、树叶或枯死的树枝等垫在外缘，那就可以轻松且快速地搭建好一处避难所。

有一次我掉落在落基山脉的山区里，除了背上的衣物外可以说是一无所有，也没有足够的时间搭建一处精巧的避难所，于是便使用这种方法，舒舒服服地度过了第一个晚上。避难所内要比外面暖和 10°C左右，尤其地上及“屋顶上”都铺了厚厚的苔藓和松针，产生了绝佳的隔绝效果，让我倍加暖和。

长期的避难所

印第安式小屋

它是根据美国当地居民印第安人的圆锥形帐篷而来的，采用最基本的单倾斜面小屋建筑技术。它的成效要看是否选用了大小及长度皆类似的树枝，使它们能够聚拢成圆锥体或圆顶建筑状，因而该结构可以不需要任何支撑而挺

立，也可以围绕着一株小树的树干四周而搭建。值得一提的是，可以把充作墙面的树枝埋入土中，让它更牢固，另外也可以用一层层的树叶编织成绝缘垫，有效隔绝风雨。

A 形骨架

虽然它的搭建时间略长些，但却可以提供较佳而且较长期的保护，有效抵御风雨。首先得找到一根结实又挺直的十字形竿子，竿子的长度会决定避难所的整体尺寸，请记住这点。分别

用绳子把两端捆绑在另两对呈V字形立于地面的柱子上，接着再用树枝的弯曲处或升高的台阶支撑其中一端，你靠在骨架上撑住另一端。只要让其中一端正常地运作，另一端就容易多了。

决定好让哪一端成为你的门后，就可以用树枝和叶子在墙面及该结构背面编成格子状。当这些工作完成后，就可以用树叶和丛叶盖成“屋顶”（参见后面的“大师级构造”内容），至于是否要加上第二层甚至第三层，则要视气候状况而定。当然我们也可以在敞开的那一端生火，并用圆石头或大岩石做反射热度的工具，把热气反射回避难所的内部。

在丛林中，这套结构还可以加以修正，比方说在十字形竿子上搭建一张抬高的床，让一些不受欢迎的爬虫类不至于侵扰到我们。

在佛罗里达州南部的大沼泽地清除积水，搭建架高的床。

求生避难所的“大师级构造”

我的军士长常用“笨蛋才会让自己又冷又不舒服”这句话，来提醒我们要随时关心自己的情况。同样，一座稳固又良好的避难所，乃是重拾失去已久的舒适感的第一步，而我们所需要的，即是在搭建的过程中多付出些心思。相信只要遵循下面的这些诀窍，所获得的成果就不会太让你失望。

在开始工作前先脱去一层衣物，如果天气是潮湿的，就表示工作结束后会有干的衣服可穿，而不至于让每一样东西都浸泡在汗水中。

- 始终都要确认一件事：至少在天色变暗前两个小时开始动工，否则一旦入了夜，施工起来便会难上加难。
- 在开始动工前要先决定该构造的大小，否则在搭建后才发现不适合就太晚了。
- 记住！在下方的基础结构一定要结实有力，足以承受后续添加的一层层绝缘材料，并且还得能够承受无法避免的过多雨水，这会让最上面的几层浸泡在水中。
- 所有的避难所都应该朝向离强风风向 90 度的方向而建，这样会让该构造成为一处“防风林”。防风林与风标的作用完全相反，而且一旦营火有烟产生就会立刻刮走，不至于灌进避难所内。
- 确定避难所的骨架两端，比如 A 形骨架的顶部，没有紧紧附在主构造的上面，以免蓄积雨水或让雨滴不断落在墙面。
- 充分利用任何材料，塑料布、防水布、雨披或是帆布，搭建自己的避难所。只要不是处于十分干燥的环境里必须用它们来搜集雨水。它们还有其他宝贵用途，不但可以盖在头上起到防水的作用，还可以保护我们免受下方袭来的阵阵寒气。
- 别忘了，许多条人命都是被黑色的垃圾袋所救。它可以用来当“防风林”，防水效果也一流，因此可别小看了它的特性，救人一命绰绰有余。
- 如果用雨披或类似材料来做有防水作用的避难所，那就要确定它是以 45 度以上的角度立于地面，并保持拉紧的状态。这样可以确保一旦有雨水便会立刻排掉，且不可能穿透它的纤维。
- 修葺避难所墙面和屋顶所用的一层层绝缘材料如树叶和苔藓等，应该由底部一层层往上添加，使得后续的每一层都叠在下面的那层之上。而且铺的层数越多越好，在“老天要张开大口”时尤其如此。
- 所组成的“格子墙”不需要特别整齐，以免浪费无谓的时间和精力。因此，不妨根据材料的天然形状决定整体的形状和纹理。
- 任何避难所都得在四周挖掘排水渠道，让下到山腰的雨水可以顺势流入其中。
- 即使夏天也永远要确定一件事：位于你下方的地面要经过良好的隔绝处理，否则的话，就很可能造成热度（及舒适度）流失。
- 可以把松针填塞在塑料袋或是多余的夹克里，制成绝佳的羽毛被、绒毛被、床铺底垫、枕头等等。
- 在入睡之前，不妨把苔藓、羊齿蕨或香蒲塞进夹克和裤子里，制造出所谓的气袋，并在寒冷的夜晚产生隔绝作用，远离寒冷。
- 基于同样原理，不妨在夜里松开鞋子，塞进上述植物。

——皇家特种航空部队前军士长

独自一人在山区，身上又淋湿了，这让求生的工作变得格外艰辛。

寻找水

表面看来，进入夏季后想要在山区找到水，应该不算是什么大问题，毕竟由山顶融雪处流下的水会进入如水晶般清澈的山间溪流。而下方山谷处的河川则会出现滚滚激流，不但澎湃汹涌，而且还产生良好的氧化作用，同时更可以来个激流泛舟。

嗯！情况或许是如此，只要你交到好运就行！在你心目中，山区或许是一片青翠，像是在电影《音乐之声》（*Sound of Music*）中，阿尔卑斯山不就如此吗？来自牛颈上的清脆铃声，还会不时从下方的山谷处传来，并轻柔地在微风中飘荡，好一处人间仙境啊！可是事实却恐怕是残酷的，假定你因空难陷入如此的困境中，一个人被隔绝在一个又高又干燥的山脊里，四周的草木少得可怜，食物和饮水显然也没有任何着落，即使自行下到较温暖的高地，但眼前所见的仍让你捶胸顿足，那里不但干燥如故，而且尽属半沙漠的地带。

其实不管面临的局势如何，都应把寻找可饮用的水源列为首要之务。相信我，在我所见过的不幸者之中，因脱水而倒下去的人要比营养不良而崩溃的人还多。以法国的外籍兵团为例，如果没吃什么东西，他们是不会太在意的，可是在饮水方面，却规定得十分严格，一定要一升接一升地喝水才善罢甘休。总之，外籍兵团对沙漠的了解程度，要远甚于其他任何的地形，而且，他们也充分吸取了这个教训。

在非常情况下，如果能够把嘴巴闭紧，并透过鼻子呼吸不让口中的唾液无谓地蒸发，就一定会为你带来极大的帮助。在撒哈拉沙漠的所有游牧民族，都以此方式生活，甚至一年到头都用某种东西把嘴盖住，避免水蒸气通过呼气流失过多。

或许在某个阶段里，你运气实在是出奇地好，居然能找到供应不绝的饮用水，而且水质也纯净，不过，却很难把它带在身边。一般来说，水是庞大又笨重的东西，需求量又惊人，因此即便有容器在手，也永远都不可能携带足够的水。换句话说，你一定会在某个阶段，面临严重脱水的可能性，这几乎是无可避免的。

这意味你得拼死捍卫体内的每一滴水，确定流失在大气中的每一点体液，都是为了一些极重要的任务而流的，并在第一时间尽可能让它少流失掉。有些没有必要的活动是需要耗费体力的，如果因此导致脱水的话，是不会产生丝毫正面结果的，也无助于任何事。此外，恐慌、紧张的情绪反应，也会使行为流于狂躁，这些都应该不惜任何代价竭力避免，甚至焦虑本身都会导致脱水。

所以在思考自己的寻水策略时，务必要保持心平气和，而且最好待在阴凉下。当你开始踏上寻觅的路程时，也始终都得牢牢记住：水纯净与否和水本身同等重要。

一般来说，我始终都会确定一件事：不管水是在什么地方找到的，在喝下肚之前，都至少得煮沸五分钟。此外，我也会在此时添加富含维生素的玫瑰果嫩芽或是松针，然后待凉，让它能振奋自己的精神。

如果缺乏任何可以让水纯净的手段，那最好抱着宁缺毋滥的态度扔下它别管，到其他地方寻找更可靠的水源。

水的迹象

如果是善于观察的人，那么大自然就会给予许许多多的线索，好让你得以在附近寻找到水源，比如：

- 草食性的哺乳动物会在清晨及黄昏时觅食，而它们的足迹也往往可以把我们引领到水源处。尤其当一些不同的足迹以 V 字形在某处交会时，就更代表一些动物从不同的方向抵达水源区。
- 鸟通常会在清晨或黄昏时盘旋于水坑的上方，甚至有些像是雀类和鸽子之类的小鸟，在饱饮一顿后还会以缓慢的速度低飞。
- 如果出现苍蝇、蚂蚁和蜜蜂之类的成群昆虫，就表示离水源已经不远了。

水源

地表水

在缺乏雨水滋润的地方，不妨寻找些地面水，如山区溪涧或河川的水所注入之处，其中又以快速流动的水或是岩石底部的水为佳，因为这些环境有助于过滤掉潜在的污物或杂质。这种高度的水有一个好处，那就是往往离水源处不远，因此，要比稍低层的水更适于饮用。如果在上游 500 米的距离内没发现动物的死尸，那么情况就大致没问题。至于我自己的秘诀则是，在饮用来自于溪涧的水之前，再沿着它往下游步行五分钟，察看有无动物的死尸。此外，水流动的声音也会吸引口渴难耐的各种动物率先前来报到。

地下的源头

如果附近没有溪流，那就别忘了往岩石间的缝隙或洼地寻找，如果在干燥的景观中突然出现一丛植物，通常就表示附近的地表会有湿气。如果口干舌燥的程度加剧，那就不妨舔一舔潮湿的岩面，那种味道简直如同甘露。如果是在较平坦、较柔软的地面，那也可以挖掘这些潮湿的土壤，好让混浊的水得以集中，从而搜集到足够且较适宜饮用的水。当然，地表附近的湿气亦可以利用蒸馏设备加以凝结。

来自于动植物的水

在山区，草木等植物也可能是宝贵的水源，只是或许没有诸如丛林之类的其他地形来得丰富而充足。不过在非常的情况下，动物都可能提供若干水源，甚至刚被食肉动物弃置的动物残骸，都有利用的价值。比方说从它们的眼球中就可以挤压出液体来，从而获得相当可靠的可饮用水，或许味道不怎么可口，但却可以让你起死回生，更何况在危急存亡之际，那甜美滋味很可能让你永生难忘！有一次在南太平洋漂流时，我就在木筏上吃掉鱼眼，甚至连背骨里的流质都不放过呢！

从动物眼球里所挤压出来的液体，是相当可靠的可饮用水，或许味道不怎么可口，但却可以让你起死回生，更何况在危急存亡之际，那甜美滋味很可能让你永生难忘。

水的搜集

即使无法取得数量足够的地表水，我们仍可以利用陷阱或是以大地为蒸馏设备，从植物及大气中搜集到水。

小秘诀：在太阳偷走宝贵的水源之前，我会早一点起床。

搜集雨水和露水的陷阱

雨水永远是安全的，饮用绝对无虞，只是需要努力搜集而已。如果有防水板或防水布，那就不妨把它拉开，铺在一个很宽广的区域里，不过当然最好是在斜坡上，让水可以借此注入干净的容器里。如果是置身在一个较平坦的地面，那也可以在地上挖个洞，再把陷阱沿着它往四周扩张。记住！水是很重的，因此得用较重的大石头按住防水布。

露珠是热力学的基本原理所产生的结果，当大地在一夜之间迅速冷却下来时，大气中较暖的水蒸气便会凝结，温度的差异越大，所凝结的露水就越多，许多山区的环境便是如此。此外要记住下面这样的说法："一旦草上出现了露珠，老天爷就不会下雨了。"理由很简单，露珠是在较冷且万里无云的夜里所生成的，而万里无云又是好天气的征兆，因此务必要善用一大清早较潮湿的大地。我们可以运用这一原则从露水陷阱中搜集到水，比方说挖一个45厘米深的洞，并以黏土或防水材料沿着它排列，最后再塞进平滑的石头强化凝结的作用，让水得以在洞底集中。

或者也可以用更简单的方法，比方说用衬衫拖过一簇的树叶，搜集清晨所形成的露水。还可以在脚的四周系上碎布或破衣服，再经过草地，最后把水拧到嘴里。这套技术已经救人无数，而且让许许多多的人在经过最干燥的地区时得以存活下来。

蒸馏设备

如果丝毫没有下雨的迹象，而且又置身在一个极度干燥的地区，举目所见皆寸草不生的话，我们仍可以充分利用任何种类的防水材料，如聚乙烯、塑料、帆布，或是手中的任何东西，把露水搜集到一个太阳能蒸馏器中。

我们得先在平坦的地面上挖掘一个洞，然后把防水材料悬垂在洞上，就好像搜集雨水的陷阱一样。只不过这次所搜集的并非地面上的雨水，而是在白天热度上升时，从地表底层搜集大地上的湿气，并在防水布较冷的底侧将之凝结。这时如把一块小石头放在陷阱中央，让防水布因重量作用而下沉的话，亦会吸引一滴滴的

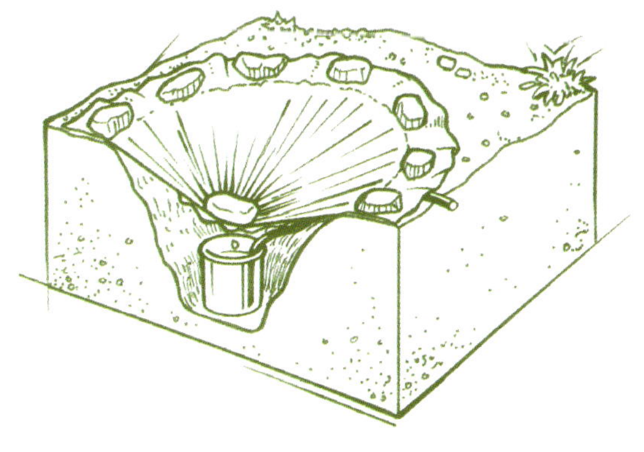

站在加州优胜美地国家公园（Yosemite National Park）的岩石顶上，心情不由得畅快起来。

露珠落在中央，这样一来，就更容易滴落在下方的容器里。

这个方法在24个小时内通常可产生出半升的水来，如果把一些草木等植物加入洞内，并朝里面小便的话，亦可使所产生的液体量有所增加。

用植物凝结出水

花花草草以及高大的树木也和人类一样，大部分皆由水所构成，因此可以把塑料袋扎在树枝、看起来汁多味美的树叶上，或是扎在直接暴露于太阳下的草丛上。不过，在过程中应尽量避免让塑料袋直接接触到树叶，以免影响到凝结作业的效率。

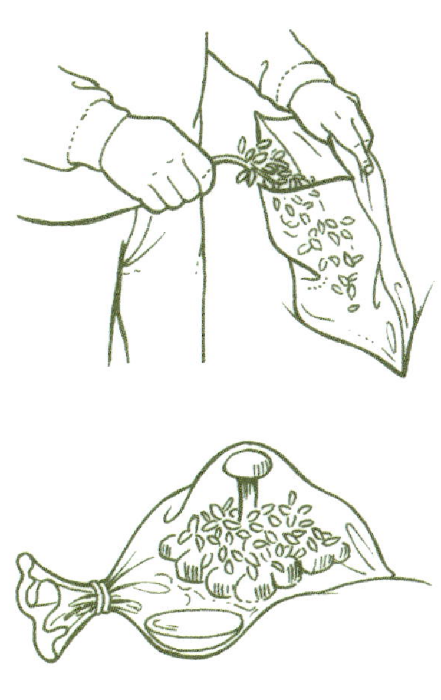

水的洁净

饮用有污染的水要比滴水未进还来得糟，所以最好永远都不要冒这样的险。即使在流动的水中氧化作用良好，都可能布满了不洁的小虫子，喝下去准闹肚子。至于由冰或冰山所融解的水，亦可能含有细菌。如在我们肠子里肆虐的梨形鞭毛虫，便可能引发慢性痢疾，而山区里一些外表看来十分洁净的水，便往往会有这类寄生虫出没。一般来说，离源头处越远的水，受到污染的可能性也就越大。

饮用有污染的水要比滴水未进还来得糟，一般来说，离源头处越远的水，受到污染的可能性也就越高。

从大气、植物或“大地蒸馏设备”所搜集来的水永远都是纯净的，因此可谓好处多多，不过在绝大多数的情况下，都应尽可能将之净化，以免被水源的纯净外表欺骗。许多人如果远赴无法方便取得瓶装水的异地差旅，都会携带净水用的药片或是碘剂，因此，你或许也会携带一些这样的东西在身上。如果没有的话，亦可以透过衬衫、丝质大手帕，甚至是填满沙子的袜子，而达成最基本的过滤程序。

不过，最有效的方式却是煮沸法，其成效也是无可比拟的。只要拥有火和足够的燃料，并处于适当的高度下，能确保水不至于在 100°C 以下便沸腾的话就可以。方法很简单，只要把水至少煮沸五分钟，这样一来，99.9% 可能会伤害到你的病虫害就会被杀死。

我们有一次在攀登珠穆朗玛峰时，曾在 8 000 米的高度扎营，那儿的空气十分稀薄，水煮到 70°C时便沸腾了。而这么低的沸点是无法产生足够的热杀死任何细菌的，所幸我们那次所饮用的都是融冰和雪，既新鲜又洁净。大伙儿只要参照下面这个更简单的原则，便能确保水质的洁净：只要雪呈黄色，便不可将之融化并取用。

寻找食物

> 不管是地上爬的、水里游的、陆上行走的抑或是天上飞的，几乎每一样东西都可以享用其中的某些部位，很少有例外。

一年当中以夏季最有可能在山区地形中取得食物，而山区的大自然也以这个时节为最美。无论是蛋白质、碳水化合物、维生素、矿物质还是纤维，都要平均摄取，维持健康而均衡的饮食。记住！不管是地上爬的、水里游的、陆上行走的抑或是天上飞的，几乎每一样东西都可以享用其中的某些部位，很少有例外。

不过不利的地方在于，猎取食物的努力会不断消耗你的精力，并使其供应陷入枯竭。有鉴于此，千万别忘了求生情况下找寻食物的两条黄金定律：一是在找寻食物的过程中，所消耗的精力绝不可超过那些食物所产生的部分；二是只要一发现机会便立刻把握住，千万不可踌躇不前。因此，我们务必得记住那句古老的谚语："一鸟在胃胜于十鸟在林"*。你或许喜欢在树林里猎捕野生动物，不过，这种寻找食物的方式却十分缺乏效率。一般来说，用陷阱捕捉的方法较佳，只要设好了陷阱，就可以跷起二郎腿，等待猎物自动上钩，可免去奔波之苦。还有，当设好了一些陷阱或罗网后，便可以一再地重复使用，十分便利。我们要牢记这句话："做得够好，设得够近，虽不中亦不远矣！"陷阱未必得精雕细琢，或是比美什么艺术大师的杰作，只要功能良好并发挥出应有的作用即可。一般来说，只要设得够接近动物出没的路径，应该就够好了。要把这些黄金定律谨记在心，接下来再检视一下山区可能存在的食物来源，并权衡其利弊得失。

树木、花草、坚果类、浆果类

环顾全世界绝大多数的山区，都必定拥有某些可食用的植物种类——至少在较低矮的坡地是如此。全世界共有 30 万种已经分门别类过的植物，其中可食用的大约有 12 万种之多（其中又有一万种可以在欧洲地区找到）。一般来说，在整株植物中最富含能量的部位，要算是根部、种子、坚果或是果实，而叶子则是维生素的绝佳来源。

这其中只有一个问题：山区的每一位"居民"，从驯鹿、灰熊、鸟类到啮齿类动物，都有足够的时间挑肥拣瘦，并分辨出哪些植物是可食用的，哪些会让它们头痛欲裂。在它们的食物来源中，有许多是可以同时给人类食用的，不过也有一些例外。

既然如此，我们要怎么办？记住，这是求生的关头，并不是随机实验的时候，因此，正面而积极地确认至关重要。如果陷入山穷水尽的险境固然让人不胜唏嘘，一旦中毒，则无异雪上加霜，让本来就不堪的局面更加糟糕。因此，最好要牢牢记住一些有关花草和浆果类植物的原则，并寻求其他的食物来源来补充自己的营养，当然，这些原则都是相当容易记住的。

只要记住就够了……

* One in the stomach is worth ten in the bush.

树木与花花草草

• 生长在水中或潮湿土壤中的植物通常是最具风味与营养的。

• 大部分的根部、球茎、根茎和块茎都是安全无虞的，但必须加以烹煮才能消化。

• 所有的蕨类植物在煮熟后全都可以安全地享用。

• 冷杉的所有部位都是可食的，正如松树的绝大多数部位可食一样。至于云杉底部树干的内皮则具有甜美的风味，因此不妨在剥掉树皮后刮取其内皮部分。

• 大部分的树叶和许多花草的叶子都是可食用的，不过宜避免任何有乳状汁液的树木。

• 红色和白色植物，以及被尖刺或纤细的毛所覆盖的植物，很可能都是有毒的。

• 所有草类的尖端和种子都是可食用的，并且是蛋白质的珍贵来源，可是茎部须煮熟。再者，还需小心它们是否带有麦角症的剧毒（非常容易辨识），如果有的话，通常在种子的尖端都会长出类似于黑色箭杆的东西。

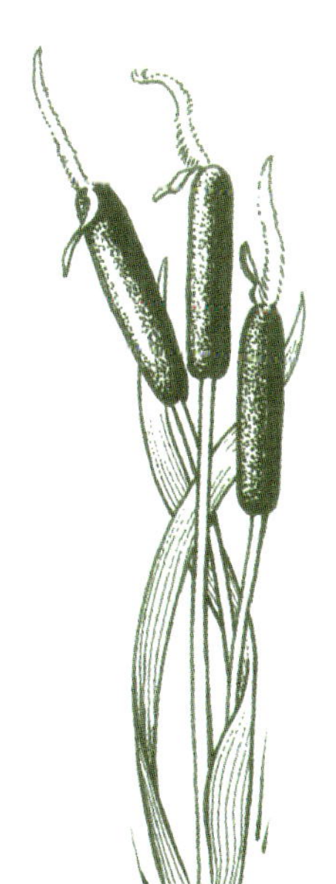

• 香蒲是一种在河边生长的灯心草类植物，在全世界都可找到，而且附近就有新鲜的水。种子顶部状似钓鱼用的浮标，不过也有人说它像是串在棍子上的一根香肠，因此十分容易辨认。它的根部可食，富含约 46% 的淀粉和 10% 的糖，生食、熟食皆可。生食前得先用水冲干净，除去寄生虫，熟食时可利用火的余烬烧煮。从烤过的根部取出富含淀粉的果肉食用，味道像极了温润又香甜的栗子。

• 要当心毒芹，如果不小心吃了它，就可能只剩几个小时可活，只要问一问苏格拉底*便知道了！这种两年生的草本植物可以长到 2.5 米高，拥有三角形的分裂式叶片，其基部包覆着光滑且带有紫色斑纹的茎部。不论是新鲜的树叶还是根部，都有一种恶臭味，类似于防风草，让人不敢恭维。至于娇小又吸引人的白色花朵，则是成串地生长，状似雨伞，通常在初夏绽放。果实小小的没有光泽，但会隆起棱纹似的波浪，食用后会引起焦虑、颤抖、丧失协调功能、忧郁、昏睡等症状，然后导致死亡。

果实和浆果类

• 长在茎部上的单果往往是可食用的。

• 蓝色或黑色的单果往往是可食用的，而白色和黄色的则不可，至于红色的则宜小心（蓝莓所含的抗氧化剂成分几乎优于任何一种植物的果实，如果在野外找到了蓝莓，不妨整株吃掉）。

• 聚合果或聚合浆果**，全都是可食用的（想想黑莓和覆盆子）。

• 只要在单茎的末端长出带有五个花瓣的单果，便全都属于玫瑰家族的成员。其中一个最

* 苏格拉底为了真理而毅然饮用该毒液殉道，死前曾将身体反应详告狱卒。

** 由一朵花中的多数子房发育而成的果实。

解便有助于找到适当的地点大显身手。在备妥陷阱后，即可驱鱼入罗网，然后就可以像所有一流的大厨那样，烹调出一道道全鱼大餐了。

鱼也像所有的动物一样，需要喂饱自己的肚子，也需要呼吸。基于这一原因，通常它们喜欢清澈且氧化作用良好的水域，而且一般来说，它们会在一大清早、黄昏或夜间（这时你就得准备一支火把了）出来觅食。

如果河水的流速很快，那么弯曲处的外侧则通常较浅，但却是渔产丰富的区域。另外鱼也像人类一样，一旦天热就往往会朝阴暗处游去，但天寒地冻时，便倾向前往有阳光的地方。所以在白天热度升高时，不妨把目光集中在堤岸下方。

如果妥善运用这样的知识，并找到一处适合的地点，就可以利用岩石、树枝，或是手边的东西制作出简单的漏斗式陷阱。比方说把去掉瓶口的塑料瓶放入水中，即可把鱼赶进此瓶中，而且一旦进去便无路可逃了，尤其当一大群鱼游经这儿准备产卵时，这些方法的成效便会更加卓著。还有，如果可以逮到昆虫或是从之前的猎物取出内脏的话，还可以放到瓶子里当饵。

鱼叉捕鱼也是一个选项，可是鱼往往会躲在岩石下方，因而叉鱼显得格外困难。另外也要考虑到水的折射作用，所以在看到鱼儿时，真正的目标或许是在后方。

此外也可以考虑徒手抓鱼，那就是将手轻

直接从阿拉斯加的河流中抓到鲑鱼，然后就生吞活剥地享用。

柔且缓慢地移入水中，双掌朝上，五指弯曲呈杯状。接下来便得找到它们的位置，小心地边摸边找，不要把它们吓跑（说得简单，但做起来就有些难了），然后就以迅雷不及掩耳的速度猛然抓过去，最终还要靠点运气。当然这并不容易，不过如果有耐心的话，这方法还是有效的。

以下即是一些徒手抓鱼的诀窍：

- 从下游处开始。
- 让手有充分的时间冷却，使其温度与水温类似。
- 从后方缓缓地接近鱼儿，但从头到尾都得让你所形成的阴影远离它们。

过程中不妨将手轻轻移到鱼的上方，然后把它往下驱赶到淤泥中，并顺势抓住它溜滑的鱼鳞，最后将之拉离水面。也可以将手轻轻地滑到鱼儿的下方，然后仿照水的流动轻柔地抚摸它的肚子，把它逗得痒痒的，再瞬间从水中捞起并扔到河岸上。

这两种方式我都曾成功地使用过，甚至在第二次抓到后就直接生食起来。只要紧紧抓住鱼鳃处，它就很难咬到我们。此外，如果这个地区有寄生虫，也可以在食用前轻轻拍打，去除任何水生的寄生虫。

在鱼儿溯溪而上进入小水塘时，大都是十分温顺的，可是一旦水位下降，便无法再游出来。水塘的水是呈停滞状态的，因此随着氧气的逐渐耗竭，鱼儿的反应也变得迟缓起来，而这就是最容易捕捉到它们的时刻。

或者你也可以涉水来到溪流的中央，猛踢淤泥使之扬起，把河底弄得浑浊不堪，然后就这样一路往下游走去。这个时候，飞扬而起的淤泥便会把鱼群驱赶到河岸附近，寻找氧气充足且新鲜的水域。通常这就是让你大展空手抓鳟鱼的大好时机，尤其在河床已被你搅得天翻地覆的下游处，更是展现此绝技的最适合地点。

夜钓线

另一个较好的做法则是把现有衣物或细绳的线头制成鱼线，再用刺或废物利用而取得的铁丝制作成鱼钩，然后便可以用这两种东西把夜钓线准备妥当。我们可以沿着鱼线的长度放置五个或更多的鱼钩，并在留置河中的尾端处绑上一块石头，在它上面施加重量，同时将置于河岸上的首端也绑在石头或牢固的物体上。至于鱼饵则可以用鱼、其他猎物的内脏、蛆虫或其他的昆虫充当，但如果这些东西都无法取得，那也可以寻找任何会闪闪发光的金属物件，制成明亮的诱饵。要注意的是，务必在日落前安置完成，并在第二天清晨时察看战果如何。只要诱捕到一条，往往就会吸引其他的鱼陆续上钩，尤其当鱼群的食物少得可怜，或是它们喜欢“追根究底”时，将更丰收可期。其实夜钓线上装置的诱饵数悉听尊便，像我便以这种

方式在一夜之间捕捉到许多的鱼，因此我建议各位朝 20% 的捕获率努力，换句话说，每设置五个诱饵，其中便有一个中奖。总之，夜钓线是个相当有效率且成效卓著的钓鱼方式，就把艰难的工作留给钓鱼线吧，不要把这一工作尽往自己身上揽！

> **夜钓线是个相当有效率且成效卓著的钓鱼方式，就把艰难的工作留给钓鱼线吧，不要把这一工作尽往自己身上揽！**

猎物、蛇和啮齿类小动物

虽然在许多山区里食物的供应都相当充足，但除非携带着一把枪，否则要捕捉鹿之类的大型猎物，真可谓难上加难。因此打从一开始，最好就把精力集中在一些较小的动物种类上，如蛇和啮齿类动物，它们不但易于猎取，准备工作也轻松许多。

正如我们在第 1 章所见的，捕小动物的陷阱相对来说较容易制作，只是由于在许多国家里这都是非法的，所以只能用在生死攸关的时刻。仔细研究猎物的习惯和行为模式，永远都会得到回报，许多动物无论在寻找食物或是饮水时，都会十分规律地循着相同的路径或是足迹前进，因此不妨依此原则找出最适合设置陷阱的地点。

像兔子之类的动物可以用矛猎取，而这样的武器制作起来也比较简单。只要选择一个细瘦而结实的树枝，用刀或是磨得很锐利的石头将其末端削得尖锐，并用火将该末端处硬化，最后再在它们栖息的洞外放置诱饵，便可以坐下来静静等待了。只是这种方法在效率上不及安置陷阱，而且后者也可以让你有一夜好眠，因为较困难的工作都由陷阱为你代劳了。

我们也可以用烟把动物熏出它们的洞外，程序是先留两个入口，把其余的全都堵死，接着开始在其中一个入口处的外面生个小火，然后在另一个入口处的外面撒一张网，或是挖掘一个小型的凹洼式陷阱。这个时候，可以手持尖锐的矛随时取猎物的性命，也可以等到它陷入网中再将其生擒，不过抓它的时候，最好紧握其后耳和颈部，并顺势一扭一拉，折断它的颈子。记住：在“屠杀”时动作要果断，如果三心二意的话，无论对你或是对那只可怜的动物，都是毫无帮助的。

也可以把四个安全扣针绑在一起，使其作用类似于小型的锚状倒钩。完成后可以加装诱饵，然后垂降在兔子洞中，或是放置在鸟儿出没的地方，等待它们上钩。

如果可以找到蛇类，或是发现它们的出没位置，并顺利宰杀的话，那么剥皮应该就难不倒你了，我就经常这样做。我们可以把它们的肉刺到叉子上，然后放在营火上串烤，味道棒极了，而且它是脂肪和蛋白质的重要来源，食用后会

在猎杀兔子的地点顺便除去内脏，正准备把它带回营地。

让我们的精神为之一振。

我们也可以安置陷阱来诱捕蛇，让它的脑袋被尖尖的树枝刺穿，然后用石头猛砸它的脑袋加以宰杀。要不断重复这些动作，确定它已死亡。要知道被激怒的蛇是惹不起的，要是让它趁机溜掉，那铁定会让你吃不了兜着走。

剥皮的步骤很简单，先是切断脑袋，把皮往后剥，并顺势往下一拉，就可以顺利让皮与躯体分离。这时，内脏也要一并拉出来，只留下肉准备烹调。

在烹调时，可以把整条蛇肉缠绕在一根树枝上，再用若干支撑物固定住两端，也可以将其平铺在滚烫的余烬或炭上加以烧烤。

在开放的火焰上烹调会让鲜美的肉干掉，使得宝贵的水分和养分都流失掉，十分可惜，但味道却很棒。因此，不妨根据周遭其他食物和饮水的丰盈或匮乏程度，自行判断出一种最适合的烹调方式。

当我还在皇家特种航空部队服役时，曾目睹过沙漠的游牧民族把活的响尾蛇放在背包中，不过却把它们的嘴巴缝合住，确保五天后蛇仍是活的，且肉质依然鲜美无比。这要比蛇死掉或肉腐烂掉好多了，这套策略真是太棒了。

导航及行动

我希望此刻各位已经能够建立起营地，找到食物和饮水的可靠来源，同时逮到机会好好休息，并将手上的“存货”盘点一番。可是到最后，终究会有继续前进的一刻，比方说如果其他人没有机会从空中侦测到你，而且食物和饮水也即将告罄，继续前进或许并不是个好的选项，但绝对有其必要，且有其急迫性。

如果发现置身的地方高得吓人，那么往下走或许是避免急性高山症（AMS，亦为一般人所熟知的高海拔症）的必要手段。虽然相关症状显现的时间通常不超过 36 个小时，但只要位置超过海拔 3 500 米，那几乎每个人都会受到影响，只是程度或形态不一。

在动身之前，请别错过任何可以废物利用的机会。这时不妨展开水平式思考，问问自己下面这个问题：在飞机或降落伞发生意外时，可以在残骸中找到哪些有用的东西，来帮助我一路飘回文明世界？许多消费用品是为了某种目的制作出来的，在细加观察后便不难发现，它们的材料往往可以很容易移作他用。比方说若把烹调用的锅壶缸钵当成锡罐，即可能成为无价之宝，重要性简直和塑料袋及装水的容器不相上下，至于铁丝则可以制成陷阱，而在任何喇叭上都可以找到的磁铁，更可以用来制成罗盘。

其中最有帮助的东西之一，便要算是绳索了，尤其在山区，更成为随身必备的法宝。我曾跳过许多次伞，记得有一次在着陆时发生意外，于是就充分发挥废物利用的看家本领，让降落伞上顶篷的材料成为逃生时的无价之宝。降落伞的顶篷由超强的防破裂材料等制成，虽然在技术上只具备防雨的功能，但却可用来充当从背包代用品一直到避难所在内的每一样东西。另外电线本身就是个宝贝，细绳与粗索也可以发挥各种用处，包括从悬崖或峡谷垂降，寻找食物或饮水。

降落伞的顶篷由超强的防破裂材料等制成，虽然在技术上只具备防雨的功能，但却可用来充当从背包代用品一直到避难所在内的每一样东西。

士兵乘伞降落。

总之，基本原则是，要有别出心裁的发明才能，要有横向思考的能力，并且牢牢记住，“需求乃是发明之母”。在为生存而战时，最重要的是得从那些最普通不过的对象中，独创出一些精巧的求生秘诀，像是日常生活中的相片胶卷竟那么好用，还可以在紧急事故中充当生火用的火绒，只要有个火花便能引燃，烧起来既热又明亮。

当选择继续往前行进时，行动的效率亦至关重要。你的体力是十分重要的，务必要珍重，而且再也没有一件事，要比被迫走回头路更容易让士气陷入谷底了。因此，不但要善用头脑，也要眼观八方。如果身处高地，就要想办法找到一处视野不受限制的地方，这样可以得到一些宝贵的线索，好掌握全盘的地理位置或形势。如果能够记住前方的一些基本地形和少数特殊的地标，那就再好不过了。总之要记住一点，千万别犯下我在新西兰所犯的那次错：没看清下方情况便贸然往下走，结果在途中来到一处崖壁而进退维谷。

如果在迷路时想要找到路子脱困而出，有个粗略而实际的方法可供参考。所有空降特勤团的新兵在开始进行山训之前，长官都会一再告诫他们这样的话：“如果迷了路，就兼程往山下走去，直到找到一处溪涧为止；然后循着溪涧往下游前进，直到碰到较大的河流为止；接着再循着河流往下游走，直到发现文明世界为止……最后再呼叫我们……这儿还有十大守则，别弄丢啦……”这些谆谆教诲看似粗略，但却永远有效。

定位

你最迫切的任务便是确定自己的方位，如果不知道罗盘的方位基点所指的大致方向，那就什么地方都去不了。

我们在第 1 章中曾看到，可以利用日月星辰来学习一些基本的导航原理，可以运用树枝阴影法之类的导航支持代用品，或是将针磁化，制成简陋的罗盘等，这些都是极具价值的知识。但一旦置身在山区，就几乎不能在一段相当长的路上保持直线行进，更何况天气或许会变差，整天乌云密布，罗盘的代用品或许会闹些小别扭，耍耍小脾气。总之，无论能否有效利用上述的那些方法，当经过这些荒凉一片的地带时，就得不时地确认自己的方位。为了做到这个要求，就必须了解来自于大自然的一些线索，相信它们都是十分有价值的。

利用大自然的一些迹象或标记

大自然会留下许多线索，帮助我们指引方向，比方说如果知道强风的方向，以及大树或草丛被明显折弯的方向，就等于拥有一个效用强大的方向指针了。一般来说，面向南方和面向北方的山坡，所长出的花木种类往往有很大的差异。较粗和较高的草木，就大致生长在面向南方的山坡上；而面向南方的树木分枝，则往往呈水平式生长，并因而接受到较多的阳光照射。在北侧的树枝则必须变形扭曲才能让另一侧的阳光照到，所以都近乎垂直状地生长。

如果树木独自生长，那么在它的北侧就有较多的苔藓类植物（苔藓性喜阴暗处），而小树或树苗则是一侧的色较浅（天然的遮阳板），另一侧的色较阴暗。此外，太阳的辐射亦有漂白的效应，因此拿阴暗的岩石来说，较明亮的那一侧一定是面向南方的，同样的道理。在掉落的残枝断根中，较浓密的年轮一定是面向南方的。

如果来到冰河上，那么岩石往往是向南方倾倒，而岩石造成的阴影则表示四周的冰会融解，但阴影下的冰却不会，这使得岩石被留置在一根根的小冰柱上。当来自于南方的太阳把冰柱融解时，岩石也往往会朝南方滚落。如果只有一块岩石孤立在那儿，的确不足以让我们作出这样的判定，但如果看到一整群的石头与冰块分离后，都朝着相同方向跌落的话，那就是很好的判断指标了。

当然如果到了南半球，上述的一切指标便应该完全相反，而且没有一项可以独立于上述原则之外。换句话说，每一块岩石都是呈拼图状排列，而且彼此配合，组成整幅画面。

越过河谷

相信不久之后，你就可以顺着下坡来到一处河谷。河流可以说是一个谜一般的东西，一方面可以源源不绝地提供饮水，以及一条迈向安全的路——比方说它往往可以把我们带到部落、居留地、道路、桥梁，并且最终到达一处湖泊或是大海。但另一方面它也潜藏着危险，比方说在突然降下倾盆大雨后，滚滚洪流便可能以惊人的速度，以雷霆万钧之势把一切都改头换面，尤其在入夏后，一旦干涸的山腰下了一场骤雨，就很可能酿成巨灾。我在北非的军队服役时，曾目睹沙漠里一条原本已干涸见底的河流，在短短几个小时的时间里，就注满了水而形成一条急流，所幸我们在一个小时前便离开了营帐，不然早已沦为波臣。

在犹他州一处独立的细长峡谷中，水路尽被圆木所阻，于是我只好想尽一切办法从下方游过。

河流可以说是一个谜一般的东西，一方面可以源源不绝地提供饮水，以及一条迈向安全的路，但另一方面却也潜藏着危险。

循着河岸而行或许没有我们想象得那么简单，像沼泽、湿地，或是无法穿越的峡谷等，都意味着除了兼程爬上原来的地方外，已别无其他选择。如果勉强打造船筏或是利用其他替代性的漂浮工具，都可能带来极大的危险。

你的第一项任务，便是仔细评估一条河流可能带来的风险。比方说这条河有多冷，有多

深？水流得有多快？在上游和下游处各会出现什么样的障碍？这条河到底是笔直的还是蜿蜒曲折的，同时是否挟带着捉摸不定的未知水流？它是让我得到饮水的最佳地点吗？抑或是让我全身而退的通道吗？

一般来说，河流越往上游，河道越窄，同时也越浅，所以如果打算渡河的话，这或许是个不错的选择。

如果可以避免，就尽量不要招惹自己所不熟悉的山区河流，因为它们往往是致命的，很容易受到伤害，或是在过低温度下让生命就此谱下休止符。记得有一次在落基山脉，我几乎同时遭受到这两种痛苦，弄得我不住地打冷战，一副狼狈不堪的样子。因此，较聪明的做法即是不惜一切代价保持衣服的干燥。

我们可以把一些圆木绑在一起，制作成船筏（详见第 4 章），可是只有在丛林地区水流缓慢的河川，它们才能发挥出最大的作用。如果场景换成山区的河流，那便隐藏着船筏会随时被岩石碰碎的风险。在这种情形下，漂浮工具则可以让颈部一直保持在水面之上，因此通常是个较佳的自保之道。制作的方法很简单，只要把某一部分的衣物（如裤腿）充满空气，并用线或绳子绑死，或是把背包装满空的塑料瓶即可。而秘诀则是紧握住前方的漂浮工具，切不可把全身重量放在它上面，以免造成沉没的危险。同时全程都必须把脚伸到水下试探，就能充分运用到双脚，避免碰到任何障碍。

衣物的御寒功能其实并不大，但却可以让你在心理上感到舒坦，并对皮肤提供较好的保护，以防止受到擦伤。所以如果还有选择的话，不妨保留衣物的内衬，尽一切可能让剩下的衣物保持干燥。同时把所有的火绒都放进塑料袋中，以后若把这些塑料袋绑在一起，还可以当成漂浮工具。当然，有任何刀子都要随身携带，且置放在双手附近的位置，万一你或塑料袋被水下的树根或树枝困住的话，就可以随时抽出它“斩妖除魔”了。

袜子要脱掉，可是鞋子却得一直穿在脚上，保护容易受到伤害的足部和脚踝。干的袜子也可以在双脚清洗或擦干净后穿上去，无论对保暖抑或是振奋士气来说，都是相当重要的一环。

一旦决定下水，那就必须慎重行事，让这样的做法显现出价值来。如果发现水温太低或水势太猛还执意下水，那只能让十分珍贵的体温尽数流失，可以说是一点好处都没有。另外也要牢记住一点，即使在炎炎夏日的大白天，山区一些冰河里所融化的水也往往会把你冻僵。如果鲁莽地往水里一跳，那就会对全身带来极大的冲击，而其反射动作就是让你不断地喘气，更何况在正式展开逃生之旅前，就有可能让你先灌进一肚子的水，使往后的风险大为提高。所以切不可潜入水中，而应该以稳固且缓慢的步伐涉水而过。

在温度很低的水中，在你饱尝温度极度过低的痛苦之前顶多只有十分钟的时间。所以在真正下水之前，务必要先知道目标是在什么地方，以及目标到达后又要如何离开水面。一旦下了水，就要尽可能走在水流最平稳的地方，而且还得牢记住，在水流弯曲处的外侧，通常是水流最快的地方。还有，千万别想穿越任何急流。不过，如果无可避免地陷入急流中，那就不妨以急流的“舌部”为目标区，而所谓的“舌部”，即是指水流量最大的地方，这可以让你远离呈锯齿状凸出的岩石。此外，也要当心所谓的“水穴”，即水流遇到障碍物后会突然减缓，进而制造出的旋涡足以把你吸进去。如果不幸陷在这样的旋涡里，就要断然地游出去，并来到岸边。除了信心之外，进有节、退有守，以及冷静行动等，都是从急流处平安脱困的关键所在。

垂降技术

我们绝对不应该以草草的态度垂降，如果操作正确的话，它的安全性应该是毋庸置疑的，但如果有什么闪失的话，往往就会让你陷入真正的困局中，情况要比之前还来得凄惨。有一次我在落基山脉，就被迫从一处断崖垂降，打算降到下面的一条道路后脱困而出，下面的情况一览无余，而且岩石从外观看起来也坚固异常，于是我便纵身一跃。可是，如果主角换成你的话，必须保持十分谨慎的态度，而且你还得受过正确的训练，应付得了巨大的断崖才行。如果求生之路非得依赖它不可的话，那么以下就是必须身体力行的部分。

要确定绳索至少是断崖高度的两倍长，把其中一端做成半个扣环，并将之固定在一个牢靠的支撑上，比方说一株大树或是一块难以撼动的大石头。当然为了安全起见，还可以做两个扣环，以增加其支撑点，也就是说可以把绳子绑在两三株大树上。

要仔细观察断崖，看看边缘是否锐利，以免在绳子和你都承受到最大的张力时有磨损或断裂的可能。此时，不妨用较小且较绿的树枝垫在这些锐利边缘的外侧，保护绳索的安全。

往下滑动时要面对支撑点，让绳索穿过两脚之间，绕住右大腿的腿背再拉到身体前侧，往上穿过胸膛，再越过左肩，往下拉使之穿过后背，并再一次绕到前侧，最后用右手紧紧握住。随着身子的逐步下降，这只手也不时地放松。

接着用左手握住联结于支撑物的那段绳子，让双脚在离断崖边缘约45厘米的地方站稳，然后身子向后一斜。过程中不要试着用左手支撑自己的重量，而是要把右背倚靠在背负皮带上，一步步扎实而缓慢地滑下断崖，同时边下降边放松绳索。

此时无须以疾风般的速度往下冲，反正你也不是展开奇袭行动的突击队，扎实而稳健地下山乃是最佳的方式。一旦来到下面，就可以放掉绳子的一端，并顺势取回它。

山区行动须知

行动的效率或许是目标所在，可是山区在先天上对人体的要求就很高，而平地所使用的工具这时也往往派不上用场，在这种情况下，你要如何确切地达成这个目标呢？——当然就是尽可能地观察，而下面的一些规则相信绝对会有所帮助。

- 永远都要选择看来显然最轻松也最安全的路。
- 保持舒适的步伐，在必要时停下来定期休息。以我来说，每走一小时便停下来休息五分钟，并且永远严格遵守这个规则。它等于提供了一套严谨的生活架构，让我可以优游其中，并发挥出最好的效能。千万不要休息过长时间，否则四肢会变得僵硬起来，还有，在山上时不妨放慢速度。
- 设法绕过障碍，而不要硬是跨过或通过它们。不过，也不要因此而一味遵循前人踪迹，这样走起来虽然比较容易，也比较轻松，但到最后却往往会发现，所遵循的踪迹竟把你带到了错误的方向。总之，这是个很容易犯的错误，在精疲力竭并且走在崎岖不平的地区时尤其如此。
- 在攀登十分陡峭的山坡时，宜采取Z字形的步伐前进；在下十分陡峭的山坡时，请保持膝盖弯曲。
- 尽可能不要攀登遍地是石块的山坡，但在另一方面，下这种山坡则会成为快速降低海拔的途径。如果一定要走的话，请大步走，并把全身重量置于脚后跟。如果因路滑而开始踉跄欲倒时，那就要尽量让身体取得协调，并且要在坡地上来一个转身，好像在滑雪时停下脚步一样。此时要保持警觉，随时注意前方状况，这种布满小石块的山坡，往往一个转身便突然来到挺直而险峻的断崖。此外，一旦停下脚步，也要看看后方的情况，以免有任何落石，以便能及时移动自己的位置。整体而言，缓慢而谨慎地行走，应该是较安全而且较好的方式，要知道生存并不是一场短距离赛跑，而是一场意志力、体力与耐力俱不可缺的马拉松比赛。
- 在下山时，不妨利用从独立山峰分出来的山脊或是山脉的支脉来到谷地，这会让你更熟悉周遭的地形。
- 要特别关照自己的双脚，并尽一切可能顾好袜子。在脱掉靴子后，最好仍把袜子留在脚上数分钟，使得体热能帮助我们把多余的湿气蒸发掉。要保持袜子的清洁，如沾上松针就要立刻除去，以免起水疱。
- 避免穿过多的衣物，并避免身体过热。
- 如果要在夜间走动，那就要尽量趁着月儿皎洁明亮的时候动身。记住！通常要花30分钟的时间，才能让视力适应夜色，而一道明亮的光线则可以让你瞬间前功尽弃，变得好像瞎子一样。如果得用到手电筒来照明地图，好引导自己前进的话，那最好遮住一只眼睛，保护你的夜视能力。想当初在皇家特种航空部队服役时，我们就会用胶布贴在手电筒的灯头上，仅留下细如缝衣针般的间隙，好让细细的光束照在要查看的地图上。

大自然的危险

你曾经在荒野中目睹过全世界最厉害的食肉动物吗？相信对许多人来说，这都具有不可思议的魔力，让人心存向往，不过一旦独自一人在山区里迷路时，就会立刻祈求上苍千万别交到这种“好运”。这也就是说，只要走入灰熊的国度中，玩具熊那种让人好想搂抱的可爱形象，便会在瞬间消失得无影无踪。

其实，你的恐惧感已经被夸大了。平心而论，我们被野生动物攻击而死亡的机会，还远远不及被脱水和体力耗竭所俘虏的可能性。许多食肉动物对人类都敬而远之，避免与人类有任何接触，如喜马拉雅山区的雪豹便是如此。我们可以这么说，连续多次在周六中到乐透的可能性，都要大过死于野生动物之手的可能性。

不过，像灰熊之类的若干野生动物，仍然有可能成为重大威胁，虽然它们并不会特别以你为目标，但却可能垂涎你的食物，并因而一路尾随，好伺机抢夺或是叼走。更何况一旦置身于荒野，那么在准备及储存食物或诱饵的过程中，你永远都不可能始终保持戒慎戒惧的态度。

除非是和食物有关，否则动物通常只有在受到惊吓或是威胁时，才会展开攻击。如果让某种大型动物受到了惊吓，那么最好的解决办法，就是闭上嘴巴，然后循原路折返。

要记住！可以置我们于死地的并非仅有大型动物，像结漏斗状蛛网的蜘蛛，所分泌的毒液也确定会取你性命，一如被狮子大卸八块。在这种情形下，如果具备若干这方面的知识，如所有危险动物的行为模式如何，以及又该如何在第一时间避开它们等，应该都能够帮助你免除这样的命运。

灰熊

一般而言，即使像是灰熊之类的大型动物，也都惧怕人类，并宁愿退避三舍，除非你摇摇晃晃地来到它们的地盘，或是它们实在饿得发昏。通常它们只会把攻击当成最后手段，而且只有在你侵入其个人空间时，它们才会展开这种霹雳手段。因此有一点十分重要，那就是在靠近它们之前，务必要让它们知道你就要出现了，也因此如果察觉自己已进入熊的地盘，那就不妨大声喊叫，并边走边用树枝大力敲打树木。

规则依然不变，那就是三十六计走为上策。

- 露宿时，尽可能把所有食物储存在塑料袋里，并且最好挂在树上，距离避难所至少有100米远。另外，所有垃圾都要烧掉，以免留下气味。

- 干扰到母熊和幼熊并非良策，如果看到幼熊要立刻撤退，我们几乎可以确定，它的妈妈就在附近。

- 如果面对面地和熊相遇，最好的做法就是避免和它目光接触，并采取一种顺服的姿态，慢慢地退回去，再微微侧转着身子，否则正面对峙会被它视为挑衅的姿态。

- **千万不要转身就跑**，否则熊会立刻把你看成猎物，并展开突击。比起赛跑的话，你是绝对没机会赢它的。

- 如果遭到攻击，那就要立刻躺在地上，十指紧紧扣住脖子，因为脖子以及喉咙是应该不惜任何代价加以保护的部位。在它靠过来向你

熊通常只有在受到惊吓或威胁时，才会进行攻击。

嗅嗅闻闻时，只要你还活着，一定要尽一切可能装死。

• 如果攻击持续而且你手上有刀的话，那就猛刺它的眼和嘴巴。

• 如果熊扔下你不管，也要继续静静地待着别动，直到它千真万确已经离开为止。

蛇类

• 蛇是冷血动物，夏天性喜待在阴凉处，冬天则往阳光处钻。所以，在没有先以棍子查探之前，千万别把手脚伸进漆黑一片的空间、岩石、木头下方，或是地下的洞穴中。附带一提的是，这些禁地还包括你的靴子，所以每天清晨的第一件事，就是摇晃一下靴子，以免爬进了不速之客。

• 除非受到打扰，否则蛇是不会主动攻击的，所以一旦进入蛇的地盘后就要注意了，如果无法清楚地看到前方的路径，就要踏着稳固的步伐前进，并以一根长长的树枝试探前方的路。蛇对于震动是十分敏感的，而且除非被逼入角落，否则通常会悄悄溜走。

• 如果确实看到蛇，那就先不要动，直到掌握它的确切位置为止。不过，千万不可转过身去背对着它，否则极易引起蛇的攻击，而是要面对着它缓缓地倒退回去。

• 最好用较重的树枝或石头击打，杀死它，然后尽量从靠近脖子的背部处把它折断。如果可能的话，不妨先用带有尖叉的树枝把它刺穿。

蜜蜂

• 如果侵犯到蜂巢，但距离仍在五米开外的话，那就安静下来别动。这时蜜蜂会寻找正在动的东西，因此会对你视而不见。

• 如果受到攻击，那就往茂密的草丛跑去，或是潜入湖中或河中。

• 不要用力拍打它们，这只会更激怒它们，并吸引蜂群加入战斗。

你曾经在荒野中目睹过全世界最厉害的食肉动物吗？相信对许多人来说，这都具有不可思议的魔力，让人心存向往。不过一旦独自一人在山区里迷路时，就会立刻祈求上苍千万别交到这种“好运”。

做个一流的气象达人

在山区，千变万化的天气往往是最无法预测的自然界危险之一。它会以惊人的速度发生改变，如果陷入了一种充满挑战性的地形，而且又在你最脆弱的时候，它的影响就很可能十分严重。在作决策时，比方说何时该外出，或是何时又该寻找适合的避难所等，都应把天气的可能变化列入考虑。预测这些变化固然不易，但大自然却会一如往常般地留下一些强烈的暗示，只要用心观察，就不难掌握其中的诀窍：

- 蜘蛛网：当天气看起来很好时，蜘蛛网就会有很长且散开的细丝，而它的主人也会神采奕奕地四处巡视。不过当雨来临时，蜘蛛网就会变得短而紧，蜘蛛则有气无力地逗留在蛛网中央处。
- 会咬人的昆虫：在暴风雨前夕的两到四个小时，它们尤其显得焦躁不安。
- 猎物：一般的鹿、麋鹿和驯鹿等大型猎物，会在暴风雨前的四到六个小时内，把自己喂得饱饱的。
- 烟的信号：营火的烟如果稳定而一成不变地往上蹿，那就表示好天气来了；如果在上升后又再度下降，那就表示气压正在落下，而且空气中也弥漫着暴风雨来临的迹象。
- 彩虹的魔法：清晨的彩虹是天气险恶的征兆，但如果是在黄昏时出现，那就代表天气晴朗。
- 大的光圈：有时候我们会在太阳或月亮的四周看到圆圈，这就是所谓的光圈或日冕。当天气好时，光圈就会变大；反之，当雨迫在眉睫时，它就会转小。
- 绿色：当太阳落到地平线以下时，如果在它的上方出现绿色，那就表示好天气来了。
- 南风：在北半球时要记住那句古老的俗谚："要注意从南方吹来的风，它的嘴巴会带来雨。"不过到了南半球则相反。
- 暴风雨前的宁静：在暴风雨来袭之前，绝大多数的动物都会放下它们手边的事，因此在大雨来临之前，那股静默反而有种肃杀的气氛，让人不寒而栗。
- 气味：在雨降临之前，空气中往往会弥漫着一股原野的独特气味，就好像大自然已门户洞开，准备接受天降的甘霖。
- 声音：在雨来临之前，任何声音都会有加重的倾向，而这时的大气层充满湿气，作用就如同扬声器一般。
- 早晨厚重的露水：这是好天气的征兆。如果晚上万里无云，那么较低的大气层就会形成露水，表示天气是稳定的。
- 水晶体状的云层：这些透镜状的云层代表高处会有狂风，空气中也弥漫着湿气，接着风和云就会以稳定的步伐下降，而冷锋就隐然成形。
- 喷射机所形成的尾烟久久不散：喷射机所形成的尾烟如果超过两个小时仍不消散，表示即将有低压出现，而这是坏天气的预兆。
- 晚间天际呈红色，是牧羊人的欢乐时刻；清晨天际呈现红色，则是对牧羊人的警告。这原则仅适用于北半球，当阳光射透悬浮于稳定高压大气层中的灰尘粒子时，天际就会形成红色。如果是在晚上看到，就表示高压正从盛行西风的天气形态中移至；但如果是在清晨出现，则表示高压已经从你头顶上越过，因此，好天气就要有所转变。

水晶体状的云层往往会告诉我们，冷锋即将报到。

山区的生存原则

• 原则一：下定决心生存下去

在山区储存好精力，即成功了一半。把所有的选择都要考虑进去，然后果断地付诸行动。如果没有一套计划在手，那就无异于走向失败，因此，务必要事先拟妥一份计划，然后坚持而行。

• 原则二：在暴风雨中安置避难所

山区会暴露在无情的暴风雨之中，可是，它又要比其他任何蛮荒地形更容易搭建出良好的避难所。不妨充分利用周遭丰富的天然资源，它自然会供应你一切所需。

• 原则三：有效运用高处

永远都要善用高地所带来的优势，在下山之前观察周遭地形，并确定自己的方位。过程中不妨在脑海中绘制出一幅地图，日后自会让你有所回报。

• 原则四：观察天气

山区的天气变化既快速又富戏剧性，因此从头到尾都得用眼睛盯住天空。善加运用好的天气，让它成为你的优势，不过如果情况看起来有变的话，则要及早作出准备。校准自己的直觉，使之和坏天气取得协调，并且从动物身上多多学习。

• 原则五：学习有关河流的学问

河流往往是迈向救援的一条路，但它们也可能十分危险。除非别无选择，否则千万不要让自己又湿又冷。因此要学习如何善用河流，并依靠它而活。此外，也要记住一个原则：一有机会就要顺着它往下游走去，最后它一定会把你带往安全的处所。

chapter 3

0℃以下的地域

把下面的支柱都拔掉的话，有时候对我们反而是好事一桩，因为这样可以让我们明白，脚下到底是什么样的岩石，以及什么样的沙子。

美国作家马德琳·英格
Madeleine L'engle

跨越珠穆朗玛峰上的一条裂缝——小心地踏过去。

一旦荒野地区被冰雪覆盖，同时温度又在0°C以下的话，那么对生存者来说，危险性势必大幅提高。

人类的长期进化几乎都是在地球的温带地区发生的，所以要让重要器官维持其正常功能的话，人体便必须把核心温度维持在37°C左右，且只能在一个相当狭窄的区间内波动。只要体温下降2°C，温度过低的现象便会开始出现，如果情况再不改善，死神就会立刻随之而至。

当然其中也有一些显著的例外，像加拿大北部的因纽特人（Inuit）及西伯利亚放牧驯鹿的部落涅涅茨人（Nenets），便是少数不适用于上述规则的当地居民。他们已经发现一些可以让生命在大自然所形成的冷冻库里顺利存活的方式，可是，只有经过好几个世纪的适应期，再配合上人类所能集结的一切发明才能，才有可能造就出这样的局面。换句话说，不论在古代或现代，只有"技术"才能让我们得以在这些0°C以下的状态中存活，这些技术包括从由驯鹿皮制成的衣服一直到21世纪的全球定位系统导航仪器。

人体必须把核心温度维持在37℃左右，且只能在一个相当狭窄的区间内波动。

全世界最极端的严冬环境，存在于我们这星球的自然极地中，即最南方、最北方，以及地势最高的地方。而由北纬66度33分和南纬66度33分所分别包围的北极和南极大陆，覆盖面积要比欧洲和美国加起来还大。

以北极为例，半数的区域都是漂浮在北冰洋上的巨大浮冰，并且被冰冻的大陆所包围，包括阿拉斯加、加拿大、格陵兰、冰岛、挪威和俄罗斯，约占1 400万平方公里。入冬之后，海水通常会结成厚度为三到四米的冰，可是一到了夏天，被冰覆盖的区域，就由冬季的直径4 000公里缩减至3 000公里左右，如今由于全球暖化，缩减程度更为加剧。

另一方面，南极大陆则占了全球10%的地表，即使入夏之后，95%的面积也依然被雪覆盖。这是地球上最冷的地方，曾经有过几近-90°C的低温纪录，而且矛盾的是，它也是全球最干燥的地区。

最后要提的是，高度极高的山峰都是终年飘雪的，而且一年到头被冰覆盖。全世界各地的山区皆如此，即使接近赤道的地方也不例外。

0°C以下的环境，其实仍然存在着巨大的差异性，可是在上述所有的统计数据中，这些变化却被掩盖了。这也就是说，方位不分南北，海拔不分高低，而且时令不分冬夏，在0°C以下的冰雪中进退不得的人要想生存下去，就必须能够应付如下三种迥然不同的寒冷环境：潮湿的环境、多风的环境及地势高的环境。

南极大陆覆盖了全球10%的地表。

0℃以下的天气

潮湿的环境：北极

0°C以下的环境会创造出一种极其明显的潮湿型气候，凡是每天都处于“冰冻后融解，融解后再冰冻”这种循环中的地点，均会存在这样的气候。这也就是说，24 小时的平均温度一旦来到 -10°C以上，这样的情况便会发生，而它们在北极也要比南极大陆来得普遍。北极到了夏季，日照时间延长，这使得融雪和带有湿气的雪成为十分常见的现象。冰变得既薄又危险，尤其是在融解中的浮冰边缘，这种情形更为普遍，而且留下许多带有冰块的沟渠，就是大家所熟知的冰间水路。

为了能够在北极生存下去，你一定要奋战不懈。为了赢得胜利的战役，要保持装备及自身的干燥。

这也是为什么尽管北极的温度较南极温暖，但求生之路却丝毫不见轻松的原因所在。2001 年，探险家伯格 · 奥斯兰（Borge Ousland）从俄罗斯跨越北极来到加拿大，进行 1 800 公里如史诗般壮阔的孤独之旅时，最大的问题其实无关乎温度，而是如何应付状况不断在改变的薄冰。在整个 82 天的旅程中，他都踽踽独行于结冻的海水上，而当他滑着雪伸展自身重量，并让自己停下脚步以免跌落在最薄弱的冰层时，往往会发现自己正在攀越呈锯齿状的冰山。在强风和水流的肆虐下，浮冰显然不堪一击，在这两种力量的联手威胁下，有时候整台滑车都会被掀到 15 米以外的空中。因此，在北极的生存之路，应该算是一个充满危险的过程，甚至全身骨头都会冻得嘎吱作响。

为了能够在北极生存下去，你一定要奋战不懈。为了赢得胜利的战役，要保持装备及自身的干燥，同时在刺骨的强风伴随着湿气一起进逼时，顺利躲避骤降的温度。

多风的环境：南极大陆

“伟大的上帝，这真是个令人凛然敬畏的地方！”1912 年罗伯特·法尔肯·斯科特（Robert Falcon Scott）* 曾这样描述过南极大陆。他说得十分贴切，毕竟这块大陆是地球上最冷、最高、风势最强且冰最多的地方，不过似乎颇为矛盾的是，它同时也是全世界最干燥的地区。虽然它的降水量为每年五厘米左右，还略高于撒哈拉沙漠，但准确来说，它才是这地球上最大的沙漠。

有大量的水被锁在冰层中，而且长久以来，绝大部分的情况都是如此。2002 年，科学家从南极大陆东部的大冰原中抽取到一些矿样，认为这块大陆的存在时间已超过了 50 万年。而在内陆地区的冰层中，最厚处超过了 4 700 米。

这块大陆缺少降水，每天的平均温度低于 -10°C，这意味南极大陆的冰为永冻层，也就是不分冬夏或白天黑夜，冰永远呈冻结的状态（只是跨越周遭海洋的冰架正在迅速缩减之中）。

---

* 英国海军军官，曾于1910年至1912年到南极探险，但最后却壮志未酬，和其他四名队员一起命丧南极。

图右为伯格·奥斯兰，全球一流的极地探险家之一。

要想在南极生存，主要的问题并非潮湿，而是在强风、暴风雪和足以威胁生命的风寒效应下产生的极端寒冷（所谓的风寒指数，就是衡量风速及环境温度的一种综合性指标，表示如果在完全无风的情况下，相当于什么温度）。风会加大零下气温的问题严重性，并大幅增加人体的温度流失比率。南极大陆的风速每小时可达 305 公里，这个纪录一直未被打破。另外它也一直保持着温度最低的全世界纪录，也就是 1983 年 7 月 21 日在沃斯托克（Vostok）所创下的 -99°C。

入冬之后要在南极大陆旅行简直是件不可能的事，尤其在陷入极夜（永夜）的那几个月更是如此。温度会根据纬度、高度、和海洋之间的距离，呈现极大的差异，因此，通常可分为如下三种不同的气候区：内陆气候区、海岸气候区和南极半岛气候区，其中南极半岛气候区状似弯曲的手指伸入南美洲。显然海岸是风势最强的区域，超冷的空气会从山脊外直灌而下，产生惊人的暴风雨，有时甚至使得能见度仅有数厘米而已。即使携带了现代化的最佳设备，雪盲、温度过低和冻伤也永远是严重的威胁。

地势高的环境：冬天的山区

南北两极地区的所有极端危险，都是全球最高山区的冬季月份会有的威胁，像冰河和它致命的缝隙，以及随之而来的雪崩等，都是这些山区在入冬后始终挥之不去的梦魇，只是程度各有不同而已。对于在高山地区孤独的求生者而言，就形成了致命的组合。

在此处，生存的关键在于及早展开行动，防止寒冷所产生的效应（一旦被冻僵，就更难以得到温暖），用心倾听身体发出的信号，而且只要一有疑虑，就该立刻把如下所谓的“六字诀”付诸行动：下山、下山、下山。

搭建避难所

如果发现自己一个人孤零零地置身于0°C以下的地域，那么第一要务就是打造避难所。即使天气看起来不错，未来也势必会变糟，这是无可避免的，更何况不管怎么样，夜晚都会在不久后降临，而温度亦会大幅滑落。因此，只要还有机会，就得把握时间，准备好应付一些无法避免的状况，片刻都耽误不得。比方说黑暗会来得十分迅速，尤其当太阳落在高耸的山脊后更是如此，因此在天色尚明亮时，不论是寻找适合的避难所，还是亲自动手打造一个，都要简单许多。

温度过低症很可能不久就会影响你，所以心中要牢记保持自己的体温。首先得找寻可以充当防风林的一些天然物，如果附近有树木或岩石，就不妨拿它们来挡住强劲的风势。除此之外，永远都得当心雪崩的可能性，或是上方的雪堆是否会向下滑落。如果周遭空无一物，那就不妨在雪中挖掘壕沟，或是堆出一面雪墙充当防风林之用。

在天色尚明亮时，不论是寻找适合的避难所，还是亲自动手打造一个，都要简单许多。

1972年，安第斯山脉发生了一次空难，在45位乘客和机组成员中，共有16位幸存者硬是在冰天雪地中熬过了72天。如今大家都承认一件事：要不是其中一位幸存者建议大家建造雪墙抵御强风的话，那几乎可以确定大伙儿在山区的第一个晚上，就会全部冻死。有鉴于此，我们的首要任务便是打造可以抵御强风的避难所，因为在0°C以下的环境中，风可谓是主要的杀手。

既然知道打造避难所是一种可以提供我们适当保护的做法，那么接下来要考虑的，即是要了解自己到底需要哪一种避难所。当针对各样的选择进行取舍时，务必得考虑到地形、可取得的建筑材料、天气，以及自己究竟是打算在原地待上一段很长的时间，还是不久后便要打包走人。在打造任何避难所时，都得耗费掉许许多多的精力，并流失掉宝贵的体热，因此务必要理性思考在形势乐观时，自己能打造出什么样的避难所，然后选择最适合自己的一种。

一般性原则

选择地点

在山区，以树林多的地方为最佳，因为在这儿既可取得绝佳的建材，同时又有丰富的燃料来源。如果当地有树木遮护的话，那么树坑式避难所或是单倾斜面式雪帐，便是较适合的选择，因为它们不但可以很容易地搭建好，而且对于温度的维持亦十分有效。但如果周遭没有天然的遮蔽物保护我们免受风雨之苦的话，那就势必得在雪中挖掘壕沟或是洞穴了。

雪的隔绝效果

如果我说又湿又冷又松软的雪是很好的建材，并且可以保护我们免受寒冷侵害的话，你或

在阿尔卑斯山自己打造的雪山避难所内，浑身包裹着被自己抢救出来的降落伞，努力保持温暖。

许会认为我在说胡话，因为这种论点简直违背了我们的直觉。可是，它的确具有这种奇迹般的特性，足以给予我们生命所需，这也就是说，雪可以救你一命，而且隔绝的效果要远胜于一辆破车的金属外壳。雪的卓越隔绝效果可以由下面这个简单的事实显示出来：在因纽特人所居住的圆顶小屋内，单单靠一根蜡烛所提供的热量便可以将温度升高 4°C，而且如果搭建的技术良好，在由雪建成的避难所里，室内温度可以较室外暖上 30°C。值得一提的是，在还不到 15 厘米深的雪地上，我们便可以在它上面搭建起避难所了，当然，较深的雪就更容易对付了。

另外还要注意的就是，挖掘出来的雪密度将会变得结实，而且不出几个小时便会缩小少许。不管打造出什么形式的避难所，它所提供的温暖程度往往得看你是否能打造出正确的平衡感。换句话说，你为自己所打造的“墓穴”不可以太小，不可以让上方空间太小，免得压伤自己，但与此同时，也不可以让周遭的空间变得太大，这样才能有效地让温度上升。

雪所提供的隔绝效果，要远胜于一辆破车的金属外壳。

通风

我们在用雪搭建任何的避难所时，很容易忘记一件事，但它的重要性又绝对轻忽不得，那便是得让空气有充分的空间流通。我们知道有许多在雪地里进退不得的幸存者，都成功地打造出雪洞并顺利躲避了强风的威胁，可是到最后，生命却因自己所生的一把火而葬送，元凶就是由一氧化碳导致的窒息。一氧化碳会让他们沉沉入睡，身子逐渐变冷，而且无法清醒，终至冻死。

置身在避难所里面时，人一定会希望入口处能够保持密闭状态，以免让热量流失，但同时也得确保良好的通风，避免窒息的不幸事件上演。即使没有生火，也得确保空气的流通，因为我们呼出的空气中含有二氧化碳，而这也是有毒的。

为了达到通风的效果，不妨在建避难所时在屋顶处开两个约两厘米宽的洞。而待在屋内的你也要随手持一根树枝，在入夜后，当刚落下的雪开始在洞口冻结或是把洞堵塞住时，可以立刻往上把它们拨开。如果有滑雪杖的话，那真是再好不过了，因为我们可以把它一直竖立在雪屋的屋顶上，保持良好的通风效果。

工具

天寒地冻中，赤裸裸的双手必须加以适度保护，而且，也必须找到一些有隔绝效果的用具协助挖掘的工作。任何工具只要能够提供类似于铲子、冰锯或冰斧等功能的，都算是相当理想的，不然也可以当场发挥巧思，制作出适合的工具，例如军规伞绳就可以像锯子一般切开冰雪。过去我就曾利用降落伞背负皮带上的护背来挖掘，至于降落伞的收纳带，则可以用来保护我的双手。当双手十分寒冷时，我们往往察觉不到这会带来多大的危害，可是，冰通常是十分锐利的，而且雪的密度也很大，因此双手可能会被割伤而不自知。

避难所的种类：短期性的

雪沟

处于雪冻得很硬的空旷场地时，或是处于讲求效率的紧急状态下，挖掘雪沟应该算是必要的举措。其中最简单且最快速的，当属浅沟式，这种雪沟通常要深得提供足够大的保护，抵御强风的袭击，而且宽得足以提供一处小小的空间，好让四周的空气得以流通。打造雪沟时所挖掘出来的雪，可以堆满前后及左右两侧，并让它十分密实，然后用防水布或是降落伞的伞衣覆盖在上面充当屋顶，最后再用更多的雪堆覆其上。我们还要牢记，固定屋顶的作业务必要扎实、有效，以免雪沟因负重而崩溃。还有，我们要留下雪沟的一端当入口，让它保持开放，

并用背包或是更多的雪堵住另一端。如果雪够密实，或是有办法制造出一张冰床的话，那便可以把一堆堆的雪加以雕琢，让它类似于厚厚的铺板，制造出更深且更精巧的避难所（厚度必须达 60 厘米）。我们可以把这些铺板平放在雪沟的顶端，或是让它们互相靠在一起，成为 A 字形的屋顶架构，拉大由地板到屋顶的距离，增加活动空间。

如果没有防水布或其他的掩护物，而且雪又不够密实的话，那就得制造出直径一米的雪球，把它对半割开，再将其置放在狭窄的雪沟上，形成现成的屋顶。接着再从一端挖掘进去，让雪沟变得更深更宽，足以容纳自己。

树坑

不管使用什么样的保护装置，自然环境所提供的东西通常都是最便捷有效的，在打造避难所时，务必要考虑到这一点。比方说如果身处一处以针叶树为主的树林，那你周围就会有很多潜在的避难所。穿过雪鞋远足或是经常越野滑雪的人都知道，针叶树树干的四周常常会藏匿着一些洞，只要在上面架设密集的树枝，就可以防止雪从上面崩落。因此，我们只要再额外进行一些挖掘的工作，并针对用于掩护的树枝仔细做些补强的措施，就可以制作出完美无瑕的避难所了。

有些树在制作避难所时，效果要比其他的树来得好，因此，不妨到较温暖的高地，选择树枝有许多“裙边”的那些针叶树，然后清出一个适合自己的空间，并在背风处生一处火。任何天然形成的“井”，都是打造避难所的理想地点，只要再往下、往四周挖掘，使它变得更深更宽阔即可，然后清除下面的大树枝，这样就有了一处入口。接下去还可以把一些分枝置放于入口四周，就像美国印第安人所住的圆锥形帐篷那样，上面再覆盖经过紧压的雪块，有效地隔绝周遭的风雪，这样就能够进一步强化入口处的结构。

我曾经在阿尔卑斯山搭建过这样的大树避难所，如此一来，就不用担心冰河会顺势降到树林里。如果置身在都是由茂密的云杉所形成的一片原野，那就可以打造出一处绝佳的避难所，让自己在荒野中好好地休息一番。再者，我还会在白雪皑皑的地面上，用云杉的柔软嫩枝堆出约 60 厘米深的隔绝层，为避难所提供更佳的防护。过程中要注意的是，这些嫩枝应该朝上堆置，形成较温暖的“底垫”。最后需要牢牢记住，荒野求生所探讨的，就是如何有效利用周遭的环境或资源，好让自己更加舒适。

如果雪既深又牢固，那就可以在大树附近挖掘隧道，打造出一个地下的巢穴。如果雪很浅，那也可以在上面架起一面雪墙，好为自己提供较佳的保护。在一切工作都完成后，即可用一根长长的圆木生火（详见第 1 章），并打造一处可以反射热度的设施，这样就可以把自己好好地安顿下来，在柔软的巢穴中一边享受温暖，一边还可以欣赏到眼前闪烁不定的天然“电视”。

避难所的种类：长期性的

雪穴和雪冢

我们可以打造出大型的雪冢，并把中央处挖空，构成圆顶式雪帐篷。其中又以雪穴堪称“速成式”，可以在最短的时间内完成，换句话说，只要把雪堆置在一堆石头、背包，或是堆积起来的任何东西上方，就可打造出所谓的雪穴。值得注意的是，必须用自己所能找到的深层雪

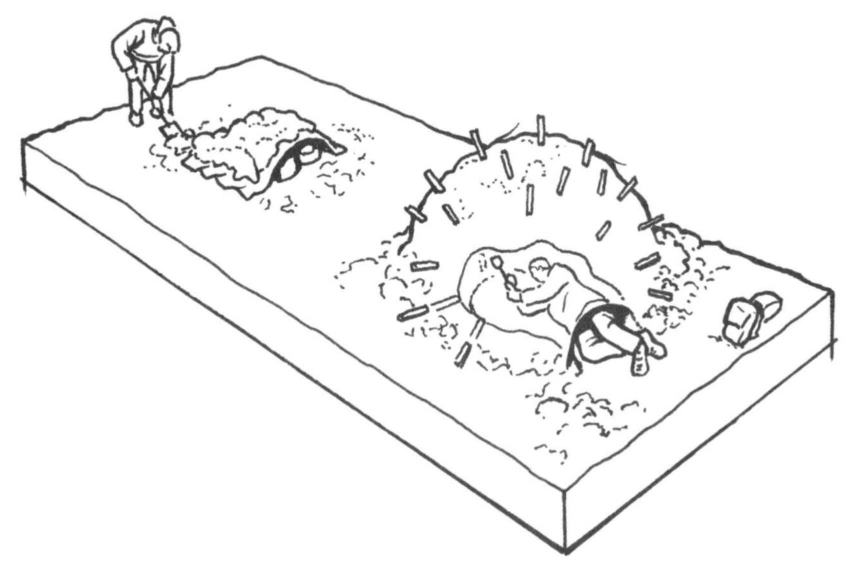

置身于北阿拉斯加的冰穴中。

为根基，这样才可以接下来把地板高度降低，并把雪冢尽量弄得紧密。当然，如果想要让结构变得更理想的话，还可以覆盖上防水布或是降落伞，这样一来雪就不至于渗透进来。在顾虑到自己的舒适度的同时，还要考虑大小，最好还是略大一些，好让你可以在里面动来动去而不受干扰。

最后再用大量成粉状的雪一堆堆覆盖在雪冢上，形成所谓的外壳，至于厚度则至少应该有 60 厘米，等到后来这些雪更密集时，厚度便只剩下一半了。此外，也要把许多的树枝埋在外壳中，这是十分重要的。在开始进行之前，最好把所有树枝在地上对齐后互相靠在一起，并在每一根树枝的相同地方刮出一个刻痕。如此一来，当你由内往外挖空该结构时，才能确保雪屋屋顶的整个圆顶结构均厚度一致。这样的避难所从外观来看，虽然就像一只豪猪一样丑，但可以确保挖掘工作不至于太过头，否则等到清除屋内的积雪时，屋顶便有解体的可能。

我们应该试着从附近的不同地方找到多处雪的来源，并且记住要让它保持蓬松并呈粉状，而不要让它变得十分紧密。这些来源相异的雪在温度上稍有不同，因此若把这些雪加以混合的话，便能够产生出所谓的“烧结”反应，进而导致原本呈粉状的雪开始冻结，变得既牢固又坚硬。只是这么做得耗费些时间，而且还必须给整个结构留几个小时的硬化时间，因此不妨付出些耐心，毕竟这样的结构是十分有效的——不过最好在白天开始动工的时间不要太晚。

最有效的方式就是挖掘出一个弯曲的入口，在雪穴的墙面下方形成隧道，这样不但可以阻止风从缝隙中吹进来，也可以让冷空气深陷在弯曲处的底部动弹不得。

在雪开始硬化时，就得决定到底要把入口处开在哪儿（记住！角度一定要正确无误，才能避免强风的侵袭），然后再往下挖。其中最有效的方式，就是挖掘出一个弯曲的入口，在雪穴的墙面下方形成隧道，这样不仅可以阻止风从缝隙中吹进来，也可以让冷空气深陷在弯曲处的底部动弹不得（记住！冷空气永远会下降）。因此，我们不妨把这样的入口，想成是马桶下方的 U 形回管。接下去就是挖空内部，并把堆积的东西搬走，为了让速度能够加快一些，不妨在另一端再弄出一个临时性的入口，等到把挖出的东西搬运出去后，就可以再度把它封死。雪冢和雪穴其实是同一样东西，只是当你没有设备或是其他材料来搭建雪冢时，就必须从大量呈粉状的雪中挖掘出所谓的雪冢。另外，这种结构在搭建时往往需要较长的时间，需要大量的雪和精力。

雪洞和雪孔

在漂流的雪堆或是在林木线*上方的山侧，挖个雪洞做避难所，应该是我们的直觉反应，而且还相当有效呢！就如同兔子天生就会挖洞，或是一生下来便会做它们的巢穴一样。事实上，许多登山客曾深陷在暴风雪中，就是因为他们

* 林木在山上的生长上限。

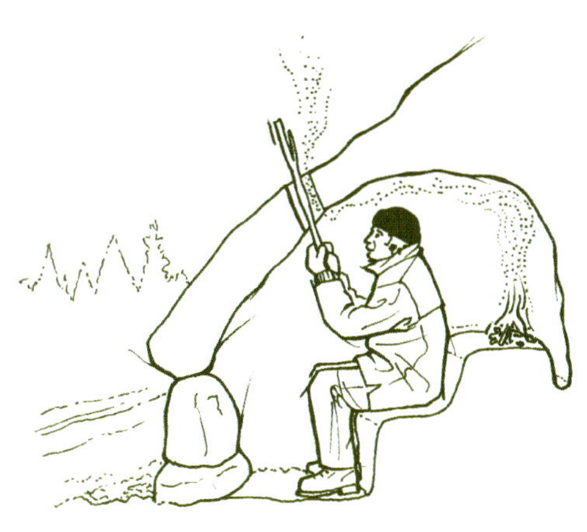

及时挖了雪洞才在最后获救。

不过，最佳地点的选择就不能太仰赖直觉了，因为和其他所有避难所不同的是，它最好是位于面向强风的地方，而且不可以离风太远。理由是如果长期降雪且雪量惊人，那么被风刮到山坡侧背风处的雪堆，便很有可能把你埋葬。如果我们要在强风中爬进爬出的话，那就可以在入口处之外建立起雪墙，保护自己免受强风的侵扰。

雪洞需要一处倾斜的雪面，而且所降的雪也得相当密实才行，可是，又要松软得足以让我们可以轻松铲雪或挖掘。在开始挖掘之前，最好拿一根树枝先行刺探一番，确定雪面之下并没有尖石或树木绊住我们，否则所有初步的努力势将白白浪费。一旦雪面下的深度让你感到满意，就可以着手挖掘出一个朝上的斜面，这样一来，入口处及较冷的空气就可以落在“地板”和睡眠用平台的高度之下。至于该睡眠用的平台，则可以铺上降落伞或是背包，隔绝下方的冷空气。

要牢牢记住冷井效应对雪洞来说至关重要，而且有着天差地别的效果。换句话说，若处理得当，即可拥有一处既温暖又舒适的洞穴，但一旦打造得不够理想，那么你所面对的，便极可能是一处冰冻的墓穴。还有，冷空气永远都会下降，因此只要在雪洞的“地板”之下挖个洞穴，就足以让冷空气深陷在下面，而且这项工作也极其简单，只要花一点点时间便可以搞定。

如果生火，就应该以小火为主，而且位置也要略高一些，形成有效的通风管道。

要让屋顶的内部略呈弧形，并在整个区域的四周挖出一道小小的沟渠，承接流下冰墙的融雪，然后再顺流到入口处的较冷区域，好让它们再度冻结。最后，再切下一块较薄但又十分密实的雪堆，将其充当大门，并置于避难所内，使得室内不至于冻结。

记住，还要用手把雪穴的“天花板”弄得平整，避免出现呈锯齿状的小冰峰，进而让“天花板”成了搜集融冰的器皿，不然水滴会扰得你一整晚无法安眠。现在不妨再提醒各位一次，这项工作其实花不了多少时间，但却很容易被我们忽略掉。有一次我曾在阿尔卑斯山搭建了处像这样的雪洞，等到完工时天色已暗，丁是没办法用很有效率的方式把屋顶的内侧弄得平整，而接下来的滴水便把浑身的衣服都弄湿了，要不是太阳在隔天一大早迫不及待地露脸，我恐怕就会遭遇到可怕的生存局面。这类的错误通常只会犯一次，如果可以从我的错误中吸取到一些教训，相信会让你有所收获的。

睡眠用的平台应该抬高，离开较冷的“地板”，并且应该搭建在雪洞的一侧，就像是一层搁板一样。还有，在打造该平台时，应考虑到当雪逐渐凝结时，它会有缩小的可能。最后，务必要保持该平台的舒适与温暖，避免热度的流失。

基本上来说，雪孔就是雪洞，只是前者搭建在平坦的地面上。只要挖掘出一个直径约一米半到两米的洞，然后找一些东西加以覆盖，就可以搭建成这样的雪孔。此外，还得在一米半到两米远的地方挖掘一个隧道式的入口。至于通风设备、"冷井"、屋顶和睡眠用的平台，则比照相同的原则进行。

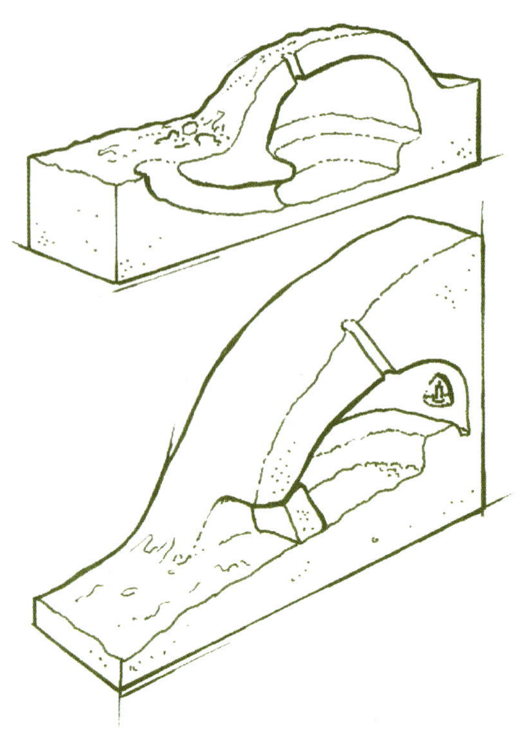

类似于因纽特人的圆顶小屋

在保护我们免受风雪之苦上，这种圆顶小屋绝对具有成效，可是，也不必做到尽善尽美的地步，把最棒的圆顶小屋留给专家，也就是加拿大北方的因纽特人去完成吧！制造雪砖可能旷日废时，而且几乎可以确定，这不是当务之急。还有，要想搭建这样的圆顶小屋，就必须选用样式完全合乎规格的雪，同时更需要一把雪锯切开冰块。要注意的是，粉状的落雪毫无用处，绝对不可以拿它来建造像这样的圆顶小屋，更何况它不够密实，一旦加以实际应用，就会衍生种种问题，让你一个头两个大。

切记，切记

不同种类的避难所具有的特质各不相同，不过，下面的原则倒是可以适用于所有的避难所。

不要流汗！

在干活儿时务必要保持平和，尽量在凉快的时候干活，避免让汗水浸湿衣裳，否则只会在后来变得更加寒冷，进而造成脱水。此外，温度过低亦是你的大敌，因此在干活儿时，不妨脱掉几层衣物。

小就是美！

不要让避难所的大小超过自己的需要——以自己身材的三倍大最为理想，这样方可有效减少热度所流经的空间。我们要注意，在天寒地冻时搭建避难所，最常出现的错误就是让它变得太长，导致它为我们省下的体热远低于从我们身上窃取的。

雪会缩小！

雪会渐渐密实而增加其密度，所以务必要

牢牢记住，雪洞的屋顶会降低其高度。不过，通常这并不意味屋顶会就此塌陷，而只是代表避难所的避难效果会变得更好，同时更趋于安稳。只是在搭建之前就得先预留些空间，以免在雪缩小后，使避难所变成埋葬自己的坟墓。

打造出很好的入口

根据风向确立入口的方位，避免飘来的雪把它堵塞住。另外在实际建造时，也要尽可能让入口保持小而美。还有，一旦进入室内，就要把它覆盖住，这两项原则都有助于热度的保存。

有效地隔绝，然后准备“冬眠”

入睡时，永远都得在你自己与雪之间留一层隔绝物。手边的任何东西其实都可以在这时派上用场，其中又以树枝和树叶为最佳，如果有睡袋或是降落伞的伞衣，那也相当好。还有，千万别直接睡在地上，不然地面就成了体热的最大流失之所。

呼吸测试

一旦进入避难所内部，那么最后一件最不想沾到的东西，就要算不断滴到身上的融雪，它会让你全身湿透。所以一定要确保室内温度在0°C以下，如果你看不到自己呼吸产生的水汽，就表示里面太过温暖了。

不要让水滴扰人清梦！

借由良好的设计，我们可以让避难所的内部比外面暖和许多。不过在雪屋里的“天花板”必须弄得十分平整，这样一来，任何融雪所造成的水滴，都会沿着墙面流下来，然后只要在墙底周遭挖出一道沟槽，即可顺利搜集到融雪所形成的水，并让湿气远离自己。

稳当的脱逃方式

只要是用雪做成的避难所，就会有可能崩塌，所以要把挖掘工具随手带在身边，或是在心中拟妥若干逃脱的方法。一旦最糟的情况发生，就可以立刻付诸行动，让自己成功地逃离。

小便

即使在夜间需要小便，也不要在天寒地冻中外出解决，在避难所内部就地方便即可，因为尿液会透过雪而自然地消散。记住！在这种情况下，生存才是王道，一旦身体温暖了，那么不到必要时刻不要胡乱走动。如果只是为了撒一泡尿而冒险跑到外面，并因而流失掉好不容易才累积起来的热度，是极为不智的举措。

> 要用手把雪穴的“天花板”弄得平整，避免出现呈锯齿状的小冰峰，进而让“天花板”成了搜集融冰的器皿，不然水滴会扰得你一整晚都无法安眠。

寻找水

从表面上看，想在一个被冰和雪覆盖的环境中避免脱水，似乎要比处于一片干焦的沙漠容易多了。因此你会认为，这儿到处都是水，要想勘察水源的话根本不是问题，只是它们全被冻结了而已。情况或许真是如此，但也别因此而放心睡大头觉，比方说如何盛放这些液体，就未必如当初想象的那么简单。而且一旦感到寒冷时，脱水的一些症状就会被掩饰得天衣无缝，让你根本察觉不出它们的存在。有鉴于此，我们必须不断地喝水，而且最好在感到有此需要之前，就先行灌下大量的水，否则在察觉到口渴后再饮用的话，就可能迟了。

虽然在这样的环境中，水分的流失情况未必像沙漠地区那么严重，但是，我们每天仍至少需要补充一升的液体，而且也别忘了，我们体内仍有大量的水分会透过皮肤而流失到大气中。此外，寒冷也会促使我们分泌出较多的荷尔蒙，进而引发紧张的情绪反应，让我们频频小解，使得更多的水分会因此而流失掉。我们在第 2 章中谈到一些寻找水的技巧，虽然仍适用于 0°C以下的环境，但一般来说，最大的问题并非寻找水源，而是如何让它转变为可以饮用的形态。它必须纯净，而且和我们的体温不相上下，这才是真正的挑战。

食用降雪或“原味”的冰其实并不是什么很好的点子，因为它们从我们身上吸走的热量，往往会超过我们吸收到的，因而得不偿失。唯一的例外就是当千辛万苦地走过雪区时，如果嘴巴中有一点点雪的话，就会保持适度的凉意，避免过度流汗，并顺便提供一些额外的水合作用。

有鉴于此，在想要把冰或雪融化之前，请先寻找其他替代性的水源，比方说在隐秘的裂缝或是埋藏在深处的小溪里，或许可以找到涓涓细流。换句话说，如果有现成的天然融水可用，那就没有必要耗费体热或燃料了。

在北极以及亚北极区的水源，通常要比其他地方来得洁净，因为那儿天寒地冻，而且可能污染到它们的腐烂有机物质并不多。不过，也别因此而掉以轻心，雪和冰并没有当初形成它们的那些水来得纯净，因此自始至终都得谨慎对待。

如果发现自己在情势所迫下不得不吃下雪块，而且又无法事先把它融解的话，那么在吞下肚之前，请让它先在嘴巴里融解。总之，要把这视为最后的手段，否则随着时间的消逝，嘴巴会出现疼痛的现象。另外还需要注意一点，雪和冰只是遭冻结的雨水而已，因此不会像溪水那样，可以在里面找出任何的矿物质或盐分，而这又会使得再水合作用的成效大减。因此如果可能的话，不妨在融解的水中额外增加些云杉的叶子、树根，或是一些浆果，增添些养分。

雪和冰

雪由 17 份的空气和 1 份的水组成，虽然这让它成为 0°C下地域的绝佳绝缘体，但同时也是最不具效率的新鲜水来源之一。只要判定冰并非由海水构成的话，那么永远都是比雪更佳的水源。事实上，要把 30 克的雪融解成水，所耗费的能量就要比融解 30 克的冰多出 50%。

如果没什么选择，非得把冰或雪融解，那就必须永远牢牢记住：冰和雪这两种东西都各

在阿尔卑斯山用树搭成的避难所里，把雪球放入杯中融解。

拥有许多不同的式样。比方说浅埋在地下的雪会出现较多的粒状物，而且相对不呈粉状，至于融解后产生的水量，则会超过地表的雪。同样，如果冰是由海水冻结而成，那就完全无法饮用，除非它存在的时间超过了两年，因为届时其中的盐分大都会消失不见。至于要如何识别由海水所形成的冰呢？很简单，由它粗糙的纹理、容易粉碎的特性，以及呈灰白或乳白的颜色就可看出。

虽然在0℃以下的环境中，水分的流失情况未必像沙漠地区那么严重，但是，我们每天仍至少需要补充一升的液体。

要是由海水所结的冰存在期间够久的话，其纹理就较为平滑，而且还明显带着青色，融解之后，还是可以饮用的。只是在饮用前应该先确定一点：它的表面并未沾到最近出现的海水，否则就有可能遭致污染。

用火来融雪成水

如果可以顺利生火，那么喝水应该就不是什么大问题了。我们可以把雪放进锅碗瓢盆的替代品中，然后加以融解，不过过程中要确定，切不可把它塞满，否则别想它能够顺利融解。因为雪过于密实，很容易蒸发，如果直接把塞满雪的容器放到火上烧，没多久便会在容器的底部出现空间，进而把宝贵的容器烧焦。在这情形下，不妨先把少量的雪放入容器中缓缓加热，等到融解后再陆续加入更多的雪。如果想要加快速度，就可以添加些发烫的岩石或是小鹅卵石。

至于另一个方法便是先做大型的雪球并把它叉到树枝的一端，通常可以参考“棉花糖”或“雪人人头”的制作方式，这样一来，就可以拿到火上缓缓加温了。在火的下方可以先放置好一个容器，如果实在找不到适合的东西，甚至可以拿自己的靴子来代替，好让融化后的水不断滴落到容器中。过程中要注意的是，雪球切不可离火太近，以免崩塌溃散。记得有一次在阿尔卑斯山，我便把这个方法发挥得淋漓尽致：先把数个大雪球刺入几根树枝，然后放置在火的

周遭，使之突出于用雪打造成的“热度反射装置”上，不久，雪球融化的水便缓缓滴入杯中，结果不费吹灰之力就可以确保水的供应。

而另一个类似的方式，则是如果呈粉状的雪因太冷而不容易挤压成雪球的话，那就不妨把它们包覆在一些通气性较佳的东西里面，如衬衫或袜子之类，并将其悬挂在火源附近。这样一来，所融解的雪即可顺利滴落到下方的容器里。但这个方法也有缺点，那就是在整个过程结束后，你的衣服已经湿透了。

其他的热源

在没有火的地方，我们就可以趁着走动或工作时，充分利用身体所产生的过多热气，只是其过程会相当缓慢。这也就是说，我们可以先把雪或冰搜集到一个袋子里，然后把它放在两层衣服之间，只是千万别紧贴于皮肤的那一层，最佳的放置地方是血液的供应最充足且最接近身体表面的所在，如头部、鼠蹊或腋下等。在睡觉或休息时不要使用这套方法。

在冷天气里，请避免上床前饮用大量的水或饮料。在晚上爬出温暖的睡袋或其代用品去方便，就意味减少休息时间，以及增加暴露在寒冷中的时间。

寻找食物

如果置身于0°C以下的地域，那不管在一年当中的什么时节，寻找食物都必定会成为一大严苛的挑战，这是无可避免的。对生存于这些环境里的动物来说，生活是异常艰辛的，食物更是难上加难。对于落难在这种环境中的你而言，也同样会面临到这些情况，可是，这又并非代表生存是一项不可能的任务。

能否成功寻找到食物，有很大一部分程度得看你第一时间在什么地方，以及当时又属于一年当中的什么时节而定。比方说在接近海岸，或是在河流和湖泊沿岸的地方，就可以直接在里面钓鱼，即使结了冰，也可以凿个洞继续钓。此外在南、北极的许多地区，也有很好的机会宰食到海豹、企鹅或海鸟，更何况多年以来，许多极地探险家都曾以苔藓和地衣为主食。

冰钓

在山区以及近海的地区，如果想要取得食物的话，那么钓鱼似乎就成了我们应采取的手段。凡是在山区有河水流经的地方，都可以运用我们在第2章中探讨过的技术。可是一旦来到隆冬季节，当河流和湖水都冻成固体时，就得像因纽特人那样，先在冰上钻个洞，然后大展身手一番。

乍看之下这方法似乎相当浪漫，如果你心灵手巧确实能捕捉到东西，也可以充分显现自己粗犷豪迈的一面。同时，它也充满了挑战性。比方说首先得确认所选的地点其冰层至少有30厘米厚，在冰上凿洞时，很可能弱化了周遭的整体结构，所以冰层必须够厚才行，这绝对有其必要。不过反过来说也可以，那就是冰层必须够薄，我们就无须专业用的切割工具，便可以轻易打破冰层，顺利展开冰钓作业。

想要在第一时间就顺利凿出一个钓鱼用的洞，其实并不是一项轻松的工作。而其中最简单的方式，莫过于先在一个以岩石铺成的平台上生火（不过要确定这些岩石并未浸过水或吸饱了水分，否则有爆裂的可能），随着这些石头的温度不断上升，下层的冰也逐渐融解，并纷纷散落。要注意的是，最好选在靠近木材及石头的地方进行，以免材料或燃料短缺而功败垂成。

有一次在阿尔卑斯山某处冻结的湖面，我在厚厚冰层之上，找到一处厚度较薄的冰区，于是利用手上的长竿子猛击湖面，不一会儿，冰层就被我的巧手顺利洞穿。其实只要有一小块冰开始碎裂，就可以在四周浇灌一些由冰雪融解的水，这样比较容易动摇剩余的冰层，在很短的时间内让它产生小洞。

在一个冻结的湖上进行冰钓。

云杉的树枝可以阻止该洞再度结冰。

一条喜欢刨根问底又饥肠辘辘的鳟鱼上钩了。

于是成了美味可口的生鱼片。

钓鱼装置应该包括下面的东西：适当的绝缘体，万一要凿透冰层，便可以把它垫在脚下或膝盖下（以云杉的树枝为最佳，而且如果打算钓一整晚的话，还可以利用它来标示出洞口的正确位置）；锐利的树枝、石头或是小刀，在无法生火时挖掘冰层；两片笔直的木头；一些钓鱼线，以及若干临时钓钩和饵食。

顺利凿出洞后，就可以让一根树枝跨过该洞而横躺在湖面上，同时用适当的角度把充当钓竿的另一根树枝绑在它上面，好让你在缠上一根线后还可以自由地旋转它，最后再把装上饵的鱼钩固定于线的一端。当然，如果在不同的深度下固定的鱼钩越多，捕获鱼儿的机会便越大。一般来

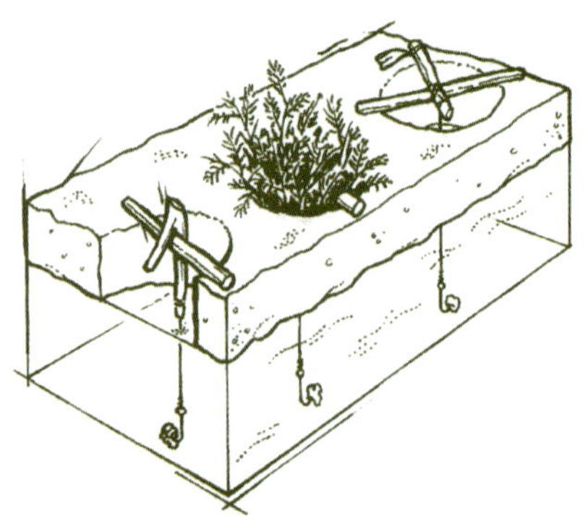

说，如果湖面冻结的话，里面的鱼儿大都饿个半死。而且一到了冬天，它们便会成了“包打听”，不管碰上什么东西都要仔细探究一番，因此这时只要用一些会闪闪发亮的金属制小型鱼饵来诱惑它们，鱼儿就很容易上钩。至于鱼钩的制作也难不了你，像是手边的任何铁丝、铁线，甚至用动物骨头或荆棘做成的锐利碎片，都可以派上用场。

如果想要让冰洞保持一整个晚上都不至于再度冻结的话，就可以选用许多末端长满树叶的云杉分枝，再把它们填在洞里，而且还要尽量深、尽量紧，有效标示出洞的位置。这样一来，不仅可以防止冰洞再度冻结，而且如果下了一整夜雪的话，第二天也可以很容易察觉到洞口的位置。因此要记住，如果不想被冻死，这绝对是个相当好的方式。许多冰钓任务在一开始是十分成功的，但后来却往往因为洞口再度冻结而砸锅，这不但会平白浪费掉不少时间和精力，而且更能让你我明白，这套技巧是很容易让钓客受挫的。

我们也可以在钓竿的另一端固定住一些像旗子状的东西，鱼一旦咬食鱼饵，钓鱼线便会随之收紧，并把鱼竿往下拉，而起固定作用的另一端，则会顺势上扬而笔直地抛入空中，作为鱼儿

上钩的信号。

动物

想要在冬季的山区设陷阱捕捉到像鹿这样的大型动物，难度之高绝对不在话下，所以最好还是用陷阱来捕捉一些小型哺乳动物，如松鼠、兔子、狐狸、土拨鼠、在山林出没的大野兔、海狸、貂，或是黄鼠狼等。如果来到最近曾出现过雪崩的地区，那就最好先行探测一番，这样永远都是相当值得的做法，因为在这种具毁灭性的冲击下，动物就像人类一样全都会沦为牺牲品。有一次我在阿尔卑斯山区，便发现一只已经腐烂的羚羊被埋在雪崩当中，足足埋了30厘米深。尽管羚羊的肉已腐败，且发出阵阵恶臭，但爬在上面的蛆则是既有营养又新鲜，于是我立刻抓了一把当诱饵，并且又拿了另一把当成爬山时的点心。

到了南北两极，我们的选择便会大幅减少，到最后就只剩下海豹和企鹅这两大类动物可供猎捕，可是在这样的海域，浮游生物和磷虾往往是产量丰富的两大族群。在极地，一到了繁殖季节，海豹及其幼仔便成了最容易捕获的猎物，而且此时也是它们最脆弱、最容易受到伤害的一刻。在这个时节不时会有令人遗憾的新闻画面出现，比方说在对海豹进行选择性捕杀*时，小海豹被乱棒打死的血腥场面便频频透过镜头映入眼帘。

不过除了繁殖季节之外，它们都相当难以被猎捕，因此想要顺利捕捉的话，就需要些技巧，才能在对方没有准备之下完成任务。其中最佳的策略便是在冰上行进时，趁着它们穿过小洞冒出头来呼吸的那一刻，用尖锐的矛猛刺，或是等它们进入梦乡时再痛下杀手。只是后一种趁睡偷袭的方法也并不容易得手，因为随着进化的脚步，海豹已可以凭着本能在入睡时一直睁着眼睛，并随时扫描海平面，看看是否有北极熊

* 为控制某物种数量，而针对弱残者进行扑杀的做法。

任何猎物的内脏，都可以拿来当成下一餐的诱饵。

或是人类等其他掠食者靠近。

只有因纽特人可以把猎捕海豹的技巧演绎得出神入化：他们会顺着下风处悄悄靠近，等到更接近这些海豹时，就会在冰上爬行，模仿它们的动作，不让海豹产生怀疑。可是，身为门外汉的你，一定会发现整个过程充满难度。另外还要牢记一点：在北极会猎食海豹的还有北极熊，它们倒是不反对偶尔换换菜色，把你当成打牙祭的对象。

不过如果你真有本事宰杀到海豹，那还是相当划得来的，比方说它们的皮可以用来当成衣服或是鞋子，油脂可以放在火上当柴烧。不过，海豹肉必须好好烹煮才行，因为它们极易被旋毛虫寄生，而这种有毒的虫子会入侵我们的肌肉，引发旋毛虫病。至于海豹的肝脏和北极熊的肝脏，则应避免食用，以免摄入过量维生素 A，要了你的小命。

1916 年，当沙克尔顿和其他船员在海难后来到象岛（Elephant Island）的野角（Cape Wild）扎营时，曾作出一个令人痛心疾首的决定，那就是宰杀他们心爱的爱斯基摩犬果腹。等到后来又饥饿难忍时，海豹和企鹅便成为他们一行人得以存活下去的关键。其实自从他的“坚忍号”陷入北极的冰河并接着被浮冰撞毁，28 位幸存者在北极待了近两年，最后悉数安全返回文明世界，一个也没少，这是多么值得大书特书的一页传奇啊，简直把人类的英勇和坚忍发挥得淋漓尽致！相较之下，屠狗、猎海豹和宰企鹅等情节，就不过是几则小插曲罢了，不足挂齿。

海豹的肝脏和北极熊的肝脏，则应避免食用，以免摄入过量维生素A，要了你的小命。

记住，在为生存而奋斗的环境里，最后一定会被现实唤醒，把一切的偏见留在家里。不妨举道格尔·罗伯森（Dougal Robertson）的例子说明，当他和他的一对双胞胎儿子驾着双桅帆船遨游时，船曾被鲸鱼撞击，于是父子三人就此在太平洋上无助地漂流着。起初他还谨慎自持，把一切弄得井然有序、妥妥当当，不过随着情况日渐绝望，食物也更加缺乏，于是就改变了觅食的策略。到了最后，他更由被动消极的受害者，一跃成为积极主动的掠食者。有一只海龟被船的海锚缠住，他就一把抓住乌龟的嘴巴，并趁着它翻滚到船的甲板之际，用刀往喉咙一划。后来他劈开厚厚的龟壳，并扯掉里面的肉，这时血如泉涌般喷溅得到处都是。在他把生的海龟肉给两个宝贝儿子分食时，只见他从头到脚都被厚厚的一层温热的血水包覆。可是事后他说，就从这血淋淋的一刻起，他便下定决心要活下去。或许，你也得培养出同样的“杀手”本能，才能维持自己的生命。

植物

在若干 0°C以下的地域，包括山区和北极的苔原地带等，或许可以靠着树木、花草和浆果类喂饱自己。有许多植物都是维生素 C 的极佳来源。云杉的树皮可以烹煮，针叶可以泡成茶喝，而北极柳的嫩枝、幼苗、树皮、树叶及根部等，亦可以拿来煮食。值得一提的是，由云杉所泡的茶绝对美味可口、营养丰富，而且喝过后整个身子都会暖和起来，像我个人就曾多次以此提神醒脑。此外还要记住，所有苔藓或是地衣都是可食的，并且富含各种营养。可是，它们至少得浸泡 20 个小时，等到把高酸性成分过滤掉后，才可以放在清水中熬煮。

一般来说，可食的苔藓或地衣类植物包括：

- 冰岛苔藓：在北极十分常见。
- 石耳：是一种多皮质的怪东西，酸性极强，常长在岩石上，叶片有点像莴苣。
- 铁线莲：它往往是干的，并垂吊在松类等植物的枝叶上，因此最好当成火绒使用。不过在一切看起来都十分绝望时，倒可以拿它来当食物。
- 驯鹿苔藓：外观很像是驯鹿的叉角，是因纽特人眼中的佳肴。

如果偶尔碰上一只死驯鹿，就该立刻把它开肠破肚，不要犹豫，因为里面多半充满了半消化的可食苔藓。如果在因纽特人眼中这算是美味佳肴的话，那么你又何必嫌弃呢？只是应该把食用苔藓类食物当成最后的手段，一般来说，它的味道相当令人厌恶。相较之下，硬纸板反而比较有味道，只是缺乏营养而已。

鸟

企鹅之所以容易捕捉，乃是因为它们属于好奇心极重的鸟类，而且都是一大堆一大堆成群栖息在一起。在夏季，北极地区的鸟类都会脱毛，在这几个月里，我们就有丰富的食物了。

乌鸦和白嘴鸦都是好奇心颇重的鸟类，又是食腐动物，堪称自然界的清道夫，到了 0°C以下的山区，就可以捕食这两种鸟类。不过，我们得准备诱饵和陷阱（详见第 1 章），比方说可以把一根干燥且牢固的钓鱼线绑上带有诱饵的钩子，再悬垂在树枝或岩石上，并把另一端绑在木桩或石头上，其成效往往会超过预期。至于洞穴则是设陷阱的绝佳地点，不过要确定的是，自己所设的陷阱在数量上要足够多（十个左右），并以 25% 的“中奖率”计算收获。

在北极进退不得的沙克尔顿以及其他船员等一行人，就靠着食用海豹和企鹅的肉，让生命得以延续下去。

导航及行动

> 我们要有冷静且充满智慧的头脑，才能正确地判定方向，并在行动上作出有效的决定。可是，寒冷本身会让这些反应过程迟缓下来。

在冰雪中不辨清方位前进，是充满危险的过程，不管所处的是什么样的环境都是如此。地域的形态和所处的季节，会决定你面临什么样的障碍，而在冰雪中这些障碍会更难以克服，而且掌握导航的基本技巧及迅速而轻松行动的能力等，都会遇到更大的挑战。

我们要有冷静且充满智慧的头脑，才能正确地判定方向，并在行动上作出有效的决定。可是，寒冷本身会让这些反应过程迟缓下来，与此同时，身体本身的功能，也可能不如温暖时那么有效率。有鉴于此，在离开较舒适的避难所，越过崇山峻岭或是离开景观全是一个样的极区之前，务必要先想出一套周全的计划。

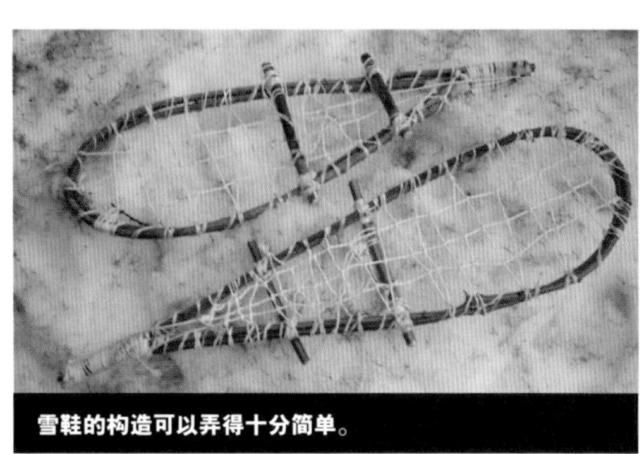

雪鞋的构造可以弄得十分简单。

在雪深及腰的苍茫大地中，雪鞋会为你省下许多穷折腾的时间。

一般原则

雪鞋

在缺乏专业雪鞋的情况下，打算强行越过厚度极深的雪地，无疑是自杀之举。花好几个小时的时间拼命挣扎、越过深度及腰的雪地，会让人精疲力竭，不但产生不了什么效益，也会让你浑身湿透，同时过程中更充满了危险，请相信我！我虽然也经常这样做，但只要有万全的准备，就没有问题！生存的要点在于如何发挥巧思，而不只是汗流浃背地拼蛮力，比方说利用周遭物品制作出适用的雪鞋，把全身重量扩散到一个较大的区域，而非单单仰赖那双靴子。

即使只是利用一些相当基本的材料，我们仍可以拿些长度适中且相当柔软的树枝，当场制作出适合的雪鞋。材料以柳树枝为最佳，只要把它们折弯，再把两端绑在一起，形成状似于网球拍的东西即可，至于其长度则大约一米。

上述结构就是基本的鞋架部分，除此之外，还得来回编出一层支撑的网，像是帆布、皮革、芦苇编成的索，或是薄薄的一层树皮等，均可发

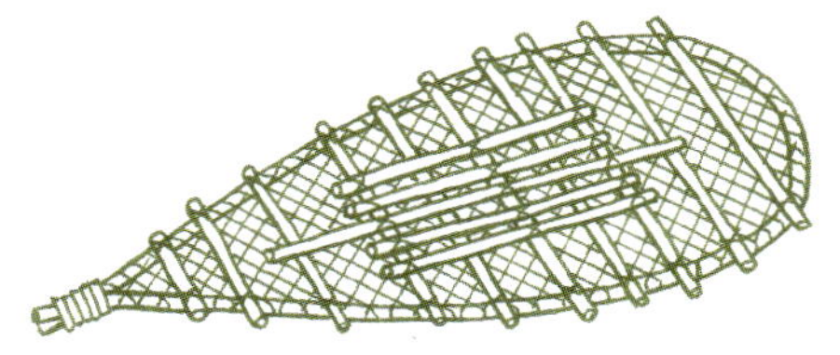

挥出极佳的作用。这样就形成了雪鞋的基本架构。当然，中央部分还得用十字形的支架加以强化，有效支撑我们双脚的重量。一般来说，雪鞋的设计大都是由我们所能取得的材料来决定的，可是不管怎样变化，指导原则都是一致的，那就是应该在力量以及重量间找到一个平衡点。

如果有一些降落伞绳或细绳，就可以轻易地把它绑在脚后跟上，然后绕回来再绑到支架上。这样可以将靴子放在最适当的位置上，同时脚后跟也可以很方便地抬起、放下。

如果来到山林，就可以既快又轻松地制作出临时雪鞋，比方说折断两根长约一米的常绿灌木植物的树枝，并把两端绑在靴子的前方。开始在雪地里步行时，不妨从膝盖处抬高腿，让脚的底部保持水平，并以此方式迈大步前进。如此一来，当我们的脚往下踩时，雪鞋上的树枝两端就不会把我们绊倒了。

在 1846 年到 1847 年的冬季，一支由 81 名美国人组成的拓荒者，即大家所熟知的“当纳聚会”，* 先是误信了别人的吹嘘之词，来到一条路途遥远的“捷径”，接着又碰到暴风雪。在越过内华达山脉时，他们不慎受困于皑皑白雪之中。有一个叫葛莱维斯（F. W. Graves）的人，出生于佛蒙特州，年轻时曾在山区中待过，因此成了一行人之中唯一知道如何制造雪鞋的人。于是靠着他独自一人制作的 14 双雪鞋当工具，其他一些幸存者才得以获救。

我在阿尔卑斯山区时，便曾使用过这套技术，不但少流了很多汗，更让我有办法安全且迅速地穿越极深的雪区。我制作一双雪鞋总计要花上三个小时左右，由于我不是正式的制鞋师傅，这样的成绩也足以告慰平生了。

在冰上行动

在所有 0°C以下的地区内，你经常要跨过一片冰天雪地，比方说横越山区和南极大陆的冰河，跨过山区的河流和湖泊，或是跨越已成冰上世界的北极海。其实冰也像雪一样，会以许多种不同的形式出现在我们面前，而且更重要的是一旦你的生活非得仰仗它不可时，便会发现它竟有许多种不同的厚度。在北极地区我们往往会发现，我们所跨过的冰面竟然仅有数厘米厚，而且来到山区时，也经常需要越过这么薄的冰区。总之，学会如何分辨冰的种类以及它能承受多大的重量等，是一门必修的技巧，一旦判断错误，就往往会以生命为代价。从冰洞爬出永远都是一项困难至极的工作，尤其当你独自面对这样的局面时更是如此。一般来说，冰至少需要有五厘米厚，这时才可以考虑是否要在它上面行走。还有，肮脏且颜色阴暗的冰通常是较薄的，而灰白且颜色明亮的冰层，则通常较厚，生成的时间亦较久。由于雪本身会防止冰变厚，并形成隔绝的作用，所以，上层被雪所覆盖住的冰，往往要比直接暴露在外的冰层来得薄。在跨越冰层之前，务必备好树枝或尖锐的刀子，并利用它用力戳冰层三

* Donner Party，系指一群由伊利诺伊州前往加州拓荒的不幸者，由于他们之中最有钱的一户人家叫做Donner，后来历史就将他们统称为“当纳聚会”。

北极 vs 南极

由于景观上的地貌使然，一般来说，北极的导航工作要比南极容易一些。说得更具体些，由于北极是海，所以在形成冰后会不断地伸缩、褶曲并弯成弓形，进而形成山脊和粗石堆。

不过另一方面，如果水面结成了冰，那么在这种冰上活动便很容易迷失方向。因此在离开避难所之前，务必要从自己所能找到的最高点上，看看周遭是否有任何可以辨识的东西，确定自己的方位。如果粗石堆就在附近，这就是一个有利的地点，对方向的指引颇具效用，更何况从这儿也可以看到前方的危险。一旦判定好方向，就得利用某个东西追踪远方的地平线。

另一方面如果到了南极，那么在夏季时节每四天便有三天可以享受到阳光的照射。所以，利用太阳导航的话，要比使用罗盘简单许多。

此外，也可以从岩石倒卧在冰河上的样子确定自己的方位所在。比方说它们的阴影会遮蔽住冰，不过时间一久，它们周遭的冰便会融解，只留下这些岩石“高坐”在它们自己形成的小小平台上。到了南极大陆，阳光主要来自于北方，所以，岩石也是倒向这个方向。如果附近只有一块倒落的岩石，那就不要根据它的样子下任何的判断，但如果有一堆岩石，而且都是呈同一个方向倾倒，那么很可能它们全都指向北方。

学会判读眼前的山势和外观，看看是否有雪崩和缝隙的信号出现。

在 0℃ 以下的区域，一些该做及不该做的事

该做的事

• 一大清早就动身，但如果白天时雪一直在融解，那就等到黄昏再动身。这些时间，温度往往较低，而且雪比较坚固。另一方面，如果该地被冰所覆盖，就不妨趁着正午动身，因为这个时候路面相对不滑。

• 仔细观察是否出现温度上的显著改变，因为此事关系登山活动的安危。

• 在山区，雪崩的威胁是十分真实的，为了减少遭遇雪崩的可能，我们应该一大早趁着雪尚未经受太阳高温照射之前，也就是雪崩的威胁较低之际动身。

• 越过不平坦的地区时，应利用雪杖让自己保持平稳。此外更重要的是，还得不住地查探雪地的情况，看看是否存在着隐而未现的东西、较薄的冰，或是隐藏在地下的溪流。如果跌落在

冰里，就要立刻抓住一些东西，好把自己拉出来，这或许可以救你一命。

• 随时注意天气，在天气变坏的第一个迹象出现时，便要立刻替自己挖个雪洞，或是找寻其他的避难所。越早搭建营帐越好，尤其当冬天日照时间缩短时更应该如此。在这方面，你永远没有犯第二次错误的机会。

• 尽一切努力让自己保持干燥，在0°C以下的地区，寒冷可算是第一号杀手，如果肌肤接触到水或湿气的话，那么寒冷的效应就会变得更加强烈。湿透的衣物会把热气迅速从体内传导出去，其速度约是干衣物的50倍之多。

• 保持足部的干燥，即使身体的其他部位都呈干燥状态，而只有双脚是湿的也绝非好现象，因此千万别忽略了“足下”的保养。如果不幸淋湿了，就要立刻把它们弄干。在经常挑战高度的登山客之中，足部或脚趾出现冻疮可以说是屡见不鲜的现象，而且随着环境的变暖，其痛苦势必更加难耐。因此最好一直将严重的足部冻疮保持冷冻的状态，直到抵达安全的地区再作后续的处理，至少这意味在此之前，你还有办法靠着冻结的“残肢”行走。

• 要小心较薄的冰面，不管在什么时候，都要尽量避免走在这样的冰面上。即使非走不可，也要缩着身子缓步前进，或是匍匐蠕行，尽量把身体的重量向外伸展出去。其基本原则就是，不时用手上的雪杖用力戳三下，如果一切都安然无恙，那就表示可以放胆前进，但如果在猛戳一次或两次之后，冰层便应声而裂的话，那就立刻离开那个鬼地方。

• 可以利用河流来导航，比方说在某些地区，一到了冬天河流就冻结起来，且其厚度动辄达数米，在这种情况下，就可以利用它们当自己的重生之路。

不该做的事

• 不要让自己在行进时大量流汗，也不要耗费十分宝贵的体液。如果把衣服弄湿了，水分便会随之冻结起来，并迅速把热气从体内传导出去，进而加快降温速度。

• 冬天在山区活动时，请不要在山脊的背风侧下行走。因为雪檐（冻结在岩石边缘的雪块）往往会被风吹到一些凸出于地面上的巨大拱形结构上，如果再有声音振动的话，就会导致它们崩落。

• 请不要尝试在暴风雪中到任何地方去，不管是往上攀爬或是往山下走去，都不是妥当的做法，更别说要辨识基本方位了。这时会因雪白反光而产生方向不清的现象，甚至引发暂时失明，因此通常是不可能辨别清楚东西的。除此之外，跌到缝隙处或是跌落冰层下方的可能，也会因而大增，而且在这种情形下，几乎不可能判定出地形所具有的特性。

• 不要试图跨越被雪所覆盖的溪流。

• 不要在冰山上徒步旅行，因为冰山的绝大部分都是潜伏在水下的。当它开始融解时，经常会有突然翻动的倾向。

> 冰至少得有五厘米厚才行，才可考虑是否要在它上面行走。

大自然的危险—冬季的山区

雪崩

雪崩往往会要人命，而回避它的秘诀，即在于充分认知到哪些情况会引发雪崩。绝大多数的雪崩，都发生在斜度为 30 度到 50 度，或

雪崩下的生存之道

如果不幸遇上雪崩，那要想尽一切方法来到雪崩的边缘，只是毫无目标的奔逃根本无济于事。奔跑过程中要拿东西覆盖住嘴巴，许多雪崩的受害者，到最后都因为吸入过多粉尘状的雪而命丧黄泉。还有，要尽量把双臂遮掩在脸的前面，在雪冻结之前，尽可能地留下一定空间以供呼吸。另外，许多人都因为景物颠倒和方向感丧失，而跌跌撞撞来到错误的方向。要想找到哪条路是往上而行的，不妨吐几口唾沫或是撒泡尿，它们往哪边滴去，哪边就应该是往山下的方向，然后尽快地朝反方向走。另外，雪崩后的雪在安定下来之后，会很快地硬化并密实起来，就如同混凝土一般。

还记得有一次我在阿尔卑斯山看到一处雪崩后残留的岩屑，一点都不像过去目睹到的任何一次雪崩。当时只见在数百平方米的范围内，到处都是巨大、浓密又粗壮的树木被撕扯成的如火柴棒粗细的碎片，不但树皮尽被剥除，而且坚硬如岩石的雪也遍布各处。如果不幸陷入这样的雪崩中，活命的机会大概微乎其微，而且在雪崩之前，往往会有所谓的冲击波先行袭来，而这所造成的初步伤害，更是我们所无法承受的。

在珠穆朗玛峰，雪崩的戏码几乎每天都在上演，已成了当地生活不可或缺的一部分，而且四周所有高山山脊上的堆雪，也会因此一扫而空。记得有一次我们在珠穆朗玛峰，才差几分钟的时间，便险些与一次规模惊人的雪崩撞个正着。那次我们一行人在这世界最高峰上待了 91 天，到最后一天一大早准备下山时，大伙儿还在痛苦边缘挣扎，一方面双脚上有严重的冻疮，另一方面也精疲力竭。这使得最后真正的出发时间拖慢了五分钟，由早上六点延迟到六点零五分。其实慢个五分钟也没什么大不了的，正当大伙儿拖着疲累的身躯，准备往山下的营地出发时，一场惊天动地的雪崩便横扫我们前方的冰山。换句话说，如果大伙儿准时出发，那么一行人就该来到前方 100 多米远的下坡路，就刚好会被雪崩吞没。就这样，我们索性坐在自己的背包上，目睹一场巨大的白色风暴把前方的大地吞噬殆尽。

在经过可能有雪崩肆虐的地区时，固然有纯运气的成分存在，但如果能够随时保持警戒，知道哪些迹象是警告，并当机立断地修正白天的出发时间，相信这种运气的成分一定会大大减少。

记住，如果被雪崩所困，那么最具关键性的反应即是立刻向雪崩边缘移动，加快步伐，把脸遮盖住。如果被雪追上的话，那就要采取游泳的动作，快速向上挖——同时祈祷。

雪崩会摧毁它所经之路的每一样东西，千万别冒险——如果非走不可，也要在一大早趁阳光还未洒在雪地之前就展开行动。

是斜度更大的山侧。还有，如果在过去 24 小时内降雪超过 12 厘米的话，也会很容易发生这种情形。如果陷在降雪量惊人的山区高处动弹不得的话，那最好静待一天后再出发，只要还有这样的选择，就不必急着动身。

要随时留意一些迹象，看看能否从其中发现它们泄露出来的线索，比方说过去曾在哪些地方发生了雪崩，以及日后又可能会在什么地方发生等。如果树木在较高处的分枝有扯裂的迹象，那就可以表明这地方在过去曾发生过雪崩。如果最近的降雪量碰巧又十分惊人的话，便应该避免前往这些地区活动。在出现雪檐的地方，雪往往会被吹到一些凸出物上，而在山脊的背风处，它们就宛如被冻结的层层波浪，如果经过这些地方，也是十分危险的。还有，落在呈凸面状斜坡（就像隐形眼镜的外侧）上的深层积雪，最容易引发雪崩，没什么岩石或树木方便抓住落雪的陡峭小峡谷或是斜坡也是最容易发生雪崩的地点。最后，还要留意面向北方的陡峭斜坡，如果过去在雪崩后出现过典型的漏斗状地形，那就表示一旦降雪，这些地方可能每天都会出现雪崩。

如果脚步声会让雪应声碎裂，那就表示有一大团雪处在压力之下，因此会容易引发雪崩。中午过后，如果太阳的热度直接照耀在可能会出现雪崩的地点，那就应该避免在这个时候经过该区，而是要停留在地势较高的地方，因为在那儿被雪埋葬的可能性并不高，要一直等到该区被阴影笼罩为止。

冰河和缝隙

如果独自在冰河地区旅游，那么生存的第一条规则便是尽量避免越过冰河，除非存亡就在此一举。按照字面上的意思，冰河就是一条被冻成冰的河，它们也像一般尚未冻结的河流一样，会往山下流去，只是速度大为降低而已。如果冰河下方的地势不够平坦，就会产生极大的压力，导致它们弯曲呈弓状，进而变得十分脆弱，极容易扯裂或破碎，形成所谓的缝隙，有时候，这些缝隙很可能深达数百米。

由于重复不断的降雪以及持续的移动，这些缝隙会经常在雪桥下骗过我们的眼睛，进而对它们掉以轻心。殊不知只要有一个人的重量，便很容易让它们崩塌。登山客在进行探险旅行时，总是会用绳子把彼此绑在一起，这样一来，只要有人跌落到缝隙处，后面的同伴就会立刻把他们拯救出来。

如果跌落到缝隙处，往往会要你的小命，因此得不惜一切代价避免发生这种状况。

登山客在进行探险旅行时，总是会用绳子把彼此绑在一起，这样一来，只要有人跌落到缝隙处，后面的同伴就会立刻把他们拯救出来。

在珠穆朗玛峰有个恶名昭彰的冰川区叫昆布（Khumbu），那是由无数巨大的冰块在滑落后形成的冻结冰瀑，大小动辄如大教堂一般，上面布满了蜂巢般的大型缝隙。有一次我双脚一滑，便立刻掉进这样的缝隙里。还记得当时是一大清早，我们一行人正来到海拔 5 800 米的冰川区，我看到前方的冰块似乎很坚固的样子，于是便一脚踩下去。正当我把全身重量往前倾之际，脚下的冰层却突然出现一片碎裂。在暂停约一秒钟之后，附近的整个区域便立刻滑落，我也失足跌落，而被我顺势拉下来的冰块则把我碰撞得七荤八素。我在绳索尾端缓缓地来回摆荡着，下方的两侧出现深达数百米的笔直黑色冰墙。就在生命危在旦夕之际，一同登山的伙伴用绳索硬把我从鬼门关那儿拉了回来。所以，千万别低估了缝隙的危险和可怕，它们的真面目就是如此，碰到它们宁可绕道而行。

如果非得穿越冰河不可，那也要在开始行动之前，仔细观察它的整体形状和特色。所有的冰河都各不相同，有些区域会比其他地方更容易出现缝隙，其中包括冰河的边缘处（来自于周遭地形的拖曳和摩擦，会增加冰层的撕裂力量）。当冰河弯弯曲曲地流下山谷时，还包括转弯处的外侧（我们会发现，这儿的张力和拉力是最大的），以及来自于下方山侧凹槽处的圆丘（由从下方而来的压力造成）。此外，也应该避免经过冰河的前 1/3 段，因为这儿的雪往往累积得最多，而且缝隙很可能隐而未现。最后要注意的是，缝隙经常会和放射状的较小碎片呈同一方向排列，别看它外表好像小小的，但实际的大小往往超过它外观甚多。

在利用雪桥越过缝隙处时，一定要考虑到季节和温度的变化，以及光线的品质等，从而正确判断出风险的大小。比方说到了隆冬季节，温度就会降低，而雪桥也会因此变得更牢固；不过另一方面，到了春季温度便会升高，虽然缝隙处容易被我们瞧见，可是跨越时势必更加危险。

越过缝隙

雪柱和冰

如果有绳子，就可以把它穿过冰柱或是雪柱。所谓冰柱或是雪柱，就是由紧紧包覆在一起的冰或雪所形成的圆丘。在拿绳子穿过它们之前，应该将之塑成香菇的形状，而其密度应该足以支撑你的体重，让你可以用绳子把自己垂下缝隙。一般而言，雪柱的直径必须达 1.5 米（如果雪很松软则以三米为宜），还要有 45 厘米那么深；而冰柱的直径和深度则分别至少为 30 厘米及 15 厘米。

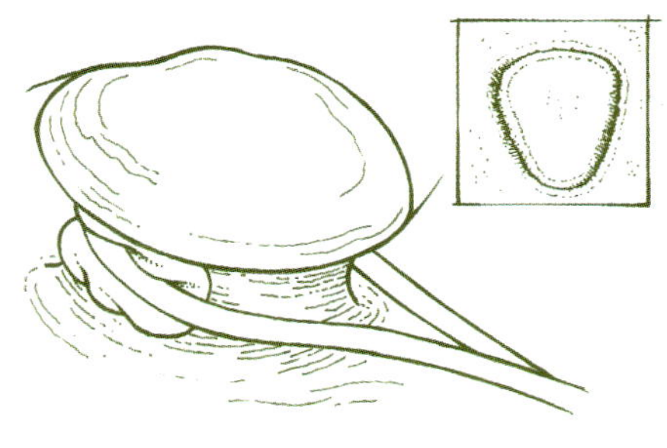

如果有一条细长的布料或是织物，那就可以把它塞进绳子和雪柱承受重量的那一侧之间，从而有助于把绳子的压力向四周散布开来，并避免让绳子把冰柱或雪柱切断或是割裂。此外，也可以用绳子把一些结实的树枝捆在一起，再水平地插入雪中，发挥出锚的作用。同时再用一些适合的材料抵住雪柱的受力侧，从而有助于将负荷散布出去。

结绳的技巧

在山区，我曾测试并使用过一套由阿尔卑斯山向导在最近才率先倡导的技巧，成效不错。这套技巧说穿了，就是在绳子上系好结（我是把自己储存的降落伞废物利用，取出了用于索具装备上的绳索），然后把绳子绑到身后，拖拉着自己越过冰河。在这根绳子的一端必须装些平衡物，以我的情形来说，即是拿填入一些雪的降落伞部分伞体来充当。如果是在坚固而平坦的地面上，绳结和平衡物就会上下跳动，并沿着身后雪堆的顶端拖曳；但如果跌入缝隙中，它们就会立刻被雪卡住，并阻止你继续往下滚落。我可以证实，这是相当管用的技巧。

爬出缝隙

千万不要在任何错觉或是幻觉下行事，如果在没有绳子的情况下跌入缝隙，而且又只身一人的话，那么成功逃出的机会便十分渺茫。如果跌落后大难不死，但却没有路爬出来的话，那就不妨往下走，这总比两手一摊什么事都不做，坐等死神降临要好得多。或许你还够幸运，可以在缝隙的下方较深处发现倾斜的坡面，或是来到侧

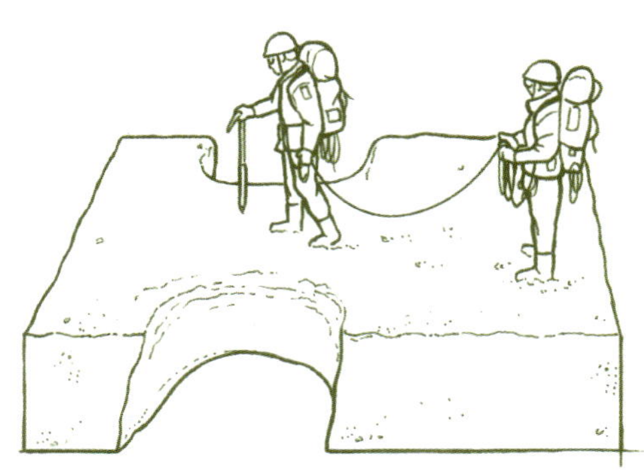

面，并导引着你从下方走出缝隙。当往下走来到漆黑一片的无底深渊时，当然会被恐惧笼罩，不过，这可能是你唯一的机会。像是乔·辛普森（Joe Simpson），便靠着这方法成功逃离秘鲁安第斯山脉的斯拉格兰峰（Siula Grande），并因而声名大噪，而他的回忆录更在日后被拍成了电影《触及巅峰》（*Touching the Void*）。

小秘诀：要进行万全的准备，在穿越缝隙区时，不论是运用滑落制动的手法，还是与其他登山客一起行动，都得随身携带一些长度约为普鲁士绳两倍的短绳备用，如果不慎跌落到缝隙，它们就可以协助你脱困。想要靠一根细绳就把自己拉上去，是几乎不可能的事，但是有好几根普鲁士绳的话，或许就会救你一命。说得更具体些，就是利用它们制作出足部吊环，好让自己可以顺着绳子向上攀爬，而不至于向下滑落。即使没有这么长的绳子，也可以把鞋带当成普鲁士绳，完成同样的工作。

此外还要牢记下面的事情：

- 除非真有必要，否则千万别越过冰河的缝隙，到最后，这往往会是让你的旅程永远画上终点的一个天大错误。
- 如果可能的话，最好在一大清早温度还较冷时出发旅行。这时太阳还在地平线附近，并没有升得很高，因此也较容易辨识出缝隙的迹象：那些在雪地里带有阴暗纹理及颜色的下陷洼地。
- 如果发现一处冰桥，就先用树枝小心探测，确定是否牢固。如果有任何脆弱不堪的迹象出现，就千万不要使用。
- 当蹲伏着身子匍匐爬行越过冰桥时，要尽量把体重多往外伸展出去，且要和缝隙主方向呈 90 度的角度越过。
- 只有 100% 确定缝隙两侧真正的边缘所在，才能够跳过去。
- 如果跌落到缝隙里，就要立刻把双臂和双腿伸展开来，并试着把自己锁定在两面墙之间，止住跌势。

在全球最寒冷且风势最大的地方上演求生记。

大自然的危险——北极

薄冰

“如临深渊，如履薄冰”虽然只是一句警语，但却绝非凭空杜撰而来。任何拉过爱斯基摩犬雪橇的人都会告诉你，薄冰会招致灾难，如果不小心破冰，那么重回干燥大地的机会微乎其微，如果真的不幸沦落到这番局面，那么几分钟之内便会因温度过低而死。其中北极地区的冰尤其在厚度上让人捉摸不定，而且极易碎裂，至于所留下的间隙就是大家所熟知的“冰间水路”，一旦跌落进去，就可能有致命的危害。

如果真的不幸跌落到里面，就要立刻游到边缘，并巧妙地扭动身子，像海豹一样扭到冰架上，这意味着得一直把重心放低，并尽量把全身重量往四周延伸。一般来说，洞口边缘的冰较薄，也较滑溜，而且一旦你运用更大的压力把自己拉出来，它就变得更容易碎裂。如果这样的情形真的发生，那就得不断移动身子，同时打破冰层，好让自己回到原处，直到冰层厚得足以支撑自己的重量，并顺利爬上来为止。

截至目前，我就不幸跌落这样的冰洞前后达四次之多。在高山地区一进入冬季，冻结的湖泊就成了隐形杀手，不过，大多数的情况并非死路一条，因此，务必要找到其他的活路并善加利用。在这种0°C以下的环境中，若不幸浸泡在冰里，那么第一个出现的危险，即是入水后因过度冲击而带来的反射作用，也就是惊吓得透不过气来。这表示在不断喘气时，会把水吸入肺里，接着就有可能被淹死。而第二个危险，即是在水温剧烈冲击下所引发的心脏停搏现象。至于最后一个危险，也就是所有杀手中危害最烈的，便是寒冷下所产生的冻僵现象。这个效应足可吞灭一切，只要身体所有的意识一失去，那么不过一两分钟，身体协调的机制就会被剥夺，力气也会尽失，因此自然无法把自己拉出来。

没错！既寒冷又污秽，和你看到的完全一样。

若不幸跌入这种冻结的湖里，那么生存的关键就在于趁着肾上腺还能发挥作用时，快速展开行动。比方说尽量保持冷静，（说到要比做到容易！）控制自己的呼吸，尽快卸下所有的背包，并转身沿着相同的路径退回去，这可是救命的唯一方向，因为这是唯一可以确定冰层强得足以支撑自己体重的地方。接着再利用手上任何尖锐的东西，如刀子或是滑雪杖的底端等，用力伸出去，把它刺入冰里，再蠕动着身体爬出去。全程中重心要尽量放低，直到回到安全之地为止。以前我便在徒手情况下运用过这样的技巧，不过难度要高多了。

次要任务就是脱下湿掉的衣服，并尽快把它们弄干。即使没有其他的衣服替换，也要立刻把它们脱掉，然后置于粉状落雪上滚动，好分散一些湿气，然后把其余的水分拧掉，并且穿回去，之后就靠着动作让身子暖和起来。一旦身体感到温暖起来，就要寻找适合的避难所，然后继续不断地活动，直到衣服全干为止。这些过程可能要耗上好几个小时，当我在阿尔卑斯山碰到这种情况时，曾事先生好火作足准备，所以从水中爬出来之后就能直接把衣服烘干。如果没有干的衣物，就可以利用“冻干”的衣服代替，那就是在脱下衣服后把它们冷冻起来，然后趁着它们硬邦邦时猛烈敲打，把结冰敲掉。

有一天夜里，当沙克尔顿的全体船员正在睡大头觉时，其中一位船员起身小解，然后就在不知不觉中来到一块浮冰上。结果，他不得不在这一小块浮冰上来回走了 12 个小时，以免自己冻死。不过，最后他老兄还是拣回了一命。

> 一旦高山地区进入冬季，冻结的湖泊就成了隐形杀手，不过，大多数的情况并非死路一条，因此，务必要找到其他的活路并善加利用。

冰上碎石堆和冰脊

一到了北极，我们经常可以看到大面积的冰上碎石堆，看起来就像冰雪下的废弃建筑遗迹，到处都是破碎冰雪所形成的巨大土墩。它们其实是由许多大浮冰彼此挤压和碰撞而成的，并且可能没有任何预警，突然在一片从前尚十分平坦的景观中现身，宛如旱地拔葱般。一些北极探险家在过夜时明明将一切都安顿好了，可是第二天清晨醒来，却往往发现他们的营帐已被由碎石堆所形成的巨大土墩包围了。

冰脊大致上也和冰上碎石堆颇类似，不过却是由冰间水路不断聚集后造成的，而且，它们的边缘会彼此堆叠在一起，甚至由这种情况产生的压力还会把冰块推向半空中。如果想要越过地势不平坦的地方，那么最好避免走冰上碎石或是冰脊，因为有可能会扭伤脚踝，或是让情况变得更糟。有鉴于此，我们应该寻找开阔又无任何障碍的地方代替，这样在通过时危险性便大为降低。不过如果真的没有其他选择，那就要有十足的耐心，并且要以谨慎的态度前进。

雾

在北极，雾是一个让我们痛苦不堪的东西，其中又以春季最严重。当接近浮冰边缘的冰间水路变大时，而且大面积的开阔水域导致来自南方的暖空气与海平面温度之间的温差拉大时，所产生的水汽便会凝结成雾。在这样的情况下，冰间水路和薄冰会变得相当难辨识，除非亲自走在它们上面。一旦来到多雾的地区，行进时就要更加小心。

大自然的危险——南极大陆

在北极以及0°C以下山区所隐藏的危险，到了南极大陆也依旧是个大麻烦。不过，一旦在南极大陆旅游，就得提防它所独具的一个特色，这个特定的杀手即是由强风所引起的阵阵寒意。由南极大陆的地形条件不难看出，这片大陆可以分成好几个很容易识别的气象带，而且每一个都拥有自身特色。撇开气候相对较平静的内陆地区不谈，有些地区可称之为地球上风势最强之处，包括其中风力最大的地方，也就是联邦湾（Commonwealth Bay）内的丹尼森角（Cape Dennison），它每年的平均风速可达每小时80公里。不管什么时候到南极大陆旅行，都必须把这列为最主要的关注事项，在必要时，要能够迅速逃离强风的侵袭。

终于抵达了阿拉斯加州某条冰河的末端。

健康问题

生存的最大敌人之一是寒冷，不管在什么环境下都是如此。我们逐步流失的体热一旦超过身体所能产生的部分，并且身体的核心温度由正常值37°C降至35°C或更低时，温度过低的情况便会发生。一旦来到高纬度区，那么寒冷所带来的效应无疑会加剧，所以高纬度区的登山客格外容易受到伤害，可是即使周遭的温度升到0°C以上，温度过低的现象还是很容易出现。当然，在温度永远处于0°C以下的区域，此危险便会更进一步地扩大。

寒冷可以说是我们不共戴天的仇敌，而且在它肆虐之前，就必须将其效应降至最低。至于在寒冷中求生的最大关键，则是及早把问题进行一番拣选和分类，以免太晚而措手不及。有时候，保持身体的温度是件极其艰巨的工作，只要登山客或是幸存者失去了决心，不再让他的脚指头继续转动，或是不再让双手的肌肉继续伸缩的话，便会出现冻疮。保持身体末端部位的暖和，可以说是一场意志力的战争，要抗拒想唆使我们就此放弃的一切诱惑，以免让它们冻僵。现在我再重述一遍，求生的关键在于确认其症状，并及早采取行动，否则一旦身体已不可能再暖和起来的话，那么任何措施都为时已晚。如果双手开始变冷的话，那就不妨把它们塞进裤子里，或是夹在腋窝下，如果有人随行的话，那就把自己的双脚放在对方的肚子上。像我就曾让一些人利用我的肚子来暖脚，从而拯救了他们的脚指头。总之，这种事要立刻进行，不要不好意思，而且更重要的是，千万别等到真正有此需要时才做。

保持温暖可以说是一场意志力的战争，因此要下定决心让四肢及末端部位不停地动起来，保持其功能的正常运作，并抗拒想要唆使我们就此放弃的一切诱惑，以免让它们冻僵。

温度过低

保有体热永远都是一个上好的策略，远胜于在第一时间坐视它流失而陷入无计可施的窘境，因此，了解体热流失的各种途径可谓至关重要。一般来说，温度过低会借由五种途径而产生，它们分别是辐射、传导、对流、蒸发和呼吸。换句话说，我们会像电热器一样，试图让周遭环境温暖起来（辐射）；或是像雪一样来到一个较冷的表面，并与它直接接触（传导）；或是用热来与四周的冷空气交换（对流）抑或是借由流汗（蒸发），以及借由平时再简单不过的呼吸把外面的冷空气吸入体内，再把热以及随之而来的湿气排出体外（呼吸），这些途径都会让体内的热流失掉。

四周温度是导致温度过低的一个重要原因，通常这是水及风产生的寒意在进一步扩大后所引发的效应，而且会带来真正的伤害。根据我们的了解，水会把热由我们的体内传导出去，而其速度则要比空气快上50倍。因此，避免温度过低的最简单方式，显然就是保持身体的干燥，以及避免浸泡在河水或湖泊中。除此之外，我们也要以同样严肃而慎重的态度，面对汗水

海冰比一般的水更冷，而且总是在移动，是危险的地狱。

的流失，以免造成危险。当汗水冷却并开始冻结时，便会以惊人的速度把热由体内传导出去。因此防范之道是：一旦身体暖和起来，就要立刻脱去一两层衣物，等到身体冷下来时，再把它们穿回去。此外，更要小心自己的体温，并加以妥当的控制。想要在寒冷的极地生存下去，此一认知可谓关乎成败。

当我们来到极地，身体就会与周遭环境直接接触，而且也会有最大量的血涌到最接近身体表面的部位，因而导致体热以最快的速度枯竭。这也是为何有大约 30% 的体热，都会透过头部和颈部而流失的原因所在，说得更明白些，就是由于有大量的血会流经脑部的缘故。因此，就必须拿东西覆盖好这些部位，并小心地加以保护。当我们身体的核心温度开始下降时，“体内温度计”便会自行调节，而让你的双手变冷，因为它们对你生存与否并非十分重要。相较之下，“体内温度计”绝对不会让你的脑袋变冷，原因很简单，头脑对生命能否存在影响极大。所以，如果头部和颈部没有好好保护的话，体热就会持续由颈部而流失，直到最后失去意识并死亡为止。有鉴于此，头部和颈部得随时套件东西，不然便得制作些覆盖物。

我们身体维持其温暖的能力，也会受到脱水、饥饿及睡眠不足等因素的影响，因此，对上述三种情形都必须持续加以监控。当我们处于脱水状态时，用来温暖手指和脚趾的血流量便会减少，因而生冻疮的风险则会大幅增加。

温度过低的迹象

颤抖是身体过快变冷的第一个症候，而且也代表生存机制已经自动启动，使得身体可以借由肌肉的快速收缩和放松，产生出体热来。如果我们什么都不做，不及时让身体回复平衡的话，颤抖动作会更为剧烈，皮肤会泛蓝，头脑也变得无法正确思考，甚至还会涌现出一种温暖起来的错觉。在这之后，便会出现意识丧失、昏睡及心脏麻痹等症状，等到精神状态产生混淆，那就可以确定是温度过低开始出现的症候。如果是只身一人的话，头脑在一开始便得保持正常的运作，从而及时在自己身上确认出这些症状。而这也是迅速反应，以及学会如何辨识这些初期症候等为何如此重要的原因所在。

冻疮

当身体为了保护核心体热而减少末端部位的血液供应（从双手双脚先开始），进而使得这些部位的细胞组织真正冻结时，就会发生所谓的冻疮。还有，随着初期的冻僵和刺痛等症状，受影响的部位也会变得苍白起来，好像涂了一层蜡似的。不过接下去，皮肤便会开始泛红、肿胀，然后冒出深色的斑点，最后呈现黑色。而且随着槁木死灰的状态由四肢感染到其他部位，血液甚至会出现毒性反应。

如果组织外层的轻微冻疮可以及早发现并妥善处置的话，是可以无药而愈的，但当更深层的组织被冻硬时，问题便严重多了。如果在挣扎求生时发生严重的冻疮，就像前面所提的那样，那么最好的办法便是让四肢继续冻着，直到援助来到时为止。我们知道有许多幸存者都是靠着被冻伤的四肢行走好几天，最后才终于获救的，但如果他们要等到身子开始暖和起来再动身的话，那恐怕永远都没办法重返人间了。有时候他们会失去自己的四肢，甚至连鼻子都一起葬送，可是，一条命毕竟是拣回来了。

当身体为了保护核心体热而减少末端部位的血液供应时，便会引发冻疮。

就拿贝克·维瑟斯（Beck Weathers）这位登山客来说，他曾只身被弃置在8 000多米高的珠穆朗玛峰上等死，当他坐在那儿静候死神降临时，便已经知道如果闭上了眼睛，那就永远起不来了。透过肿胀的眼帘，他瞥见一抹朦胧的光线一明一灭地闪烁着，维瑟斯知道如果想要再见到家人的话，就必须站起身来走路。于是他摇摇晃晃地站了起来，蹒跚地举起早已呈冻肉状态的“残肢”，开始走了起来。他说他要一直步行下去，直到发现别人的帐篷或是走出山侧为止。最后终于让他找到了帐篷，看来是意志和精神打垮了冻僵的四肢，虽然他失去了双手、双脚和鼻子，但却让自己获得重生。

如何避免

当我们浑身湿透时，虽然身着最好的衣服和鞋子，也会把热由体内传导出去。所以最重要的，就是保持装备和衣服的干燥。

双脚尤其脆弱且容易受到寒冷和潮湿的伤害，如果靴子持续不断地和雪接触，这样的情况就无法避免。所以，要尽一切努力保持袜子和靴子内部的干燥，即使这意味着得定期更换并烘干袜子。在皇家特种航空部队服役时，我们会把换下的湿袜子吊在裤子下待干。此外，靴子也不应该太紧，以免影响到血液循环，使得双脚遭冻的速度加快。

到了晚上，不要把靴子解开，任由风雨侵袭。如果不想在睡觉时穿着它们，就把它们藏在避难所里，并紧挨着它们一起相拥而眠。还有，最好一直戴上手套，并让它们保持干燥，同时避免徒手接触到任何金属的表面，如茶杯、钉鞋的鞋底，或是帐篷的桩钉，否则它们便会像强力胶一样紧紧粘住手掌的肉。

不要把衣服上的雪带进避难所里，因为在较温暖的空气里，雪会立刻融解，进而湿透衣服。所以，务必要在避难所的入口处，把它们全抖掉。此外，还要用能找到的任何杂草或树林下的草丛，把衣服和避难所隔绝开来，像是松针、欧洲蕨及山毛榉的叶子等，都是上好的隔绝材料。

避免徒手接触到任何金属的表面，如茶杯、钉鞋的鞋底，或是帐篷的桩钉，否则它们便会像强力胶一样紧紧粘住手掌的肉。

除了保持温暖及干燥之外，你的整体目标应该是有效地保持血液循环。任何能够让血变得稀薄的东西，相信都有助于血液的循环，其中包括存在于鱼肉中的欧米伽 3 脂肪酸(Omega 3)。还有，每过几分钟便要让四肢动一动，尤其在极其寒冷的环境中，更要严格地锻炼自己，身体每一个能动的部位都要动到。

雪盲

照到雪上的阳光如果再反射出去，往往会把由太阳辐射线所造成的损害效应进一步扩大，并且可能导致雪盲。因为阳光的紫外线会灼伤眼睛的角膜，而雪盲就是因此而发生的，其症状包括眼睛发红、过敏、流出黄色的脓，头痛，以及因视力模糊而导致的暂时性失明。我有一次攀登喜马拉雅山，便曾在爬到洛子峰（ Mount Lhotse ）时目睹到一位登山客完全失明。那是因为在雪盲以及极度寒冷的双重夹击下，他的双眼同时遭到灼伤和冻伤。

只要我们有一片细长的树枝，或是中间有一道细长裂口的布片，就可以轻易制作出雪地专用的护目镜。此外，若是用木炭在眼睛下方的部位涂上几笔，也可以有效降低阳光的刺眼程度。即使在阴暗的环境下，这些东西看起来是没有必要的，也千万不可随意脱掉或是卸除，别忘了你仍然需要保护，而这也是雪盲频频发生的原因。

如果太阳的紫外线经由雪反射出去，极可能导致雪盲，因此要一直带着护目镜。

在0℃以下地区的生存之道

原则一：保持温暖和干燥

温度过低乃0°C以下地区的头号杀手，这并非表示正常的室外温度会要你的老命，而是指强风和潮湿会把损害效应进一步扩大，因此要好好保护自己免受强风的侵袭，并保持干燥。此外，更要像对待亲爱的子女一样，呵护并善待自己的四肢、头部和其他末端部位——随时保持警戒，并妥善照料好它们。

原则二：在雪地里搭建避难所

利用四周环境保护好自己，应该把雪视为最棒的朋友，而非最恶毒的仇敌。在雪地中最基本的避难所，就是那些可以快速且轻松完成的。记住，雪是大自然中最棒的隔绝物之一，既然熊能够在雪地中冬眠，可见它并非一无是处。

原则三：制作雪杖

在冰天雪地的地区里，具有某些支撑、保护和刺戳等作用的工具，应该算是一件十分重要的附属物。如果不慎踩破薄冰而跌落到冰河的缝隙或山下，它就可以立刻阻止你继续往下滑落，并且帮助你以最快的速度和轻松的步伐穿越崇山峻岭。

原则四：制作若干雪鞋

在经过极深的雪区时，就必须把体重尽量往四周扩散或延伸。只要是坚韧且有弹性的材料，那么不管数量有多少，都可以制成雪鞋，然后绑缚在脚底。其实，其制作过程很简单，远比你所想象的要容易。

原则五：永远都不要失去信心

在危险中，你可能会害怕得蜷缩成一团，并决定就此放弃，而面对这样的诱惑，你必须不惜一切代价地加以抗拒。要想在极度寒冷的环境下生存下去，就得有持续不懈的决心才行。容我说一句肺腑之言，你已经具备了这样的条件：记住，只要把自己想象成人中之龙、人中之凤，那么即使面对500万名竞争对手，仍然可以上山下海，或是在漆黑一片中胜出。在内心深处，你永远都是优胜者。换句话说，只要相信，就必定能存活下去。

chapter 4

丛林

我们这一代最了不起的发现，就是人类可以借由心态的转变而改变他的生活。

威廉·詹姆斯*
William James

* 19世纪末及20世纪初的美国哲学家兼心理学家。

“丛林”二字隐含着威胁的意思，让人感觉不是什么好兆头。另外，我们已强烈地意识到，当今社会已任由一股更强大、更复杂且有时还十分邪恶的力量操纵，这种力量对于弱小个体的需求毫无所觉，因此出现了所谓的“都市丛林”一词。

对于置身于真正丛林的人来说，那种失落与孤独的感受，用上段文字描述倒颇为贴切。因为在此时，我们已不再是自己个人“舒适空间”的创造者和控制者，而是突然被扔到全球最复杂的生态系统中。

我们可以把“丛林”二字定义为位于热带地区的山林，甚至有时候是人类从未碰触过的处女地。各式各样的纬度、高度和地质层，会导致不同的气候状况，并进而创造出不同种类的热带生态系统。其分布的范围十分广泛，从赤道雨林一直到位于赤道南、北纬各十度之间的亚热带雨林，全都涵盖在内，其中前者包括了南美洲的亚马孙丛林和非洲的刚果丛林，而后者亦包括中南美洲和东南亚的大部分。

若要在这些丛林里讨生活，就得留意它们的如下特色：高温、惊人的降水量，以及几乎要让人窒息的湿度。降雨往往又急又猛，且常常伴随着雷鸣和闪电，而这些则可能导致洪水泛滥。丛林地区会在“湿季”和“干季”之间进行季节的变换，而没有温带地区那种让人习以为常的夏冬间季节差异。不过即使到了干季，也是会下雨的，而湿季就是雨季。还有，暴风和降雨来得急也去得快，白天和夜晚等长，黑夜会很快地降临，而黎明也会在瞬间乍现。

生命的所有主要需求（即水、持续的高温，以及日照等）在这儿有了理想的组合，使得每一平方厘米的丛林地区所涵盖的现存有机体，在数量上要远超过这地球上的其他蛮荒地域。至于丛林为什么是如此充满威胁性的地方，解释起来实在是一言难尽，不过准确地说，这地方是你所能想象到的每一种动物，以及每一种昆虫的繁殖温床，其种类甚至要比人类迄今所发现的还要多。

在好几千年之前，我们的老祖宗便曾逃出这个环境，并一直将其弃置至今，所以，如果在这儿有存活的机会，就一定得学会如何靠着这丰盈的大自然生活下去。既然这儿已经不再是我们的地盘，因此就必须马上学会如何依靠大自然的规律活下去，而非处处仰仗我们自己的那套行事准则。

在丛林地区生存的最大关键，就是调适自己的心态：把步调放慢，不要轻易让自己深陷在麻烦或是困扰之中，也就是说要真正地了解，这是一处丰盈之地，到处都是美妙且不凡的生命。或许在我们初次抵达这儿，或是开始在这儿挥汗如雨以及被什么东西叮咬得半死时，一种不好的感受便会油然而生，总认为丛林是一处可怕的粪坑，到处都是整天在泥泞中打滚的有毒怪物，但其实情况并不是这样的。

你在丛林中生存所需要的每一样东西，在这儿全都有丰富的供应，像是食物、避难所、水、火及工具等。因此，我们得“随波逐流”，和它一起呼吸，学着适应它，而非试图对抗它、征服它。如今在丛林中，你也沦为整个食物链的一部分，但同时也要记住：只要运用得宜，头脑、技巧和力量就是自己的强项所在，这也就是说，你可以高坐在食物链的最顶端。

在丛林里，即使是难缠的蛇类，或是食肉的野生美洲豹，通常都会知道它们的主食是什么，并且谨守该原则不放。一般来说，蛇类只有在受到惊吓或是被逼到角落时，才会展开攻击。因此，丛林之王可谓非你莫属，只要学会如何善用丛林法则，好好享受它即可，不必处处畏惧它。

在丛林里，你必须学会如何依靠大自然的规律活下去，而非仰仗我们自己那套行事准则。

换句话说，只要维持这种正确的态度，我们多半都会顺利地在丛林中生存下来，同时毫发无伤地重返家园。

在初来乍到时，我们或许会被丛林的种种吓到，比方说无论规模、大小和声势都十分惊人的野生动物，令人头皮发麻的爬行动物，以及树液会不时汩汩而出的巨型树林等，甚至我还知道，有些士兵从丛林回来就发疯了。不过，我们不妨参考一下马科斯·马丁内斯·埃莱拉（Marcos Martinez Herrera）的故事。2003 年，也就是他 17 岁时，曾和叔叔一同到哥斯达黎加的基督山国家公园（Corcovado National Park）游玩，但不知道为什么两人分开了，之后，他就一个人被遗弃在那片丛林中长达 13 天。

后来当他被拯救出来时，已在丛林里跋涉了超过 40 公里。他曾描述过夜晚的恐怖景象，比方说到处都可以听到野生动物的嘈杂声，害得自己整晚都未曾合眼。虽然连拯救他的红十字会人员都指出，他能生存下来真可谓奇迹，但是，在马可士内心深处一定有股强大的力量在支撑着他，让他始终生机勃勃。难怪事后马可士曾描述，自己是如何在本能下不断地祈祷，并拒绝放弃任何希望。

虽然我们可以在许多方面有所作为，好让严酷的考验或是痛苦的经验得以降低其伤害及不适程度，但是，马可士的经验仍然清楚地显示出来，要想在极端环境中生存，知识并非最重要的成分。这也就是说，尽管有关如何生存的知识会让我们大大受益，但最终一切还是得仰赖生存的意志，以及心态上的调适能力，这些都可能造成天南地北的差异。

马科斯 · 马丁内斯 · 埃莱拉曾意识到，对于生平首度在丛林里逗留的人来说，恐惧应该算是一种很普遍的反应。不过，会带来帮助的却不是恐惧，而是一颗机警而小心翼翼的心。在做任何事之前，都务必得三思，比方说在坐到一根圆木头上之前，就必须仔细察验；在躺下来之前，还得用根棍子清除地面；在河流旁小便之前，或是把身子靠在树枝上之前，都务必得想清楚，同时仔细察看一番，如果不小心被什么东西咬上一口，那很可能会要你的小命。总之，在丛林中的每一个动作，都会对某些动物、植物，甚至是你自己造成些影响。

有些人说他们爱死丛林了，也有人对它恨之入骨，但不管怎样，这都是你必须面对的生存情况，实在没得选择。有鉴于此，最好让自己成为爱死丛林的那批人，顺着它的步调而行，而且要牢牢记住，你是身为万物之灵的人类，只要善用本章提及的所有技巧，到最后一定会活蹦乱跳地逃出这鬼地方。

对于生平首度在丛林中逗留的人来说，恐惧应该算是一种很普遍的反应，不过会带来帮助的却不是恐惧，而是一颗机警而小心翼翼的心。

搭建避难所

如果陷入困境，那么搭建避难所便应该是考虑现实情况后的第一个应急方案。它会使忐忑不安的紧张心情舒缓下来，并有助于重振自己的士气。在丛林这种环境中，无论热度还是湿度，都强烈得会让你大喊吃不消，再加上身体会不时受到一些怪物的攻击，有会叮咬人的，有在地上爬来爬去的，以及浑身滑不溜秋的，不一而足，在这种情况下，避难所有助于培养出一种安定的情绪，使得可以掌控情势的是自己，而非丛林。

在精神的战场上其实还有段漫漫长路要走，就像第 1 章中所讨论的那样。而避难所也可以在这方面帮助我们克敌制胜，如集中心力在生存所需的一些日常工作上，同时坚定自己的决心，克服所遭遇的任何困难。

丛林会提供你活下去的每一样所需，如水、食物和避难所等。

仔细研究当地地形

在热带地区，夜晚会猝不及防地迅速降临，因此，务必得善用白天好几个小时的时间，方便进行自己的工作。此外，只要一有机会，就得多花些时间研究周遭的地形。天底下最会削弱我们精神和士气的，莫过于在花了无数宝贵的时间和精力，好不容易搭建起一间避难所之后，又赫然发现挑错了地点——切莫忘记下面这个重要的教训：在丛林里地点就是一切。

所以务必要仔细想清楚，避难所应该建在什么位置上，并善用丛林的地形为自己谋取最佳的利益。说得更具体些，就是停留在地势较高之处，并确定和水源处之间有一段相当合理的距离（至少有数百米之远），这样可以保护你免受洪水泛滥之苦。因为丛林地区经常会下起大雨，水势又急又猛，很容易把你和避难所冲走。由“雨林”两字就不难得知，这样的地区一旦下雨，往往都是倾盆而下，好像要把全世界的水都一口气灌下来似的。因此，要好好地加以利用，拟出妥善的计划，并且让雨抚慰你而非成为危难和苦恼的源头。

较高的地势也意味不至于阻挡到动物的觅水之路，此外，这也代表你可以远离沼泽，并避开一些淤塞的积水区，以免招来蚊子。

避难所必须能够让你保持干燥，也能够提供足够的保护，以免遭到来自于地面的一些“突击”，比方说所有在地上来回蠕动的、浑身滑不溜秋的、不时展开“急行军”的怪物，还有动辄对我们穷叮猛咬的恐怖生物。在这种情况下，搭建避难所的首要之务，即是在丛林地区寻找到一个较适合的角落，当成自己的藏身之所，这样一旦有什么野兽或是前述的“恐怖大军”来袭，就可以很容易发现其踪迹。

要避免选择杂草丛生的地区，因为有大量的扁虱会集中在这儿，而且还要确定一点：在避难所的地段上不会有任何蚂蚁经过。除了你之外，堪称丛林之王的还有蚂蚁，事实上如果没有了蚂蚁，那么不出六个月，丛林便会窒息而死。因为它们全年无休，而且没日没夜地工作，一旦蚂蚁兵团出征，就会清除掉所经之处的每一样东西——因此要确定它们不会经过你的营帐。

在扎营时要记住，随时都得抬头仰望天空，仔细看看那些像半截高塔似的耸立在旁边的参天古木，因为有许多东西都可能从上面不时地掉下来，包括枯死的树枝、椰子或是水蛭。要记住，在丛林中被跌落的枯木砸死的人，要远远超过其他任何地方。我过去根本不相信，直到自己首次进入丛林中才改变了看法。请相信我，当你在丛林里走动时，猴子会听见，然后就会冲过来瞧瞧你，而随着它们在藤蔓植物上来回摆荡，枯死的木头便开始如雨点般不断落下。因此，要小心在高处的每一样东西，以免有松脱的木头随时掉落下来。这样的死法真是太丢脸了！如果找到适合的地点，那么最后一件事，便是找根较长的树枝，清除地上所有的落叶，以及丛林的岩屑或碎片等。

雨林地区一旦下雨，往往都是倾盆而下，因此要好好加以利用，拟出妥善的计划，并且让雨抚慰你而非成为危难和苦恼的源头。

材料

木头、藤蔓和竹子

在丛林里，可以用来搭建避难所的材料实在是多得数不胜数，像小树或树苗俯拾皆是，都可以用来当成避难所和床铺的柱子。另外，在绝大多数的丛林中，也不难看到竹子的踪迹，而且各种尺寸都有，不一而足，从随手使用的竹棍，一直到高达 25 米的庞然大物都有。

在丛林中随手可摘的材料，还包括攀爬类的藤蔓植物，就跟电影中人猿泰山用来荡秋千的那种一样。当然，你也可以用它们来捆绑其他的建筑材料，或是用来系绳结，形成稳固的骨架，至于茂密的大型树叶，则可以作为屋顶的材料。值得一提的是，苔藓和长在地表的一些植物，亦是上好的衬垫，睡觉时垫在床上可以说是再好不过了。

小秘诀：由于竹子坚韧、轻盈且弹性奇佳，因此一直以来都堪称一流的建材，但是在采摘时要小心。通常竹子都是在张力下生长的，因此有可能突然破裂，容易造成一些难以应付的伤口。此外，其根部的锐利毛状物也可能成为刺激皮肤的元凶。

树叶

在丛林里树叶的供应也数量繁多，而且每一种你所想象到的形状、尺寸和纹理都有。我们可以把小树或幼苗先编织成格子状，然后再用

树叶穿过去（永远都要由下往上盖），形成绝佳的墙壁和屋顶，对防雨特别有效。

聂帕榈又名“等一会儿藤蔓”，我们之所以会取这个怪名字，都是因为它总是会以小小的触须紧紧缠住我们的身体，而拖慢我们的速度。不管你喜不喜欢，它都是这副德行，不过在原始部落里，它的叶子却是最常用的屋顶建材之一。聂帕榈属于多叶植物，拥有很长的叶柄，两端各长有许多长长的叶片，像极了鸟类的羽毛。我们可以从头到尾把叶柄劈开，但处理时要小心，因为叶子的尖端十分锐利。如果劈成两半，就可以很容易编织出屋顶或墙壁的格子，而成为绝佳的骨架。如果拿它来覆盖在避难所的屋顶上，所需的时间应该不会超过半个小时，而且能找到的叶子越大，就越容易进行这项工作。

象草和棕榈树的叶子

如果较大型的树木拥有又长又阔的叶子，就像象草那样的话，那么，它的茎干便很可能会长到四米那么高，好像细瘦的竹子一样。它的叶子是绝佳的建材，可以编织到墙面、屋顶和热度反射装置的格子里。此外，如果是茎干甚长的棕

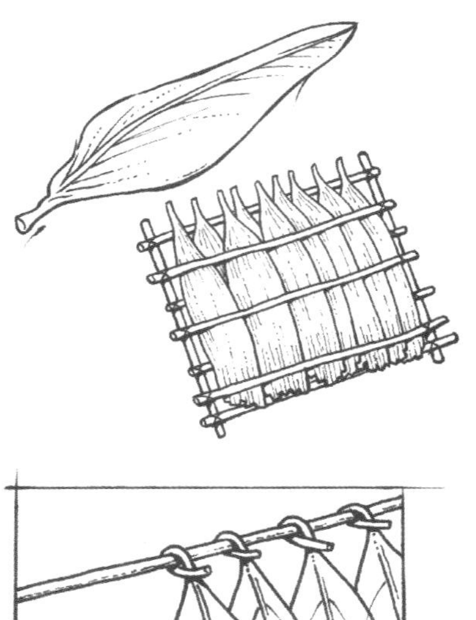

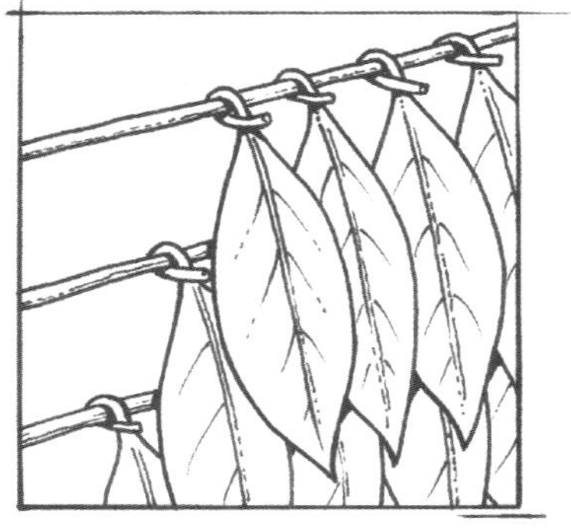

榈树，它的叶子亦具有同样的功能。值得一提的是，有些丛林植物的树叶是分成一节一节的，如人们常用来做室内盆栽的千酪藤，它们的树叶也同样很容易编制到上述基本结构的格子里。

避难所的类别

应该在丛林中搭建哪一种类型的避难所呢？这大都得视你打算在那儿待上多久，以及可以取得什么样的材料而定。通常丛林的湿度很大，强风很少见，因此，我们所需要的主要保护结构，就是能够抵御潮湿的那种材料。

其实在搭建避难所时，任何材料都是可以废物利用的，比方说防水布、一片塑料板，甚至连一些细索或是小刀等，亦有它的用途。换句话说，要想盖一间效用良好的避难所，上述的一切都堪称理想的材料，不但可以避雨，同时更可以让微风通过，促成空气的流通。

在有些场合下，我只携带一把刀和一瓶水，就往丛林里进发了，没有中南美洲土人用的弯刀，没带蚊帐，没有吊床，没有防水布，甚至连一般情况下总是片刻不离手的钢铁和燧石都没带在身边。虽然这样会使得每一项工作都变得异常艰难，尤其在生火这件事上，但是，只要有了藤蔓、树枝和树叶，我便可以凭着巧手搭建起相当棒的避难所。而且在丛林中要记住，这儿的每一样事都需要用到双手，只要知道该怎么发挥想象力就可以。讲得具体些，双手在这儿的重要性，要远胜于其他任何地形或地区。

丛林里的岩屑或碎石或许质地较软，会布满由昆虫和其他动物弄成的小洞，就像蜂巢一般。有鉴于此，搭建避难所时就应高于地面，远离那些可能会叮咬你的小动物，以免让生命徒留憾事，或是打扰得你无法入睡。

我们可以用木头或竹子排列成一个平台，上面覆盖着较柔软的棕榈或是叶子，这可是速成式避难所的首选，搭建起来相当容易。可是，用来当做床铺的平台，最好抬高些，离开丛林的地面，提供适当的保护，同时可以让空气更自由地流通。

一定要让自己远离地面，远离那些可能会叮咬你的小动物，以免让生命徒留憾事，或是被打扰得无法入睡。

把步调放慢下来，让自己成为丛林的一部分——永远都不要和它对抗，而是和它一起呼吸，和它协调一致。

暂时性的避难所：一夜式“民宿”

简单且容易搭建的避难所可以在几分钟之内完成，而且绝对要比什么都没有好太多了，更何况它也可以提供适度的保护，躲避热带暴风雨的侵袭。不过要记住，一定要在天黑之前动手，而且当阳光照耀大地时，你是置身于45米高的丛林之下，有可能很快就被参天巨木遮住，所以得准备好。

床单式避难所

我们可以在两株树木或是小树之间绑上绳索或藤蔓，如果附近找不到树木的话，也可以把一些笔直的东西竖立在地上，彼此相隔约两米，然后在它们之间系上绳索。接着，就可以把防水布或是床单搭在绳子上，并将一部分平铺在地上，为床铺下方提供适当的保护。这个时候，不但有了可以休息的“地板”，同时上面还有屋顶状的覆盖物。为了牢固起见，还可以用较重的石头压在防水布的边缘，并把防水布的另一端绑在立于地面的木桩上，产生类似于帐篷支架的作用。最后，再把额外多出的一些绳索绑在“屋顶”的两端，并紧紧固定于竖立在地上的笔直柱子上，以免“屋顶”过于松弛而垂落下来。

这样简单的结构，即可让大雨毫无用武之地，并且可以在湿度极大的状况下让新鲜的空气得以流通。事实上，澳大利亚的部队在丛林出任务时，仍然沿用与这完全相同的结构。

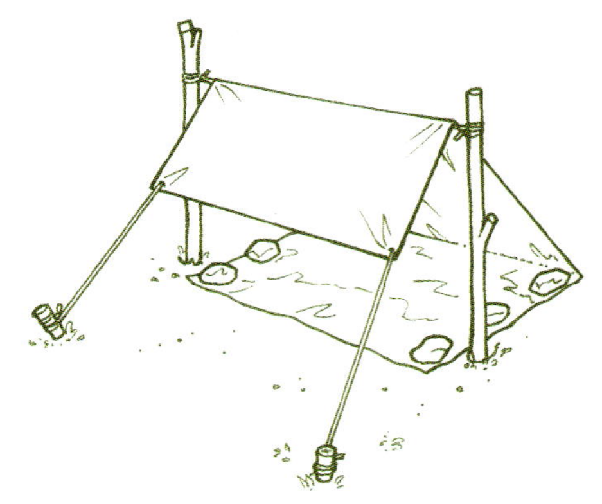

小秘诀：要确定自己所搭建的被单式避难所一直都拉得很紧，而且与地面呈锐角，这样一来，水就会很快地排出去，并且材料不会容易被穿透。

落木式避难所

如果有根已呈腐朽状的树干跌落到地上，那就可以清出周遭地面，然后在它的下风处好好睡上一觉。不过在这之前，还得沿着这根树干的下侧清出一道洼槽，工程虽然十分简单，但却可以容纳降雨，确保雨水不至于流到新建好的“宿舍”。

如果落在地上的腐烂树干够大，就可以很容易地将其改成最适合的避难所，完全躲开雨水的侵扰。不过在搭建这些速成式避难所时，要小心蛇和蝎子，因为，它们也喜欢用腐木当成自己的庇护所。说得更具体些，就是开始时得用一根树枝小心地清除地面，并且用长形圆木生火，如果可能的话，要让火一直烧下去，不要熄灭。此外，还可以把其他树枝倚靠在这根树干上，并覆上叶子，提供更进一步的保护。

小秘诀：在搭建上述两种避难所时，都要确定一件事：所躺卧的地面已有成列的棕榈树树枝互相交织在一起，提供绝佳的弹性和保护。或者也可以用竹子的柔软分枝垫在床的底层，把自己抬得更高。

家，我的家，甜蜜的家：搭建可以持续住下去的避难所

A 字形架构的柱床

A 字形的架构可以很快地搭建完成，也很易于改良成可以长期使用的避难所。也就是说，可以把两根立在地上的柱子绑在一起，形成倒转的 V 字形，并且尖端向上，这样，A 字形架构的一边就算大功告成了。接着，再把同样的另两根柱子绑在一起，形成 A 字形架构的另一边。最后，再把另一根柱子绑到两个上下倒置的 V 字形顶端之间，将两个结构接合在一起。如果要搭建睡觉用的平台也不难，那就先取出另外两根柱子，把植物材料做成（如树皮和藤蔓等）结实的网状组织，编在这两根柱子之间，就像是医院的担架一样。当一切就绪后，就把它的两端分别绑在 A 字形结构的中间点，补齐 A 字中间的那一横杠，而使之成为一个完整的 A 字。

这个时候即可将一块防水布铺在刚完成的整个结构上，形成“屋顶”的两侧，进而产生防雨的保护作用。当然，更可以用一些树枝斜靠在该 A 字形结构上，并用树叶在它们上面互相交织，就像之前的案例一样。

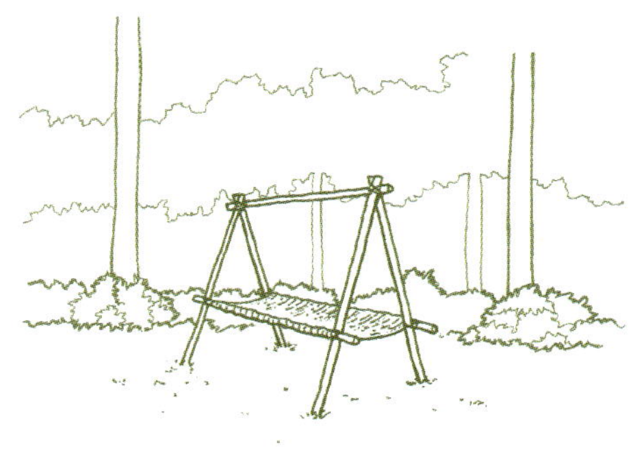

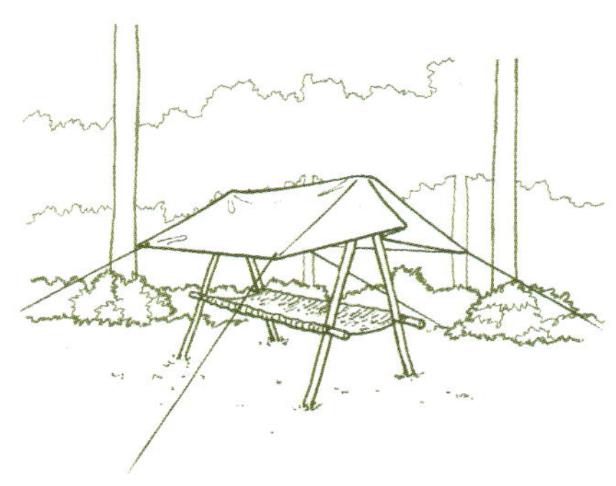

小秘诀：充作睡铺的柱子不妨再长些，使之凸出于A字形结构的两侧，用来在晚上悬挂衣物或靴子，或是当小桌子的支撑物。

单倾斜面结构

先站在一株树旁，在我们肩膀那么高的地方绑上一根较长的木头，并让另一端斜躺在地上。接着在两米远的另一株树上，绑上与这一根完全平行的第二根木头，最后在这两根木头之间，横着放置第三根木头当横梁，并把前两根木头连接在一起。现在，这两根木头便形成了单倾斜面结构的两个主要支柱。为了牢固起见，还可以把一些较小较细的树枝或木头交织在这两根主要支柱之间，然后铺上树叶，而将其中所能找到的最大的叶子，铺在该结构的顶端。

如果把竹子或木头放置在避难所的内部，再以柔软的棕榈或树叶当衬垫，即可制作出抬高的床。这种避难所在各方面都和印第安人所住的单倾斜面式小屋十分雷同。如果再加装一个热度反射装置，然后用圆木生成一把火，那效果就十分显著了。

我在丛林里经常使用这种避难所，根据我的看法，这也是最容易搭建的一种。当然你自己也可以视需要，把它搭建成一个暂时性的建筑结构，或是更精巧而周到的避难所，不过不管怎样做，它都十分简单，而且在求生的环境里，“简单”是每次都能让我们克敌制胜的秘密武器。换句话说，我们要牢牢记住KSS* 法则：尽量保持简单而愚笨。

小秘诀：如果竹子的来源稳定无虞，那就可以把竹子纵向劈成两半，以正反面交替排列的方式结合在一起，就像连接屋顶的瓷砖一样，制作出有效的屋顶结构。这样可以形成天然的排水沟效应，使得雨水可以很容易流掉。

* Keep It Simple, Stupid.

搭建丛林避难所的智慧

- 在开始干活儿之前，最好先脱去一层衣服，因为这是湿度很高的地方，动辄弄得你一身汗，而这样做就意味当工作完成后，你还有些干衣物可穿。有一次我在丛林中，便遭遇到很糟的情况，记得那次雨下得很大，我浑身湿透，而且根本没有多余的衣物可换。于是在几天之后，我便开始浑身疼痛，即使每天晚上都依偎在火旁，想要把衣物和身体弄干，但情况却依然如故。所以在能力所及的范围内，要尽量保持衣物的干燥，这样对士气和健康均大有裨益。难怪军队里都会教导士兵们，要不惜任何代价保持衣物的干燥，并且永远都得做好防水的工作，这样一旦避难所搭建好时，就有干燥的衣物可穿，并且能够舒舒服服地在洞中过夜。当然，在每天一大早起来时，潮湿的衣物和装备就已经干了，让他们可以再度以愉悦的心情展开白天的活动。
- 备妥一些额外的建材供维修和增添之用，比方说手边多准备一堆可以充当屋顶的树叶。
- 在开始工作之前，永远都得保持警惕，比方说小心地检查四周，看看是否有昆虫或蛇类出没，并且永远都不要直接睡在丛林的地面上。如果没时间搭建抬高的床，那就要躺在一些竹子或树枝上，为了更舒适，还可以覆上苔藓或树叶。
- 确保下方的地面都是干的，而且以后即使下雨，雨水也会直接流走，远离避难所。
- 避免靠近动物的足迹，以免把它们带到经常使用的水洞那里。
- 不时地朝上仰望，确定上方没有任何东西，不然从枯死的树枝到滑不溜秋的野生动物，都有可能掉落到你脑袋上。
- 晚上可以在火的余烬上放些苔藓或其他燃烧速度缓慢的材料，确保火源整晚都冒着烟。并在附近放上许多枯木，确保燃料能源源不绝地供应。
- 白蚁所造成的小土堆，是晚上燃烧的绝佳材料。如果晚上在丛林里睡觉的时候没有蚊帐，那么上述做法便可以使肌肤不再遭殃。更何况白蚁的屎也是效果奇佳的燃料，不仅可以延长燃烧时间，而且还可以驱赶会叮咬人的昆虫。
- 拉大避难所，好遮盖住火，因为火和火绒都需要妥当的保护，以免受到雨水的侵袭。不过，我们却往往忽略掉它的重要性，直到下次在又打雷又有暴风雨的情况下生火时，才会有所醒悟。
- 在用藤蔓或绳索把防水布或被单系好时，先用防水布裹住一颗小石头，然后用绳索把石头系好，这样可以防止防水布从打好的绳结上滑脱。
- 要想搜集到最棒的枯木，或制作出上好的火绒刨屑，就得寻找悬挂在树枝上的那种，或是在地面上生长的草丛，它们通常要比长在丛林地里且带有湿气的木头更为干燥。
- 最后还要指出，丛林和0°C以下地区及沙漠地区不同的是，它的黑夜长达 12 个小时。言下之意即是只要以正确的方式搭建好避难所，就至少可以得到充足的睡眠，这也是丛林地区要比其他地区有吸引力的地方。因此，务必要让此避难所成为自己的优势所在，进而享受到各种方便。把这项工作做好，其余的一切就可以尽情让我们享受了。

寻找水

不管在什么季节，雨水及惊人的湿度均是丛林永远的天敌，比方说在任何时间，大雨都有可能对你展开伏击，而且即使到最后天空晴朗了，极高的湿度仍会让你挥汗如雨，甚至浑身上下的汗水会像暴雨般汹涌而出。在白天，它的湿度通常会达80%，到了晚上，更可能一口气升高到95%。值得一提的是，丛林中的雨就像是装了定时装置，每天都会在同一时间报到：通常是在黄昏时刻，而且下雨的时间长短也几乎相同。因此，务必要学会预测当地的天气形势，并据此进行活动或是搭建避难所。

在丛林里，找水其实并不至于造成多大的困扰，而且要寻找有用的水相信也不会太困难。在这样的环境下，生命形态以惊人的速度繁殖着，包括所有的毒素、细菌、病毒、囊肿及寄生虫等，它们全都会在你的肠胃里大肆破坏。所以，别只是因为周遭的水取用不尽，就失去了安全意识。丛林的游戏规则就是，除非是刚下过的雨水，或是取自于你所认识的花草树木的水分，否则都得假定是有污染的水。

除非是刚下过的雨水，或是取自于你所认识的花草树木的水分，否则都得假定是有污染的水。

水的迹象

在丛林中，河流和雨水可以说是水的最主要来源，可是，它们却并非是永远都可以仰赖的对象。由于季节性和地理性的差异，再加上我们所置身的丛林地区在种类上有所不同，雨水往往不会连下数天或者数周，而且有可能在过了好几天之后，才找到一条有流水的河，甚至在辛苦数日后才发现眼前的溪流已经干涸，真让我们欲哭无泪。

如果碰到这样的情形，我们便得追踪一些大自然所呈现的迹象。记住，想要寻找水的绝非仅有你一个，事实上，环顾四周的整个生态系统，从最高大的树木一直到最小的昆虫，都和你一样干渴。所以，务必要睁大眼睛观察，究竟哪些竞争对手在这方面拥有一流的身手，以及有哪些明显的线索可供我们追踪。

此外还有一个替代性的做法，如果毫无线索可循的话，它便可以适时派上用场：只管往山下走去，到最后一定会找到溪流的。

动物和鸟类

动物和鸟类也像我们一样，需要稳定的水分供应，所以要仔细观察它们在早上或晚上的行动，比方说通常它们喜欢在什么时候饮水等，这样就可以指示出水的所在位置。如果动物经过树林下的浓密草丛，而让我们无法看到它们的出没或展开追踪的话，那就不妨循着它们的足迹前进，这样通常会把你带到有水的地方。如果发现有两道或两道以上的足迹聚合在一起的话，那么找到水的机会便会大增。

昆虫

丛林里有许多会飞的、会蠕动的，或是让人头皮发麻的爬行动物，其出没地附近都有它们经常使用的水源。所以，不妨仔细观察蚂蚁在爬上树后，是否会钻入某个潮湿的裂缝处，蜜蜂是否会在树上的洞口处突然消失不见（但要确定并不在它们巢穴的附近），抑或苍蝇是否会群聚在什么地方嗡嗡地飞舞，通常它们都会把我们引至正确的方向。

水源：搜集雨水的陷阱

防水布

要想在丛林里取得可饮用的水，搜集雨水显然是最容易、最快速的途径，而且，所取得的水往往也是最纯净的。如果有防水布的话，那就可以把它绑在几株树木的中间，使它呈现出碗状。只要有倾盆大雨，那么不消数分钟，便会有大量的雨水积在防水布中间，然后就可以把它们倒在水瓶或是茶杯中。如果缺乏盛水的容器，那就不妨发挥想象力，比方说可以把大型树叶扭曲成水杯，储存多余的水供夜间使用。一般来说，雨水无须经过净化的程序即可饮用。

利用热带植物的叶子

我们可以把丛林里的大型树叶拧成漏斗状，把水导引到容器里。制作越多这些漏斗状的导管，能够搜集到的水也就越多。

水洞

在过去曾明显有水流经过的地方，通常那些水还会渗到地表之下，而且离地表不至于太深。如果发现某个位置看起来有水的迹象，就可以往下挖去，直到地上显现出湿气甚至出现水的踪迹为止。然后便留置整个晚上，好让水陆续渗出。不过，以这种方式所搜集到的水应该要过滤，并加以煮沸以达到洁净的效果。如果因为木炭太湿而无法生火煮沸这些水，那就用袜子系在这些木炭上，再使劲地拉紧，便可以让木炭上的水汽借由袜子排出。

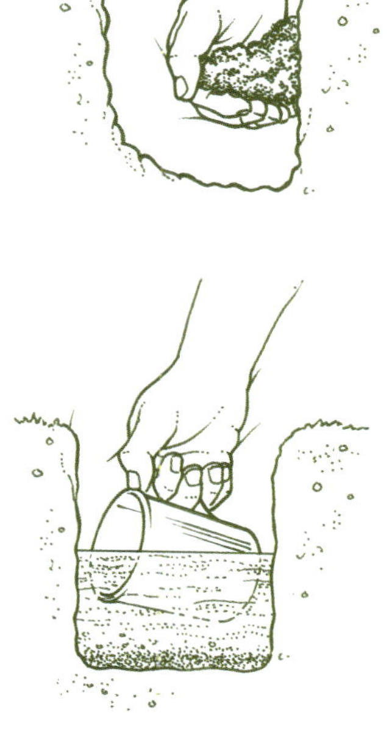

藤蔓

许多种类的藤蔓植物都含有水分，在判定哪种是很好的水源时，需要一颗谨慎的心。通常这些藤蔓植物会借由毛细管作用，将水分由根部往上吸去，并达到植物的顶端，拖曳着整株植物向上生长而直达阳光所照之处。因此，只要在藤蔓类植物的顶端和底端各割开些切口，毛细管内的水分便会释放出来。一般来说，在白天温度较高时，由于需要运送到生长端的水分最多，所以这时能搜集到的水分也往往最多。

首先得在藤蔓植物的顶端附近切开一个较深的裂口，然后在根部附近的底端处把它完全砍断。这样可以完全切断把水分往上吸的毛细管，并交由重力作用主导把水分往下带。这个时候，即可握住砍下的藤蔓，并将之置于嘴巴上方，

将蒸汽蒸馏

“蒸汽式”陷阱可以促使热带植物的树叶借由“呼吸”将少量的水分吐出，利于我们搜集。

水的来源：植物

一旦置身于丛林中，周遭的每一片叶子就如同包括你在内的任何生物一样，大部分都是由水构成的。当雨水消失而出现暂时性的干涸现象时，花草树木即可成为十分有用的饮用水来源。

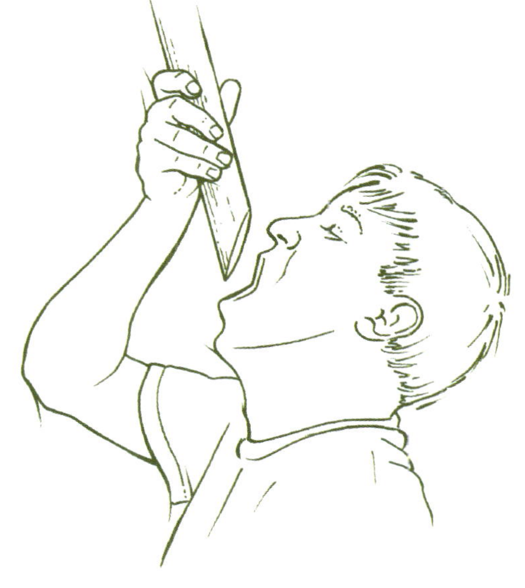

一旦确认释放出的水分是纯净的，就可以让它滴落到嘴巴里。

过程中要注意，这些藤蔓切不可与嘴巴有接触，以免在接触处引发皮肤过敏现象。当水分的供应停止，还可以割出另一个深五厘米的切口，或是让较高处的切口朝上，再进行前述的处理程序。过程中要注意的是，如果树液呈红色、黄色，出现乳状外观，有些黏稠，或是味道有些苦涩的话，那就立刻扔掉。我在丛林里走动时，便经常饮用藤蔓植物身上的树液，我知道它安全无虞，而且很容易找到，这让我在走路时可以一直保持水合作用的进行。

许多种类的藤蔓植物都含有水分，在判定哪种是很好的水源时，需要一颗谨慎的心。

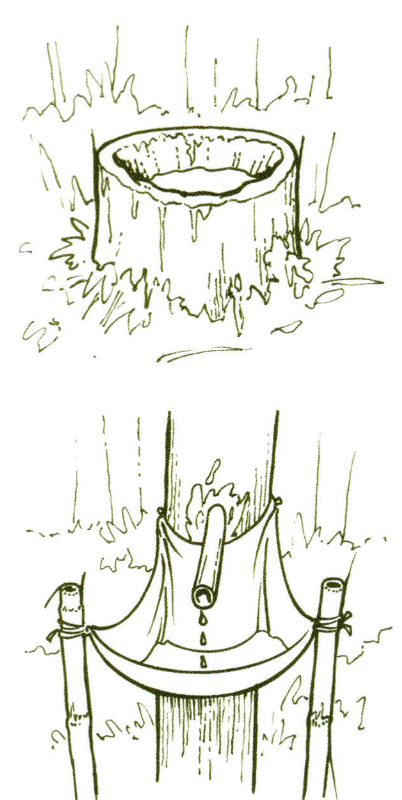

香蕉、芭蕉和无花果

这些全都是水分的绝佳来源，如果碰到香蕉树和芭蕉树，可以砍下整株植物，然后在残株上挖个洞，就可以接取来自于树根的丰沛水分了。虽然前几碗水会略苦，可以扔掉不用，可是以后的品质就会有所改善，而且残株所能供应的水分长达四天。不过要记住一件事：要找些适合的东西把砍掉的残株覆盖住，以免有昆虫前来觅食。至于可供应我们水分达数加仑*的无花果，则需要在树干割开切口，然后用管子汲取。由竹子所削成的细瘦管子，则可以把这项工作发挥得淋漓尽致。

竹子

竹子往往都充满了水分，尤其是又大又老的那种，当它由绿色成熟至黄色时，水分含量会更为丰沛。取用前不妨摇动这些竹子，或是猛力拍打、碰撞，如果有听到水的搅动声，那就可以一节一节地钻洞，取用里面的水分。此外，也可以摘掉一些竹节，并且带至身边，这样不管是走到哪儿，都有充沛的水分可供自己饮用。

* 1美制加仑约为3.79升，1英制加仑约为4.55升。

有囊状叶的植物

东南亚的丛林就以这些有囊状叶的植物而闻名，它的叶子往往被误认为花，光是从形状看去，就知道是绝佳的天然水壶，可以搜集大量的雨水。其实这些叶子的功用是搜集各类养分，包括昆虫在内，所以在饮用前得仔细检查，看看是否有已死的虫子，然后应该把水煮沸。

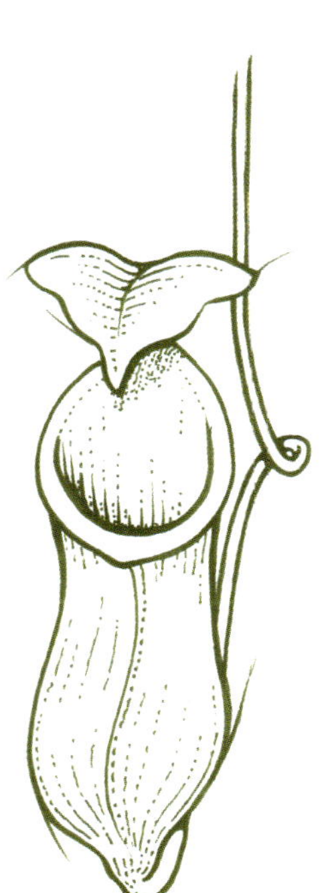

根部

如果很难找到水，那就要牢牢记住：所有花草树木的根部，都是天然的贮水池，因此一直以来都堪称很好的饮用水来源，只是难以提取而已。在这情况下，不妨把根部打碎成泥浆状，再搜集里面所凝结的水滴。此外，许多植物的茎部也含有水分，因此可用同样的方法加以捣碎和取用。

大象的粪便

大象的粪便大部分都以植物为主，只是呈半消化的状态而已。无论是非洲大草原，或是像乌干达的山林等丛林地区，仍然可以见到大象居住其间，而大象的粪便亦是颇具实用性的水源。有一次在肯尼亚，我便经常挤压刚出炉的大象粪便，饮用所榨出的水分。大象的消化系统缺乏效率，而且只要它们的粪便是新鲜的，就大都呈无菌状态，因此可视之为寻找饮用水的绝佳渠道。即使在十分干燥的地区，象粪也可能变得又干又硬，但其湿气仍多得足以挤压出水分来供我们饮用。或许它的味道并不怎么好，然而这些排泄物却可以救我们一命。而且我还发现，捏着鼻子有助于吞咽下这些“水”。

水的来源：树木

棕榈

马来扇叶椰子和尼巴棕榈就饱含有糖分的

乳状流体，是很棒的饮料。秘诀是先把大树顶端附近的花梗切掉，并用力折弯下来，即可将美味的液体一饮而尽。一天只要依这样的做法提取两次椰子汁，就可以搜集到一升的饮料，足够 24 小时所需。不过，花梗的高度会视树种的不同而呈现极大的差异，有些比地面高不了多少，可以很轻易地摘下，不过，有些则需要攀爬到高处。

一般的椰子亦是水分和养分的绝佳来源，而且滋味又很棒。不过要小心的是，不管是成熟的椰子，还是外表呈绿色的未成熟椰子，都有引发腹泻的可能，会产生反效果，导致脱水的情况进一步恶化。

猴面包树

这种长相奇特的树可以在澳大利亚北方以及非洲看到，在潮湿的季节，它会把水分搜集到状如水瓶的树干里。因此，即使干燥的天气已经过了好几个礼拜，我们有时候仍然可以在这些树上找到洁净又新鲜的水。

净化和过滤

只要走进丛林里，就得以一颗疑神疑鬼的心看待所有的水源。在丛林这样的环境中，不管有多么小心，痢疾仍难以避免。有一次我到哥斯达黎加的雨林游历，便在吃足了苦头后才明白这点。虽然在那次旅行中，我对水始终都是小心翼翼的，但仍连拉了 24 小时肚子。你知道那是相当糟的一段经历，明明非得上路不可，但脚却不听使唤，甚至寸步难行。因此，从头到尾都要以谨慎的态度面对水源。

如果对水的来源有任何疑虑，便至少要把水煮沸五分钟，这样会杀死我们所知道的所有细菌和病虫害。

如果把水放置在阳光下静待 24 小时，也可以达到半净化的程度。说得更具体些，这样做可以让微粒物质沉淀，进而使得若干细菌被阳光中的紫外线杀死。接着，我们还可以用任何编织得十分细密的材料，如 T 恤等，制作出简易的过滤系统，然后再把沉淀过的水倒进去，达到过滤的效果。

我们还可以运用下面这套更有效的过滤技巧：先用一些棍子搭建起一个三脚架，并在三个不同的高度分别弄出三个平台，其中第一个平台由一层苔藓植物铺成，第二个平台和第三个平台，则分别放入沙子和从余火中取出的木炭。这样，就可以把水倾倒在最上面，使其经过每一层而滴落到下方的容器里。不过要记住，这种做法虽然可以去除碎物或岩屑，减少臭气，并改善味道，但却无法杀死微生物。有鉴于此，煮沸法永远都是在缺乏氯或碘等适当化学物质下，最有效且最安全的手段。

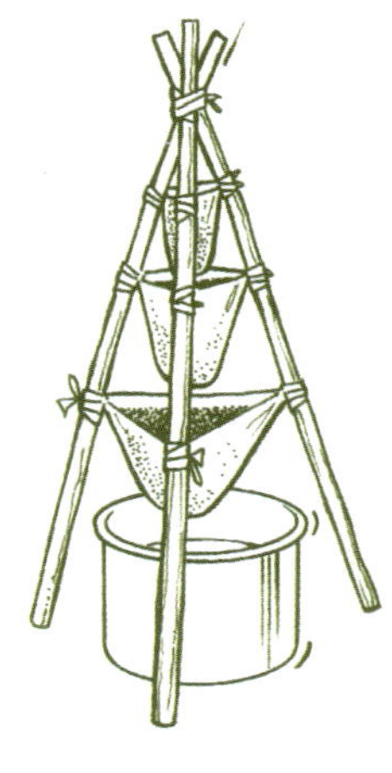

为了摘到还没成熟的椰子，我的身体承受了极大的痛苦。

寻找食物

在丛林里应该不至于饿肚皮，但并不代表饥饿不会发生。最近听说亚马孙流域的某支土著部落发现了一架在着陆时坠毁的飞机，以及一些机组成员的尸体。后来土著们又进一步发现，死者的口粮散布在河岸的一处小沙洲上，他们就依靠这些而活。不过当这些粮食消耗殆尽时，他们在绝望之余，只能把喝飞机燃料和吃飞机坐垫当成最后手段。到后来被发现时，他们全都不幸死亡。让人遗憾的是，在他们周遭多的是各种食物，新鲜的饮水更是毫不匮乏，要是他们能够知道上哪儿去找就好了。

丛林中的食物应该算是供应十分充足的，但是，却不能把猎食啮齿类动物、鸟类和猴子的肉当成首要选择。对许多当地部落来说，这些或许是例行公事，但对我们这些三脚猫来说，它们不是那么容易逮得着的，而且得花上许多的精力及时间来制作陷阱，让你有得不偿失之感。相较之下，还不如寻求更多可以轻松取得的食物来源，也就是植物。

动物很难捕捉，而且得耗费无数精力和时间制作陷阱。

靠植物固然无法提供均衡的饮食，让我们摄取到足够的蛋白质和碳水化合物，但在短期之内却一定可以让我们撑下去。探讨高山地区的第 2 章已让我们了解到，绝大多数的水果、坚果、植物的种子、根部、树叶和茎部等，都含有极为丰富的营养，而且可供我们选择的东西，在数量上也几乎是无限的。值得一提的是，大部分的东西都可以直接从地上取得，无须冒着各样的危险攀爬高耸的树木，或是大费周章地把它们砍下来。不过过程中要小心，得把腐烂的部分刮除，并且赶走讨厌的昆虫。

能否识别你将要吃的食物，是安危的关键所在，所以如果食物的储存逐渐减少，而且又没有其他选择的话，就不妨运用食物安全测试法，维护自身的安全。不过永远都要记住，这套原则并不适用于蕈类植物。理由是有些菇菌类身上所含的致命毒素，会到 48 小时以后才发作。

在主要的雨林地，虽然绝大部分的果树都高耸入云，且水果也大都长在“天际”，但仍然有些长得很低，同时会掉落得一地都是，足可供你大快朵颐。搜寻食物的最理想地点，则非河流和溪涧的岸边莫属，而且，这儿也是最容易得手的地方。如果是直接从树上摘取水果，那最好需要多少摘多少，切莫贪多，因为在热带地区，食物往往会迅速地腐败。因此多余的部分最好仍然留在树上，直到下次需要时再摘，这样便始终都能享用到新鲜的水果。

除非能够识别较少见的植物，否则为了安全起见，最好先从椰子、竹子和一般水果开始下手。如果想要尝点新奇的，则不妨仔细观察山林中的其他动物如猴子等，都在吃些什么。它们的食物虽然未必全都适合于你，但起码大多数都适合，更何况如果有疑虑的话，还可以试着作安全测试。

棕榈科植物

香蕉和芭蕉

正如我们所看到的，这类植物全都是水的极佳来源，而且在热带地区可以说是遍地都是，有的高可达九米。它们的果实、花苞、幼茎及内层部分，全都是可食的。

棕榈科植物

棕榈树的大部分部位也都是可食的，包括果实、花、花苞和树干的肉等，不过烹煮更能提升其风味。在哥斯达黎加的丛林里，我便常常食用巴拿马帽棕榈柔软的嫩心。椰子的肉食用起来也是安全的，不管是未成熟的绿色椰子，还是成熟后的都是如此。

千万别低估周遭各种树木的价值。

棕榈藤

这些棕榈科植物在外观上更像藤蔓，可以在砍断后拖到地上。不过在食用前，须先去除尾茎的外层，在切成适当的长度后即可烤食。

面包树

有时我们会把它当成室内的盆栽，果实富含淀粉，去皮后可生食。

竹子

新长出的竹笋营养丰富（不信的话可以问问任何一只熊猫），但只有在煮熟后才能够消化。

水果和浆果类植物

到了热带地区，温度在一整年内几乎都是固定不变的，所以水果和浆果的数量十分丰富。如果对它们的安全性有任何疑虑，就不妨利用下述的食物安全测试法。

°如果知道要把目光放在什么地方，那么在丛林里永远都能够找到食物。

无花果

它的种类繁多，遍布于许多热带地区及亚热带地区的山林。通常它们都是零零落落地生长，拥有气根，坚韧的常绿树叶围绕着基部而生，梨状的果实则可生食。

食物安全测试

通常人们都会把丛林比喻为“全世界的制药厂”，固然有些物质可以舒缓疼痛、治疗传染病、减轻风湿的症状，或是治疗痢疾和肠胃不适等，但仍有同样数量的东西会置人于死地。像石兰科常绿灌木的果实看上去美味可口，事实上却有致命的毒素，印第安人常用它来毒死鱼类。即使用火来熏，毒性仍无法消散，而其树液会使我们的皮肤过敏。

这就是为什么除非你对它们很了解，否则永远都不应该轻易食用任何一种食物的原因所在。除非我们能够小心翼翼地尝试，并且讲求方法，否则对不认识的丛林食物进行安全检测是没有任何意义的，而且也有潜在的危险性。过程中的每一个阶段都颇耗时，甚至动辄需要 36 个小时，但是，它们全都重要无比，因为它们可以让我们发现，受测植物是不是有会导致不良反应的有害物质。

永远都要选择可以大量取得且能够用来当成主食的潜在食物来源做检测的对象。如果某种“身份不明”的果实来源不多，那即使最后发现它们是可食的，对我们也没有什么实质意义。

测试前先把整株植物依其组织构造分为若干部分，如果实、茎部或根部等，然后一次只针对一项作检测。实验时得先在身边放些热开水，如果发生了有毒反应，即可立刻用水冲洗掉。此外，木头燃烧后残留下的白色灰烬，与其他植物混合制成糊状物后，也可有效舒缓胃部疼痛。

只要树液呈乳状，就不要试着食用或饮用，也不要食用任何染病或老化的植物。另外，营火产生的木炭是强而有力的催吐剂，不管什么时候只要觉得自己已经中毒，就不妨立刻吞下一些，帮助你把毒物吐出来。

食物安全的七大步骤

- 先闻植物的气味，如果闻起来苦涩，或像是杏仁或梨的气味，那就扔掉吧！生长在热带状如橘子的番木鳖碱树果实，也应避免食用。
- 压碎植物，并把由树液形成的油脂涂抹到肌肤较柔嫩的手背上，如果出现任何疹子，或是感觉到疼痛的话，那就立刻扔掉。
- 如果前两关都没有问题，那就把少量的树液放到嘴唇和牙龈内侧，然后静待五分钟，如果有任何不良的作用，就把它给丢掉。
- 接着再咀嚼少量的植物，然后把咀嚼后所产生的汁液吞下肚，但是剩下的果肉要吐掉。接着就静待八个小时，并且确定在这段期间内，没有吃下或喝下其他任何东西，免得让测试失效。
- 如果一切都没问题，再进行相同的程序，不过这次的量要大些，并静待五个小时。
- 最后，再吃下更多数量的该植物，并静待 24 小时。
- 如果一切如常，即代表该植物在食用上是安全的。

昆虫

棕榈蛆

这些大型的白色蛆虫有一副肥肥的身躯，有点像是巨型的粪蛆，在掉落的西米椰子的腐烂树皮上，或是其他种类的棕榈树上，都不难发现它们的芳踪，而且在许多当地居民的眼中，它们可是美味佳肴呢！我永远都忘不了第一次咬它时，它分泌出来的脓汁——那只蛆的大小宛如一颗小苹果呢！要想把这些蛆从棕榈树上拔出来，不妨用刀切进质地较软的棕榈木头，把它们剜出来，无论生食或烹煮皆宜。它们的营养十分丰富，很容易消化，是蛋白质的绝佳来源。如果吃完还有剩的，不妨拿些当诱饵。

白蚁

如果把白蚁拿来和其他东西相提并论，我们就可以发现，它是比蔬果还要好的营养来源，也是比鱼或牛肉更佳的蛋白质以及脂肪来源。它们的味道有点像肉豆蔻，所以下回如果交到好运碰到一处白蚁丘时，别对它视而不见。有一次我在哥斯达黎加丛林的地上连坐了一个小时，尽情享用着从蚁穴里涌出的好几百只白蚁。它们那么小，所以在大嚼时，根本不会像吞蛆那样觉得恶心。

钓鱼

无肉令人瘦，如果想要在餐餐素食的情况下换些口味，那么鱼就是一个很受欢迎的选择，而且在丛林里的许多捕鱼技巧，都和高山地区没什么两样。

至于我本人在丛林中的捕鱼方法，就是先把刀子绑在一截木头上，再把树皮的纤维组织浸泡在从梅兰蒂木所提炼的可燃松脂中，制作出可以燃烧的火炬。这样一来，就可以趁着晚上用刀去叉已进入梦乡的鱼儿，比方说在河流的浅滩处，会有小龙虾和其他鱼类朝着上游的方向躺着休息。在火炬的照射下，应该不难发现就在水面下 25 厘米的浅水处呼呼大睡的鱼儿，这个时候，就可以用刀身用力往它们脑袋上打去，好让它们昏死后浮出水面。用这方法猎鱼时，最好使用中南美洲土人使用的弯刀，因为刀身可以以极快的速度刺入水中。我便以此方法用自己的巧手抓了一些鱼和小龙虾。

有一次我在一条十分湍急的河里，用这个方法宰掉一条鱼，不过在捞起来时不小心又让它从手中滑落，结果不但鱼在急流中瞬间消失了踪迹，连火炬也弄熄了。这就是真实的人生，福祸总是那么难料！其实我还可以徒手捉小龙虾，只要手指头从下游悄悄接近它们后面，然后以迅雷不及掩耳的速度用手一夹，它们便逃不出如来佛的手掌心了！至于它们的味道，那才叫人间美味呢！

导航及行动

在丛林里要想正确辨识出方向，好顺利前进的话，那可真算是一大挑战。一般来说，在丛林地区的植物会生长得很茂密，而这意味着我们会见不到什么特殊的地标，使得方位的辨识往往变得格外困难。再者，在丛林地区若想走直线，简直是不可能的，因此，我们可能前进得十分缓慢，而且常常会累得满头大汗。在参天古木的环绕下，丛林甚至会浓密得无法让阳光透进来，这就意味着一到了晚上，天上的众星在大多数时间都是模糊不清的，因此，若用它们来导航的话，自然会平添许多变数。

在这种情形下，我们该怎么办？其实还是和过去一样，态度可以为这些问题提供解决方案。这到底是什么意思？很简单，首先就是改变心态，把丛林视为朋友而非仇敌。换句话说，这位好朋友只是偶尔会闹闹小别扭，或是表现出一些恼人的习性，但却不至于故意和你过不去。因此一旦来到丛林里，也要和来到其他所有的蛮荒地区一样，任何事都要三思而后行。而且，与其立刻迈步行进，倒不如寻找水源和搭建避难所，为长期抗战作好准备，毕竟这要比勉强自己“急行军”来得重要许多。

在决定展开行动时，切不可操之过急。丛林在许多方面都可能会拖慢你的脚步，结果就是欲速则不达。毕竟周遭的许多生命形态为了努力求生存，都遵行“慢活”的哲学。还有，丛林中的花草树木为了寻求阳光，都会无情地互相借着对方的身子往上攀爬，并在这一过程中往往被彼此勒得喘不过气来。

为了攀爬到更高的地方，进化过程会为这些植物配备各样的器官组织，如刺、倒钩、挂锚及吸盘等。不过，它们往往成了极佳的陷阱，诱捕你这位“隔壁的竞争对手”，因此，切不可晃晃悠悠地自投罗网，陷入它们威力强大的防卫机制中。肌肤是我们最大的器官组织，而且在丛林中，它显然也是最容易受到伤害的，即使昆虫没有找上门，林间的草丛也会来添麻烦，所以务必要不惜一切代价保护好它。

想当初在我首次“入侵”丛林时，就以“丢盔弃甲落荒而逃”收场。还记得自己曾与小小的藤蔓或是植物的根部奋战过无数回合，还不时误入陷阱把自己绊倒，最后，我终于低头认输，完全不敢再前进一步。当时我猛力拉扯，想把缠住我的藤蔓弄断，好脱困而出，无奈它们一直不放手，甚至越缠越紧。因此我们必须了解，一株小小的藤蔓是不值得我们拼老命和它宣战的。在丛林中，务必要学会保留实力，待日后真正需要时，就可以全部施展出来了。

打从一开始，我们便得试着和下面这一事实达成协议：其他的蛮荒地区很少会像丛林那样，容易让我们迷失方向。在这种情况下我们应该做的第一件事，便是找到一根合适的棍子，这样既可以当成拐杖支撑住自己，同时还可以不时探测前方的道路。要学着用盲人的样子走路，缓慢地把手杖移到前方的地面，这样可以让休息中的蛇类有所警觉，表示你已经大驾光临，请它们立刻回避，就算它们没回避，攻击手杖总比攻击自己的双脚要好。总之，无论走到哪里，都永远要带着这根棍子，尤其在途经林间浓密的草丛时更是如此，毕竟安全要比悔恨好太多了。

藤蔓可以提供丰沛新鲜的水。

肌肤是我们最大的器官组织，在丛林中，它显然也是最容易受到伤害的，即使昆虫没有找上门，林间的草丛也会来添麻烦，所以务必要不惜一切代价保护好它。

还有，永远都要踩着重重的步伐行走，虽然这和上级长官所教导士兵的那套完全相反，但一旦置身在丛林里，这种走法便有可能成为救命仙丹。因为蛇类是根据地面和空气的震动而展开行动的，所以得借此不断地给它们警告，让它们闪到一边。此外，永远都应该要挑在白天行动，一到了晚上，丛林地区不仅会沦为蛇类和其他野生动物出没及狩猎的危险之地，同时更陷入一片漆黑，几乎不可能展开任何有效的行动。因此如果贸然走动，只会让自己迷路，甚至受到伤害。

丛林给我们的第一印象，或许是根本找不到什么线索能指引最正确的行进方向，如果情况真是如此的话，那就往下山的方向走，并循着障碍最少的那条路前进。总之，原则是往山下走，直到找到溪涧为止，溪涧会导引我们到河流那儿，到了最后，所有的河流都会把我们带领到人类的居住地。

不过，并非每一处景观都会带领我们进入溪涧或是河流，至于上述策略的缺点，就是到最后我们可能会发现自己已进入“死胡同”，来到一处深幽的山谷中，并且必须再次一路往上攀爬，才能逃出去。因此不管来到什么地方，都要尽可能先循着山脊或是山的外围前进，来到一些高地，进而看清楚大自然的样貌，探查到河流的行进路线，或是会带你到安全之地的一些小径。

有许多丛林求生的故事都可以充分说明这点，其中最让人津津乐道的，当属茱莉安妮·寇伊皮克（Juliane Koepcke）的故事。1971 年圣诞夜时，这位才十几岁的德国女孩和母亲乘坐一架小型飞机，越过秘鲁的亚马孙河流域，打算趁着圣诞假期探望她的父亲。不过当时她们遭遇到一场暴风雨，一道闪电击中机翼，顿时起火燃烧。三个小时后她醒了过来，发现自己已置身丛林中，而且身体还绑在座椅上。飞机上共有 92 人，但只有寇伊皮克一个人存活了下来。

虽然她处于极度的震惊中，并且除了一根锁骨断裂外，还有一只眼睛失去了视力，但是，寇伊皮克还是想起了父亲当初对她的忠告：不管怎样都要想办法往山下走去，找到河流，河流自然会把你带到文明世界。结果她在丛林里折腾了七天后，终于被一群秘鲁猎人救起，当时她只穿着一件破烂的迷你裙、一双凉鞋，但重要的是她有一颗豪情万丈的心。

有一次当我置身于中南美洲的一处丛林时，也仿效过她的模式：爬到一棵高大的树上，仔细观察周遭的地形和位置，后来在一片树林间看到一处大型洼地。我认为那就表示附近有河流，于是便下山往那地方进发，最后，果然找到了一条河，并沿着它走出丛林来到大海。在丛林里，河流所扮演的角色，就像是文明世界的道路一样——只要依循其中的一条前进，通常就会把我们带往一处人类活动的中心。综上所述，成功的秘诀就是：用聪明的脑袋瓜好好想想，占据一处有利的地点向四周察看一番，拟妥合适的计划，然后全力以赴。

溪涧会导引我们走下山来到河流那儿，到了最后，所有的河流都会把我们带领到人类的居住地。

观察、了解，然后行动

在丛林地区旅行需要有第六感，而你看待丛林的心态，也会带来极大的影响——不是对

有些日子里，丛林会让我觉得十分沮丧，好像大自然的每一样东西都在设陷阱捕捉我，但这就是人生，除了继续前进外别无他途。

你产生很大的帮助，便是处处掣肘。换句话说，如果把过多的心力集中在眼前即刻出现的障碍上，就势必无法掌握全局，并应验了那句谚语："见树不见林。"安然通过丛林中重重考验的秘诀就是，尽量"看穿"前方的林间草丛，而不必一直盯着它猛瞧，这样可以培育出你对地形或轮廓，以及前方草丛浓密程度的认知。如果拥有这种由侧面而生的"视力"，便能够侦测出动物的足迹，好让自己可以有所依循。

这个时候，你身体的动作应该像是位慢动作的舞者，而非笨手笨脚、到处闯祸。如果以鲁莽而轻率的态度在丛林里乱走，就会让自己浑身是伤口，并迅速恶化为败血症。有鉴于此，就应该放低双肩，不时地旋转臀部，弯着身躯，并在必要时缩短每一步的间距，以"滑溜"的步伐穿过草丛。难怪蛇类是天然的丛林居民，而它们轻缓寂静且"偷偷摸摸"的行动方式，则是自然界的绝佳案例，可以充分向我们说明应该如何经过这样的路径。

我们要一直穿上长袖衣服，避免身上出现伤口和抓痕，动作则应缓慢而稳健。不要不分青红皂白地拿着刀子或棍子胡乱往前挥舞，到最后这样只会弄得自己精疲力竭，但却毫无所获，换句话说，动作要尽量讲求效率。不要徒手紧抓着草丛不放，否则到最后不是很快地被荆棘刺到，就是被割伤。还有，要控制自己的体温，一切行动都要维持一种稳健的步调，并且尽量趁着白天温度很高时充分休息。最后，更要经常注意双手、双脚，避免起水疱或是疼痛溃烂。总之，要为你以及自己的安全健康负起责任。

障碍

茂密的草木

丛林通常可分初级丛林和次级丛林，而草木最茂密的次级丛林才是梦魇所在！所谓次级丛林，就是呈原始状态的初级丛林被清除一空后，所形成的另一种丛林形态。初级丛林被清除的成因有很多，如遭遇山崩或大火等自然因素，或是林木遭砍伐或是被辟为农地等人为因素。但不论原因为何，都会使得阳光可以直接到达丛林的地表，使得在短短几年之间，林间草丛、杂草、地下根茎类、藤蔓植物及有刺的植物等，全都在充足日照下如星火燎原般纷纷冒出头来，并且疯狂地生长。

我们很难描述当某些人一路奋战地越过次级丛林时，会是一番什么样的景象。但各位仍可试着发挥一下想象力，想想看自己所碰到过的最茂密且最多刺的草丛，然后再把其范围扩大到数百公里见方，里面到处充满了蛇和蚊子等。这样的草木几乎是不可能通过的，所以只要路径把你导引到一处较浓密的次级丛林，或是某列动物的足迹把你带往这种地方的话，那就要立刻撤退，回到相对不茂密的初级丛林那儿。这样一来，你至少还可以由此处转往其他地方。

其实不论是初级丛林还是次级丛林，在乍看之下，似乎都是一条充满障碍且永无止境的漫漫长路。诀窍就在于当每一个障碍来临时，都谨慎地加以应付，同时以十足的耐心绕过它迂回而行，不要硬闯过去、贸然穿越，或是走在这些障碍下面。总之，只要碰到十分茂密的草木、沼泽、湖泊及湿地，就应该设法兜个圈子绕过去，永远都得如此。

在丛林里披荆斩棘地前进是十分累人的，即使速度稍微快些，每天也很难超过五公里，在绝大多数的丛林里都是这样。因此，得随时留神四周，看看有什么小径或是河流经过，好加快我们的进度。

湿地、泥沼、沼泽和流沙

这些障碍全都会在河流、海岸线，以及水与丛林边缘混杂的任何地方的附近出现，而且是水、泥、草木和沙子在混合后，造成强力侵蚀而产生的结果。这些障碍除了会带来导航上的危险外，也会给我们的生命和手足四肢带来严重的威胁，因为，这儿往往是鳄鱼的栖息地。在这种情况下，要尽可能绕过这些障碍而行，以免没有必要地弄得一身湿，这是你我永远都得注意的事。

如果非得越过这些地区不可的话，那就不妨多多利用自己所能找到的任何树枝、圆木头，或是叶子，把体重往前后左右扩张。如果发现自己正在下沉，就要尽量试着保持水平的姿势，并以蛙泳游到最近的坚固地面。

不要徒手紧抓着草丛不放，否则到最后不是很快地被荆棘刺到，便是遭到割伤。

有一次我在丛林里，千辛万苦地花了好几个小时打算越过红树林的沼泽地，找寻通往海岸的快捷方式。这是项相当艰苦的工作，也充满了不幸，因此到最后自然无功而返，只好撤退回去。各位务必要从中学到教训：在试图和沼泽作战之前，最好先想清楚。以我来说，便有好几回在污秽黏滑的沼泽地里，看见一大群鳄鱼出现在肩头附近，吓得我立刻收拾起开玩笑的心情，而幽默感也在此时消失。因此，在面对上述地形时，务必要想出较好的计划。如果在沼泽中进退不得的话，就不妨在彼此纠结的根茎类植物和藤蔓植物之间，找一处高于水面的地方睡个觉，好好补充一下体力。

河流

河流可能会形成一处难以跨越的障碍，不过，也可以成为我们千载难逢的机会，这完全要看你究竟是打算越过它们，还是只想顺流而下。在丛林里，河流往往是最快速的行进路径，同时也是绝不会出错的导航工具，最后绝对会引导你到海岸。一千年来，人们一直将河流当成主要的行进途径，因此河流有充分的理由被视为“丛林中的高速公路”。

搭造船筏

如果决定要顺流而下，那么选择就有两个，一是沿着河边用脚行走，一是自行建造船只或是竹筏。其中前者进度较慢，且需要不时地绕道而行，避开沼泽和湿地。置身于丛林地区的优势之一，即是行船所需要的材料在四周可谓到处都是，随时都可取得，如竹子（制作船筏的最完美材料）、轻质木材、藤蔓类植物等都是。其中藤蔓可做成绳索，而前两者则可作为船的主体，至于其他植物的叶子，也可做成舒适的座位，还有树枝则可制成橹或是桨。

建造某种类型的船或是独木舟等，或许是浮现在我们脑海中的第一个想法，但这些东西就像是北极地区因纽特人所建造的圆顶小屋一样，乍看之下好像很容易搭盖，但实际上却难多了。因此，最好还是把它们留给专家去伤脑筋吧！另一方面，竹筏倒不失为很好的选择，既拥有较大的表面积，同时更不容易翻覆。

筏的种类

筏的设计得视我们所能取得的材料而定，千万别耗费无谓的精力把又大又重的圆木头拖出山林，而最好沿着河岸搜寻，找出自己能够运用的材料，而且在建造船筏之前，就得先确定它们可以稳稳地漂浮在水面上。如果有防水布的话，就可以包覆在圆木头四周，增加空气和浮力。至于其他在丛林里自然形成的材料，也是应有尽有，足够我们使用。

轻木筏

我曾在丛林中用轻木建造过船筏，这是相当棒的木材，浮力颇佳，而且质地又轻，无论搬运、切割还是制造，都相当简单省力。还有，轻木的树皮很容易剥成一条条的，用来制作成绳索会十分结实有力。

在找到粗细约为人类颈围六倍左右的树干后，就可切割成三米长的木头数段，并且并排在地上摆放着，然后找到两根较细的树干，以90度的角度将它们互相垂直摆放，作为筏的主体

一直以来我都享受着操舟的乐趣。

结构。再利用切割树干后所剩下的树皮做绳索，把其余的树干绑成交叉的支柱，并在最后把它们绑在主体结构上。

竹筏

竹子把绝佳的弹性、强大的力量，以及中空等特性全都熔于一炉，因而形成了另一种一流的筏体材料。竹筏的建造技术很简单，那就是选择能找到的最大株的竹子，把它切断，然后剁成好几段（以3米到3.5米长为最佳）。等搜集到足够的竹段后，即可将它们并排摆放在地上，形成足够宽的平台，好载着你舒适地顺流而下。接着，再用刀子或任何尖锐的东西在竹子上钻洞，洞口要大得足以塞进藤蔓类植物。其中每根竹子的首尾两端要各钻一个洞，中间再凿第三个洞，并确定当竹子并排摆放时，所有的洞口都排成一线。然后用较粗的藤蔓从筏体某侧的洞口一个个穿过，直到穿过另一侧的洞口，好把竹子绑在一起。一般而言，至少需要有两层的粗厚竹子，才能确定筏体已经足够牢固，可以放心使用。

试着建造竹筏。

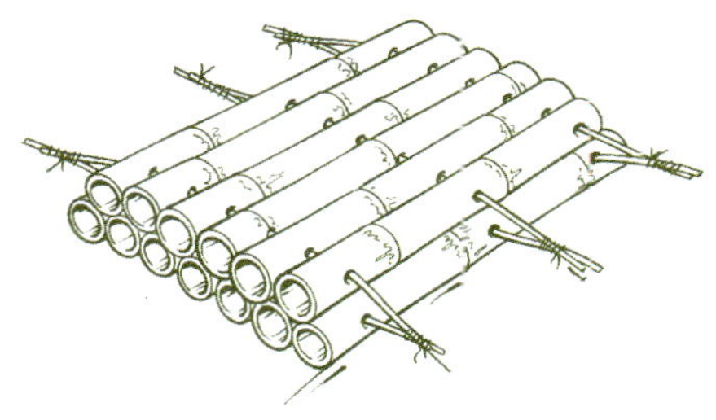

以圆木制成的扶手椅子式筏体

这是最简单同时也是最有效的漂浮工具，只要选择两根树枝或幼龄树木的树干即可。不过它们应该尽可能地直挺，并且直径至少有45厘米那么粗，然后把它们在首尾两端处用藤蔓绑在一起。在这两根树干之间，还要留下60厘米且绑得十分松弛的藤蔓类植物，最后再盖上一片防水布，或是就直接用躺在扶手椅子上的姿势，坐在这两根树干之间，好准备顺着河流漂浮而下。这个时候，还可以用一根又直又长的棍

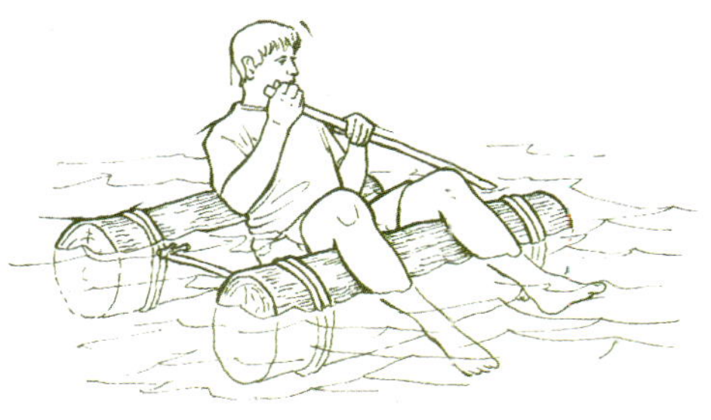

子当橹，或是当成一根独木舟用的桨，以撑篙的方式划动筏体。

操舟技巧

操控舟筏的最佳方式，莫过于给它们配备舵柄，也就是说先制造出A字形的舵柄，把它放在船尾，然后把一根棍子系在舵柄上，将棍子一端伸入水中。这根棍子的动作会操纵船的前进方向。不管航行到什么地方，都要尽量想办法让船往下游漂去。如果水特别浅又不流动的话，就用这根棍子把船往前推进。不过，一旦来到水势湍急的河流，就千万不可再用这根棍子，以免在猛拉之下让自己摔出船外。另外如果到了较深的水面，就不妨利用一根桨来操控，并且牢牢记住下面的秘诀：

- 先在水浅处测试自己所做的舟筏。
- 确定船是稳固的，如果经不起折腾而沉没或是解体的话，那就大事不妙了。因此，所捆绑的藤蔓或树皮要远超过自己所认为的需要量，并在所有系绳的周围加系另一个绳结，绑紧它们并保持固定。
- 用一根绳子绑上称人结，把自己固定在船上，并以同样的方式把桨固定在船上。
- 船上不要留置任何不必要的东西，以免拖到船尾后掉落水中。
- 行经河流的弯处时，须尽量保持在内侧边缘附近行驶，因为水在这儿的流速较慢。
- 尽可能接近河岸航行，这样万一发生紧急事故时便可立刻靠岸。
- 永远都要竖起耳朵仔细聆听，看看是否有急流、瀑布，以及白浪滔滔的声音出现。如果怀疑前方有危险，就得立刻划到岸边。
- 不要在夜间泛舟。
- 永远都不要冒险闯过急流，如果舟船翻覆，或许你就会被它压在下面。如果闯越急流是唯一选择的话，那就只让舟筏单独过去，自己则“安步当车”，用双脚绕过急流，最后再与舟筏会合。

渡河

河水可能深浅不一，流速也快慢不定，比方说暗流处的水势就十分湍急。另外，河面更是有些地方宽，有些地方窄，像接近下一个弯处的咽喉，便往往很狭窄。但不管怎样，只要面对的是较大的河川，就必须特别小心，事先得有一份撤退计划，万一有需要便可以立刻上岸。尽可能给自己的装备做好防水措施，并打造有效的装置，为航行作好万全的准备。

甚至在涉水过河之前，就要仔细研究一番，比方说注意河面的变化，并且扔一根树枝到水里，再加以仔细观察，预估其流速和深度。若能找到一处有利的制高点，应会带来极大的帮助，因为从这处位置上，你可以找到最合适的过河地点，并弄清楚潜在的障碍。

石头或掉落的树干等障碍物，会在水面上制造出旋涡和波浪，而半潜在水面之下的树干，则有可能形成所谓的“过滤器”。这些障碍虽然会让河水流过去，但却会把你拦下，使得你被它们“紧紧按住”而动弹不得，至于水的强大力量亦会把你冲撞得晕头转向。因此，务必得好好清除掉这些障碍，并沿着河流仔细寻找，看看是否有碎片或岩屑被冲到河里。在渡河时要小心，如果脚要踩在隐没在河里的东西上，千万不可失足，否则自己会被“按住”而动弹不得，脚踝也可能深陷在大石头之间。最后要切记的是，千万别低估了水流的强大威力。

在丛林里，水通常都是黝黑而阴暗的，不

像山区的溪涧那样水清如镜。如果沉没到丛林的水流里，那么危险的淤泥便会形成致命的威胁。在渡河时，最好脱掉长裤和袜子，事后你一定会因为有干衣物可换，以及没有被一些多余的衣物拖慢脚步而大大地感谢上苍一番。此外还要确定一点：生火设备之类最重要的生存工具，应尽可能保持干燥。如果有任何塑料袋或是其他的防水材料，便可以在这个时候把它们包在上述设备的外层，并利用它们当漂浮工具。在涉水渡河时，要穿上靴子，便于越过布满石头的河床，并保护好自己的双脚。如果脚已经湿了，就脱掉长裤，并把它们当成救生衣的代替品，好让自己顺利漂浮在水面上。

在行走时不妨利用一根棍子来支撑，除了双脚之外，还可以用这根棍子当第三只脚，而且在任何时候都永远会有两点接触到河床，因此，便可以把这套方法称之为三脚架技巧。行走于水上的秘诀，在于面向上游侧着走，这样如果有任何碎片或岩屑从上游处往下冲向你时，就可以事先看到而加以防范了。此外，还要注意较浅的水域，有时它们反而比较深的水域更为危险，同时流速也会比较深的水域更快。

想要以游泳的方式越过一条较深且水势湍急的河流时，就要和水流呈某个角度并往下游的方向游去，而不要正面和水流对抗。还有，要尽量试着让身体和水面呈水平状态，这样可以有效减少被拉到河底的危险。

在流速较快但较浅的急流中，不妨背部平躺，双脚指向下游处，双手则放在臀部旁边当成鳍使用。这样的动作会增加浮力，并有助于操控自己的前进方向并躲开障碍。此外，双脚也要尽量保持向上，闪避任何岩石，并避免让双脚被沉在水下的树木或树根绊住。最后还要注意，最好避免经过旋涡附近，因为这地方常常会碰到诸如大石头之类的障碍物。而水流在流经这些障碍物时，会导致所谓的“回吸”效应，因而很容易把你拖到水底。还有，即使河水的温度是温暖的，也要在上岸后立刻生火，并把所有弄湿的东西烘干。

涉水渡过蛮荒地带的河流会冒极大的风险，因此得先花时间研究水流，并避免行经急流处。

大自然的危险

丛林可能会让我们感到十分不适，如常年发潮、湿气惊人，以及终日充满恶臭等状况，就非常人所能忍受。尤其是只身一人在一处陌生的丛林里走失时，那样的情境更是充满了危险。在刚盖好“新家”后，往往就会立刻涌入一大群不速之客，而这些活物的数量也远超过其他任何地方，从会叮人会咬人的蜜蜂、蚂蚁、蚊子，一直到蜈蚣、蝎子等，都会从四面八方向你袭击，至于在你皮肤下面孵化和做窝的肤蝇幼虫，就更不用提了。

对了，还有蛇也会来凑上一脚，尽管绝大多数的蛇都是无毒的，而且它们都会尽量避开人类。但是，我们天生畏惧这种动物，心里仍会产生一种强而有力的负面效应，进而破坏我们所享有的安宁，难怪一些偏执的意识会在我们的心中生根发芽。其实说穿了，这种偏执的妄想症纯粹是由于缺乏知识引起的，蛇类通常是很害羞的，但是因为它们在新来者眼中往往以“异形”的面貌出现，遂使得丛林成为人人害怕的恐怖之地。

真相是，丛林乃是一处可以让我们生存下去的优异环境。如果打从一开始便很清楚丛林的威胁和危险，那就会拥有绝佳的生存机会。更何况眼前即刻产生的威胁大都只是心理层面的，不至于对身体带来危害。

通常由针刺和叮咬所产生的小小伤口，就长期而言往往会成为健康的最大威胁，而且，预防要比治疗简单太多了。由一千处小小伤口致死的可能性，要远远超过因饥饿、脱水，或是受到野生动物攻击而丧命的可能性。所以在任何时间，都要把自己包覆起来，把皮肤遭受攻击的机会降至最低。丛林是富饶的大地，土壤肥沃，各种生命会在丛林的每一寸土地上生生不息，而你的肌肤则可能迅速沦为细菌、菌类和各种微生物的“东道主”，进一步引起皮肤过敏和发疹。因此务必得在它们恶化为传染病之前，先让那些有害物无处容身，这样一来，战争还未正式开打便已经胜了一半。在热带地区，即使最微不足道的抓伤或是搔痕，都可能立刻恶化而遭受致命的感染。

昆虫：小而不美好

虽然毒性大得足以叮咬死健康成年人的昆虫少之又少，但是，由寄生虫、传染病、血液中毒，以及过敏反应所导致的长期不良效应，仍有可能带来不愉快的经验，甚至是潜在的生命威胁。因此，预防乃是关键所在。

由一千处小小伤口致死的可能性，要远远超过因饥饿、脱水，或是受到野生动物攻击而丧命的可能性。

衣物

在各种预防性药物的作用下，从纯粹的避蚊胺到香茅油，我们已在驱虫方面获得了程度不一的成就。我们知道，汗水也是能吸引那些昆虫的媒介（由体内的盐分所引起），其威力要远胜于任何化学药剂。在这种情况下不管白天还是晚上，都该拿东西把皮肤覆盖住。另外还得记住，要随时把裤管塞进袜子里，并收紧裤口，否则，昆虫就会很容易找到你最脆弱的防线。而且也别忘了，每天至少要把衣服脱下来检查一次，看看是否有水蛭和扁虱藏匿其间。

制作头网

某些种类的头网很可能会救你一命，而且，任何衣物的料子都可以提供足够大的头网，戴上去后不至于过紧。首先得找出些叶子或是树皮，在脑袋顶端形成一处平台，使头网的材料可以顺势包覆住脸孔，但又不至于和皮肤直接接触。不过还要弄出两道细长的切痕，好让我们可以方便地看到外面，而且得将下方的布料塞进领子，提供较佳的保护。

阻止有害动物进犯的保命之道

• 在穿上衣服和靴子之前，要先抖动片刻。许多动物都会拿它们来做巢做窝，因此永远都得记住并养成着装前先检查的好习惯。

• 用油脂、泥或是脂肪涂抹在没有保护的肌肤上，它们的味道或许难闻，也没有人会喜欢这样，不过总比被什么东西咬死来得好。

• 椰子油（用刀剔出果仁，放在太阳下暴晒，油就会聚集在表层）是功效极佳的驱虫剂。此外，椰子油也有助于保护皮肤，防治因浸泡盐水而起的疹子。

• 利用营火产生的烟雾驱虫，并把燃烧后的灰烬散布在避难所的四周，形成具有魔力的圆圈，这样可以制止昆虫从地面大举入侵。

• 可以把来自于白蚁蚁丘的材料（外观近似晒干的烂泥巴，但实际上是已消化的木材）彻夜燃烧，所产生的烟可以阻止会叮咬我们的昆虫。

• 被昆虫咬后，得竭力抗拒想要随时抓痒或搔弄的诱惑，否则固然可以获得暂时的舒缓，不再觉得那么痒了，但却可能导致伤口更严重。

• 要想让发痒难耐的感觉获得舒缓，不妨使用冷敷法，或是将厚厚的泥巴糊和冷却后的灰烬涂在皮肤上。

蛇类

绝大多数的人类都怕蛇，而我原先也是这样，直到和它们的接触成了一种习惯，并且对它们有了更深入的了解之后，情况才有所改善。面对蛇类的关键，即是用了解代替非理性的恐惧，进而掌握它们活动的特性。

在大多数的热带地区，被掉落的椰子砸死的人，比死于蛇咬的人还多。蛇类虽然不是地球上最受人类宠爱的生物，但也不至于无端攻击人类。蛇甚至只要听到人们接近的声音，就会立刻遁逃，以避免和我们打照面。蛇的习性大致如此，只有少数例外，如横行东南亚的眼镜蛇王、巨蝮、矛头蛇，纵横于中南美洲的热带响尾蛇，以及非洲的曼巴眼镜蛇等，有时它们会主动且积极地攻击人类。

遭蛇咬的机会要远低于你的想象，即使被蛇咬到，它属于无毒蛇的概率也大于 50%，而且就算被毒蛇咬到，也有 25% 的机会没有被注射到毒液（亦即大家所熟知的“干咬”）。由于人类并非它们所捕食的对象，所以，蛇类只会把注射毒液当成最后的手段。

依照一般的规律，它们会在天冷时找寻较温暖的地方，而在天热时找寻阴凉的地方。绝大多数的蛇都是夜行的猎者，而这也是我奉劝大家不可摸黑旅行的另一个好理由。

在大多数的热带地区，被掉落的椰子砸死的人，要比死于蛇咬的人还多。

毒蛇的种类

毒蛇有专门负责放毒的腺体及长长的毒牙，其中前者会收纳毒液，而后者则是中空的，会把毒液注射到猎物身上。

大多数的毒蛇可根据它们的毒牙区分为两大类。其中拥有固定毒牙（即毒牙永久性地直立于上颚前端）的蛇种通常都会注射出神经毒，言下之意是它们的毒液会攻击我们的中枢神经系统，导致肺脏麻痹，并让被害人窒息，这类蛇属于前沟牙类。

另一类蛇则拥有折叠的毒牙（即毒牙在平时是平躺着的，但在攻击时则抬起），它们所注射的是出血性毒，会使得血液中毒，进而影响到循环系统，毁灭血液细胞，伤害皮肤组织，并引发内出血，这类蛇属于管牙类。

事实上，大多数毒蛇的毒液中都同时拥有神经毒和出血性毒，但通常只有一种居主导地位。此外，它们也拥有称之为细胞毒素的消化性酵素，会攻击皮肤组织，并引发坏疽。

基本上来说，被毒蛇咬到应该算是不幸的事，因此要尽量避免被它们咬到。

如何避开蛇的攻击

不要睡在草丛、长得很高的野草、大石头上，或是大树的根部旁边，这些全都是蛇类藏匿的绝佳地点。

- 再说一次，在穿上衣服和靴子之前，永远都得先察看它们的内部一番。
- 不要把手放在黑暗的地方，如岩石的缝隙、浓密的草丛间，或是中空的圆木头里。非要如此，就得先用一根棍子或树枝查探。
- 不要跨越倒落的树木，而是要先走到它旁边，看看另一侧是否有蛇类在那儿歇息（也要注意是否有蛇在树干上进行伪装）。
- 没有棍子的话，千万不要行经浓密的草丛，或是长得极高的野草，而且从头到尾都要目光朝下。
- 在刚杀死蛇时，如果没有先把它的脑袋

不要冒险与蛇周旋，除非是专家，否则永远都不要抚摸或支使它。

切断，就千万别用手捡起来，其神经系统或许仍十分活跃，死蛇仍会咬人。

- 如果听到有蛇出没的声音，就要立刻停止手边的动作，站在原地，直到能够找到它们的下落为止。当我们看到它时，不妨缓缓地退后，但千万别背对着它，万一它上前来攻击就麻烦了。

杀蛇的最好方式就是以一根很重的棍棒或是树枝做武器，以其背部为目标，并尽可能挑接近脑袋的地方下手，再折断它的背骨。接着用树枝把它按住，使其无法动弹，再以乱棒痛击，最后砍断脑袋。一旦取下它的首级，就不妨用火焚烧或是埋在土里，然后就像第 2 章所描述的那样，去除内脏，烹煮蛇肉。

> **如果被蛇咬到，就要尽全力镇定下来，不要恐慌，否则心跳会加速，而毒液也会更快地被身体吸收。**

有效处置蛇咬

咬伤的类别以及是否有毒等，通常都可以由伤口的形态加以辨别。不管是毒蛇还是无毒蛇，都会留下椭圆形的点状伤口，只是毒蛇同时也会在该椭圆形点状伤口的上方，留下由一到四只毒牙所形成的刺孔记号。在遭到攻击的两个小时后，就会出现更明显的症状，也就是严重的肿胀。

如果被蛇咬到，就要尽全力镇定下来，不要恐慌，否则心跳会加速，并加速血液的循环，而这也意味着毒液会更快地被身体吸收。这个时候，要去除掉所有会束紧我们的东西，如手表、项链、戒指，并试着在伤口和心脏之间装上一些具收缩作用的止血器。还有，由于蛇的毒液很浓浊，所以，想要把毒吸出来是没有用的，更何况你也不想让毒液同时进入嘴巴，若真如此，毛细血管会以更快的速度吸收蛇毒。当然，更不要挤压伤口，否则会有让毒液进一步扩散的风险。

这个时候，不妨躺下来，让伤口保持在比心脏还低的位置，而且，能喝多少水就喝多少。不过，千万别试着割开伤口，或让毒液透过血液流出体外。这无异于形成了开放式的血液循环，而这则表示毒液会更快被人体吸收，并直接进入你的血液中。

当毒性的效应逐渐减轻后，最可能出现的长期性问题，就是对伤口周遭组织带来的伤害。这时，我们会很容易被蛇类口中的细菌感染，而这也是被无毒蛇咬伤后仍十分危险的原因所在。

> **千万别试着割开伤口，或让毒液透过血液流出体外。**

应竭力避免接触的蛇类

中南美洲

巨蝮：脑袋硕大，粉红中又带有棕色，背部有深棕色的钻石型图案。长可达2.5米，属出血性毒。

矛头蛇：拥有棕色或是淡棕色的花纹，长可达1.8米，属出血性毒。

热带响尾蛇：浑身金黄色，有钻石状的花纹，颈部有两条暗色的斑纹，这在响尾蛇中显得相当独特。长可达1.8米，属出血性毒。

亚洲和非洲

曼巴眼镜蛇：十分细瘦，头部很小，栖息在树上的曼巴眼镜蛇呈绿色，生活在地上的则呈黑色。长可达2米，属神经毒。

眼镜蛇：当它发出警告时，头冠会向外张开，十分独特。长可达1.8米，属神经毒。

银环蛇：拥有黑色与红色相间的带状条纹，中间还有较小的黄色带状条纹，造型颇为特殊。长可达1米，属神经毒。

澳大利亚

太攀蛇：背部从淡棕色到暗棕色都有，腹部则呈黄棕色。长可达 2.7 米，属神经毒。

半环恐蛇：拥有十分独特的粗大身躯，斗大的脑袋，棕绿色和淡棕色的带状花纹，十分常见，也十分凶猛。长可达 1.8 米，属神经毒。

澳洲棕蛇：身躯细瘦，背部呈棕色，腹部则色淡，具侵略性。长可达 1.8 米，属神经毒。

蜘蛛和蝎子

有些人对蜘蛛的毒液特别敏感，一只蜘蛛虽然不太可能置人于死地，但避免和它们狭路相逢仍是十分值得的，其中最可怕的当属下列这些。

狼蛛

地点：中南美洲的热带地区。

外观：硕大、多毛、黑色。

栖息地：通常生活在洞穴里或树上。

症状：它具有极大的毒牙，如果被咬，就一定会有疼痛和出血的症状，而且也可能受到感染。治疗它的咬伤就要像治疗任何开放性的伤口一样，保持清洁并覆盖上东西，同时预防感染。

漏斗蛛

地点：澳大利亚。

外观：硕大、呈棕色或灰色，在受到干扰时极具侵略性。

栖息地：树林、丛林以及草丛很多的地区。它的网具有漏斗状的开口，故得此名。

症状：疼痛、头晕眼花，并且发高烧，是唯一可以让健康成年人致死的蜘蛛。

黑寡妇

地点：遍布全世界，有各式各样的品种，其中美国的为黑寡妇，中东地区的为红寡妇，而澳大利亚的则为棕寡妇。

外观：呈黑色，而母蜘蛛的腹部则有红色的沙漏状花纹，含有神经毒。

栖息地：在圆木头、岩石碎片及岩屑下方。

症状：刚开始疼痛并不严重，但会迅速发展出严重的局部疼痛现象，然后渐渐扩散到全身，最后疼痛感便集中在肚子和双脚上，同时还可能出现虚弱、颤抖、盗汗，以及极度分泌唾液等症状。

蝎子

地点：所有的炎热气候区。

外观：由它状如螃蟹的钳子，以及随时准备攻击的带钩尾巴可立刻辨识出来。

栖息地：从雨林地区、开放的平原，一直到高山区都有。

症状：被蝎子的刺扎到会十分疼痛，但对于健康的成年人而言尚不足以致命，只是肿胀和麻痹的感觉会持续数日。

我曾晚上在丛林里被蝎子爬过身体，它们是夜行的猎者，而晚上也是最活跃的时候。当时它们只是爬过我的身体，是无害的，所以我们互不搭理，除非它们被激怒了，否则才没兴趣蜇你呢！在面对蝎子时要牢记这条通则：蝎子个头越小，它的刺便越要命。我曾用两根手指活捉蝎子，只见它尾端有刺，而刺的两边则各有一只钳子，于是我拔掉了这对钳子，把其余部分吃掉了。

蜜蜂、胡蜂和大黄蜂

许多人都曾经在丛林里意外地干扰到蜂巢，结果惨遭蜂群的集体围攻，并因中毒太深而休克，最后导致死亡，这样的案例不胜枚举。具攻击性的蜂群是十分危险的，而避免遭到蜂群袭击的关键，就在于了解它们的习性。一般来说，蜜蜂会对动作、阴暗和明亮的色彩，以及我们呼吸中所吐出的二氧化碳作出反应。通常它们会把蜂巢盖在土堆上、空穴里、洞穴内、中空的仙人掌或树干中，以及水洞的附近，因此，永远都要小心这些区域。如果不小心惊吓到了蜂群，千万不可惊慌，更不能疯狂地用力拍打，否则只会吸引整个蜂群。它们会全体向你飞奔而来，等到知道大事不妙时，一切都已经太迟了。相反地，我们必须保持冷静，然后慢慢撤离蜂巢，并且想办法经过一些草丛，制止它们继续对你展开跟踪。

如果不幸被蜜蜂蜇到，那就得小心地拔除

有倒钩的针刺，并以指甲或是刀柄刮掉带毒液的液囊。不过，过程中应避免挤压，否则容易迫使更多的毒进入伤口。接着，还得用水彻底冲洗被叮的部位，减小遭受感染的机会。

值得一提的是，下列任何做法都可以缓解蜜蜂的针毒：冷敷，涂上用泥巴和灰烬混合而成的糊状物，抹上从蒲公英中榨取的汁液，或是用椰子肉敷在伤口上。

下列任何做法都可以缓解蜜蜂的针毒：冷敷，涂上用泥巴和灰烬混合而成的糊状物，抹上从蒲公英中榨取的汁液，或是用椰子肉敷在伤口上。

蚊子

蚊子会散播疟疾和登革热，而且蚊子叮咬也会携带肤蝇的虫卵，因此，绝对会对长期健康带来威胁。这些疾病会让我们发烧，其症状包括体温突然开始升高、头痛，以及关节和肌肉酸痛等。不过，这些症状并不像其他毛病那样，非得要你小心应付不可，也就是说，只要拿些东西覆盖住身体，以免遭到风寒即可。

毛毛虫

许多毛毛虫都会对我们的皮肤造成毒害，并引发疹子和过敏的反应。如果发现毛毛虫爬到身上，就朝着它们前进的方向把它们抹掉，这样会比较容易松开它们的刺状突起物。一般来说，它们是丛林中突如其来的危险。

肤蝇

肤蝇的幼虫由蚊子携带而来，并潜伏在我们的皮肉之下，从此之后它们便会在那儿生长，并在皮肤下形成脓肿。我们可以把它们挖出来，或是用树液、凡士林堵住它们的呼吸孔，让它们窒息而死。我在之前曾提到过茱莉安妮·寇伊皮克，在这位十几岁德国女孩闻名遐迩的求生故事中，肤蝇便曾潜伏在她的皮肤之下，导致她浑身都是蜂巢般的洞孔。她曾讲述那种可怕的感觉，真让人头皮发麻，比方说半夜里醒来时，就觉得皮肤好像是活生生的一样，在不停地围绕着她摆动。因此我们要随时留意，看看是否有肤蝇的踪迹。而且一旦置身在丛林中，就应该培养出一种游击队般的心理状态，那就是只要一有时间，便仔细检查身体上的每一寸地方。

扁虱

扁虱有八只脚和口器，会咬到皮肤里，吸取皮肤下方的血液。它们很机灵，会躲在我们身体上一些难以接近或看清的部位，尤其是毛发多的地方，因此往往难以找出它们的下落，也因此每天都得仔细检查上述部位。扁虱会散播如莱姆病之类的疾病，一经发现，就应该立刻清除。不过问题是，在清除它们的身体后，口器却往往仍留在皮肤里，因而伤口会生脓，并且造成感染。

盐、酒精或营火的余烬等，都会迫使它们“松手”，在除掉它们时要注意，避免在杀死它们后，其身体的一些部位仍附着在我们的皮

鳄鱼是让人胆战心惊的掠食者，也是全世界一流的生存专家之一，有充分的理由可以证明，它们绝非浪得虚名。

肤上。也可以涂抹树液或油脂，使它们窒息而死。不过，切不可挤压扁虱的身体，而且在清除它们后一定要记得洗手，同时更得时常清洗伤口。

水蛭

在湿地或是沼泽中，水蛭几乎是无法避免的，不过如果拿东西好好覆盖住身体，遭袭的可能性便会大为降低。它们会追寻发热的东西，而且具有不可思议的能力，不管衣服的间隙有多么小，它们都有办法穿透。被水蛭咬过的伤口通常不会疼痛，但却往往会发痒，且由于它们会注射天然的抗凝血剂，所以也会导致大量出血的情形。

对付它们就像对付扁虱一样，只要涂抹盐、酒精或是营火的余烬，通常就会迫使它们放开其吸盘，或是用凡士林或某些种类的树液使其窒息。不过千万不要硬拔出来，否则伤口大有可能会引发败血症。

鳄鱼

世上有两种鳄鱼，一种生活在咸水中，另一种则优游于淡水里。其中前者即为一般人所熟知的“咸水鳄”，它们身躯较大、较强壮，而且比后者更具攻击性。颇麻烦的是，咸水鳄到了淡水的河流里也一样能够存活，而且还隔三岔五地到淡水的河流里逍遥。

有些品种的鳄鱼一直被我们冠上“巨怪”的名号，身长可达六米，其中最著名的就是名叫“甜心”的咸水鳄。20 世纪 70 年代，它们可是让澳大利亚北部地区渔民们闻风丧胆的恐怖分子呢！到了最近，也就是 2006 年，有报道称佛罗里达州南部沼泽地的鳄鱼已开始攻击人类，并把他们吃下肚。这是人们已习惯出现在它们面前，且不时喂食它们后，所引发的自然反应。

鳄鱼最喜欢采用的“吃大餐”技术，即是先把猎物淹死，并放在岩石或是浸在水中的圆木头下方，直到猎物被水泡得十分软烂，足以撕裂吞下肚子为止。有一次我在佛罗里达州南部的沼泽区，便巧遇一些又大又健壮的鳄鱼，我甚至还非得游过这条满是鳄鱼的河流不可。它们可以潜在水中达 45 分钟，因此我得耐着性子坐在那儿等候，直到看清楚所有的鳄鱼为止，接着我就游泳越过那条河。（没错，很恐怖！）不过，这也意味着鳄鱼没把我的身体和头部当成乌龟或者是鸭子，那才是它们的主食。总之结论就是，如果附近有鳄鱼出没，那就立刻离开水面，而且到河岸汲水时，永远都得保持一颗戒慎戒惧的心。鳄鱼猎捕其祭品的方式，是先观察对方会来河流的什么地方饮水，然后就很有耐心地等候对方下一次造访。因此，千万别让自己成为它口中的大餐。

如果怀疑有鳄鱼在附近，那就立刻离开水面。

蚂蚁大军

蚂蚁是群居的动物，动辄会召聚起百万大军，从早到晚不停地急行军，而且极具破坏力，因而它们在任何地方都不会停留太久。它们是肉食动物，会吃掉沿路上的每一样东西，从昆虫到鳄鱼无一幸免，然后把战利品搬回它们的蚁后那儿，并把猎物分割成大小适当的一片片肉，方便于咀嚼。最后要提的是，蚂蚁大军绝不会为了你或其他任何活物而改变方向，因此建议你不妨对它们保持适度的尊重。

毒蛙

我们经常会在丛林的溪流中看到小青蛙，如果色彩明艳的话，那最好离它们远点。蛙类身上的颜色会显示出它们是否有毒，而且已进化为防止食肉动物上门的一种恐吓手段。它们身上的毒素有可能让你中毒，而且在某些情况下还有致命的危险，所以如果存疑的话，就该避免以颜色鲜艳的青蛙做食物来源。有些印第安当地居民会用它们身上的毒腺制成毒标或毒箭，甚至放在水塘中毒晕鱼群。

还有最后要谈的一种致命怪物——寄生鲇

这种生长在亚马孙河流域的鲇鱼仅约 2.5 厘米长，无论大小和形状都像极了牙签，再加上浑身透明，自然难以看到。大部分的时间它们会从其他鱼类的鳃部吸血而食，但也能趁着我们小便时游过“喷泉”进入我们的尿道（因为它们会被人类膀胱里的盐分所吸引）。从此以后，它们就会靠着附带倒钩的背鳍赖在这儿不走，并且只有借助外科手术才能除去这些心腹大患。所以下回在丛林中小便时，最好避免直接对着小溪河流。

在丛林地区的生存之道

原则一：它是朋友而非敌人

适应这样的“异形”环境，可以说是一场输不得的精神战。要把丛林视为你的朋友而非仇敌，因为它可以供应你生存所需的每一样东西。

原则二：把步调放慢下来

快速绝非丛林中生存的王道，因为步调越迅速，也就会越快跌倒。有鉴于此，不妨把动作放慢，不慌不忙地绕过各样障碍，并且一边走一边察看树林下的草丛。

原则三：要拿些东西覆盖住身体

丛林的最大危险，就是“因一千个伤口而死”，因此从一开始，便要把叮伤、咬伤和抓伤控制在最少的程度内，并确保皮肤被一些东西覆盖住。

原则四：睡在高处

丛林的地面可以说是爬行动物的“贮藏库”，因此，永远都要睡在抬高的平台上，或是 A 字形结构的床上。

原则五：善用河流——丛林中的高速公路

若想要离开任何丛林，那么最稳妥的路子就是经由水道。因此要先找到河流，然后跟着它们走，最后它们一定会把你带到安全及文明之所。

chapter 5

沙漠

如果造物者决意要给我们装上一个脖子，那么它的用意肯定是要我们把它伸出来。

美国民权运动领袖马丁·路德·金

在我的军旅生涯中，曾被两度派到沙漠，因而在北非的沙漠地区待了一段相当长的时间，后来还与法国的外籍兵团一同在西撒哈拉进行基本训练。这些经验相信已强化了我的如下信念：别陷进任何温度高得让人受不了的环境。请相信我，沙漠是具有敌意的地方，甚至是全地球最具敌意之处。而它们最大的特色，就是缺乏人类生存最需要的一种物质：水。

依据定义，沙漠指缺乏降雨的地方，而对于“缺乏降雨”这四个字来说，大家都可接受的标准是年平均值不及250毫米，其中又以智利北部的阿塔卡马沙漠（Atacama Desert）最为干燥。在这个沙漠中，每年的平均降水量尚不及10毫米，甚至有些地方你终其一生都未曾见过一滴雨。

至于沙漠地区的另一项关键性特色，即是会让你火气陡升甚至引发水疱的高热。在夏季的几个月里，沙漠里的温度动辄高达50°C，即使有少量的降雨，也会立刻蒸发掉，造成的地理景观也是一片荒凉，且脆弱得极易遭到侵蚀。其实这些地方曾一度是海床，或是属于高山的范围，但经过好几百万年沧海桑田的改变，已被强风雕琢成地球上最雄伟壮观的景象。

只要研究过世界地图上的沙漠分布，就不难了解到，北半球的沙漠横跨了赤道和北回归线之间的广大地区，包括所有沙漠中的龙头老大，也就是北非的撒哈拉沙漠，以及它的周遭众邻，如阿拉伯沙漠（Arabian Desert）和中东地区的沙漠等。

至于南半球的沙漠如智利北方的阿塔卡马沙漠、南非的纳米布沙漠（Namib Desert）、喀拉哈里沙漠（Kalahari Desert），以及澳大利亚的一些沙漠，则全都位于南回归线以南的纬度区。最后要提的还有所谓“寒冷的沙漠”，如中亚地区的戈壁沙漠（Gobi Desert），以及北美沙漠中一直延伸到北部的部分区域，虽然在夏天它们仍受制于极端的高温，但一到了冬天，却会经历极端的寒冷。

我们的地表有1/5被定义为沙漠地区，其中部分沙漠就和一般人所想象的一样，最大的特色为由滚滚沙石形成的沙丘，仿佛永无止境似的，而其余的沙漠地区，则由各式各样且对比显著的地形构成。一般来说，根据地点、纬度和高度的不同，地形包括从高山、多岩高原、峡谷，一直到盐质平原和沙质砾石平地在内的每一处，草木和枯干的河床零零落落分散在各地。

虽然沙漠的地形各有不同，但都会在审美和心灵的层次上，对游历者的体验造成深远的影响，当然，更会对我们能否在毫发无伤的前提下成功越过这些沙漠，产生深远的影响。一般来说，求生的基本原则是放诸四海皆准的，无论面对哪种环境皆然。另外，由无数代的沙漠居民一脉相传的宝贵知识，是无可替代的，如澳大利亚的土著，撒哈拉沙漠的柏柏尔人（Barbari）、阿拉伯沙漠的贝都因人（Bedouin），以及在美洲地区土生土长的印第安人等都是。如果少了他们这些可以造福全人类的知识，而我们仰赖甚重的现代化科技又被剥夺一空的话，那么即使是活在21世纪的冒险家，也势必无法在这样的环境下持久生存。

沙漠或许是地球上最具有敌意的地方。

沙漠地形

沙子或沙丘型的沙漠

在这种沙漠中，被强风蚀刻的沙丘会绵延不绝地迤逦着，可谓典型的沙漠地形。如果有一列骆驼车队经过，那么在一望无际的沙漠映照下，其身影会缩小到几乎看不见的程度，像是在大卫·里恩（David Lean）的不朽名片《阿拉伯的劳伦斯》（*Lawrence of Arabia*）中，就对这些有刻画入微的描述。这样的地形包括了撒哈拉沙漠的极大区域以及纳米布沙漠，而后者的沙丘有些竟高达 365 米，长度则超过了 30 公里。

高山型沙漠

高山型沙漠的特色就呈现在峡谷、侵蚀谷地及溪谷上，只要高山地区遭受过数千年的侵蚀，同时强风雕刻它们的构造，使它们耸立于沙漠地表之上颇具超现实主义，便会形成这样的地形。高山型沙漠包括美国内华达州的大盆地沙漠（Great Basin Desert）和犹他州的莫亚布沙漠（Moab Desert），而电视节目《荒野求生》中有关沙漠的部分，就是在后者所在处拍摄的。那儿的温度经常会高达 52°C，会让人起水疱，而脚上的鞋子也让我感觉到，它们仿佛正被一把永远不熄的火焚烧着。

并非所有的沙漠都平坦多沙。

无边无际的沙丘，我曾和法国的外籍兵团在此行军。

多岩高原型沙漠

如果极深的峡谷在许久许久之前曾有水流经，那就会形成较为平坦却支离破碎的大范围沙漠地区，像是美国的大峡谷（Grand Canyon）就是这样的沙漠，在美国的西部地区占地极广。

盐质沙漠

盐质湿地是最危险且最难以生存的沙漠地形之一。它们的最大特色，即是水分蒸发后留下的一层碱性干硬地壳，具有高度的腐蚀性，所以残存的任何水都是不能喝的。中东地区的许多沙漠均属此类，包括盐质湿地的区域。

断裂型沙漠

这种地形的最大特色，即是整个景观都会出现不断扭曲、翻转的干涸水道，错综复杂，宛如迷宫，留下十分干燥且全部裂开来的地貌，还有山脊、沟畦以及软沙上迷宫般的造型偶尔散布其间。在世界各地都可以见到这种沙漠，而且绝大多数沙漠的边缘地带，都属于这样的断裂型沙漠。

我们来啦！——在西撒哈拉进行沙漠行军。

寻找避难所

在沙漠这样的环境里，阴凉处和受阳光直接暴晒的地区，其温差往往可达 17°C。因此在这种情形下，沙漠地区避难所的最主要需求，便是提供免于太阳辐射的适当保护。虽然大多数人对寒冷的畏惧程度要远甚于高温，但是，过热却和过冷一样可以置人于死地。在沙漠地区，脱水和晒斑也是另外两个潜在的杀手，还有，身体的核心温度即使只上升了 3.5°C，都会导致中暑。

要想彻底解决问题，关键点其实并非仅在于找到可以免受高温之苦的避难所，换句话说，避难所还得保护你免受酷寒之患。虽然在白天，温度有时候会冲高到 65°C，但入夜后却可能骤降到 0°C以下，因此，暴露在沙漠中死去可以说是稀松平常的事。

身体通过哪些主要的方式而获得热，也同样会通过这些方式流失热。一般来说，这样的过程可分为两种，一是传导（直接接触），二是对流（透过空气）。不管在任何地方，也无论搭盖哪种形式的避难所，其目标都应该放在减少这样的效应上。

所以，我们的第一个任务即是弄对先后次序，不论面对什么样的生存情况，都得永远将此列为首要之务。

沙漠的服装

你的第一个避难所，同时也是最基本的避

难所形式，即是白天活动时所穿戴的服饰。说得更具体些，你得确定自己的手、脖子、皮肤和双眼都受到良好的保护，足以抵御太阳的毒害。在理想的状态下，应该穿上合身又略显宽松的长袖衬衫和长裤，可以让空气适度流通，但又可以防止汗水在很快的时间内蒸发掉，让身体的天然冷却系统有效地运作，并把脱水的情况维持在最低程度。还有，最好是透过鼻子呼吸而不是透过嘴巴，因为如此一来，可以减少嘴巴里大范围潮湿组织的湿气蒸发，从而大幅减少因此导致的脱水情况。

如果没有戴上宽边帽，或是仿效全世界的沙漠居民那样，在头上披起围巾的话，那就永远都不要冒险进入沙漠地区。围巾的作用便如同可以抵御太阳热度的防护罩，以及可以把风沙挡在外边的滤网。这样的装扮虽然不会让你在时尚界大受好评，但却颇为实用。比方说我便曾经发挥巧思，在围巾上撒尿，好让脑袋有凉快的感觉，虽然几天之后味道犹在，而且相当可怕，不过其湿气却有助于战胜又毒又辣的阳光和高温。我们要牢牢记住，不管面对什么样的生存情势，都应该善用任何可以帮助自己的技巧，而且没有任何一样东西，要比让头脑冷静和凉快更重要了——因为它可是你最具价

我和骆驼在撒哈拉沙漠西部的合影留念，而骆驼可谓沙漠的终极生存者。

值的生存工具！

如果没有防晒油，那就把一些从火里取出的余炭，或是从沙漠地表取来的一些土壤，涂抹到脸部和双手上，保护暴露在外的肌肤。另外，把煤灰抹在眼睛下方，也有助于预防强烈阳光造成产生的目眩，并减少刺眼的强光向视网膜上反射的可能（而这也是美式足球的球员何以会在眼睛下方涂抹彩色防晒乳液的原因：让刺眼的强光偏向）。如果太阳眼镜遗失或是摔破了，那就要用罩住头部的围巾把眼睛尽量覆盖住，透过衣料的细小间隙仍可以看到外面。

其实我们可以制作出太阳眼镜的代替品，而且，我也曾看到别人使用过，那就是把白杨树的一些树皮绑在双眼的四周，并且钻出几条细长的孔隙，好让你可以透过这些缝隙看到外面的情形。这是因纽特人沿用至今的一项秘诀，他们用丝兰树的叶子制成绳索，绑在眼睛四周，形成天然的“太阳眼镜”。

在沙漠里到底适合穿颜色阴暗的衣物，还是颜色鲜艳明亮的服饰？大家对此尚有很大的争论，支持后者的人认为，这样可以把热度反射出去，而属于暗色系的布料则会吸热，并让身体承受更多的热气。不过这派论点也有瑕疵，那就是白色衣服会被太阳辐射线穿透，导致肌肤晒伤，并使其温度升高，进而导致汗水更快地蒸发掉。暗色系的衣服或许会把较多的热气收容在布料里，但它们也会让有害的紫外线无用武之地。而且如果这些衣服十分宽松的话，还可以让空气更加流通，这样一来，我们人体天然的冷却系统便可以有效地运作。

许多久居于沙漠的人都赞成的理想解决方案，就是先穿一层质地轻便的黑色衣服，外面再套一层质地轻便的白色衣裳。

虽然在白天，沙漠的温度有时候会冲高到65℃，但入夜后却可能骤降到0℃以下。

选定避难所的位置

在思考如何搭建避难所或是在地面上展开挖掘之前，不妨先寻找一些现成的简易型避难所。手段是否具有正当性，则必须视目的为何而定，如果煞费苦心地搭建一间避难所，却往往让你的精力虚耗一空，甚至流失掉大量体液与盐分的话，那就得不偿失了。

在沙漠里，活下去的关键在于能否找到阴凉处，不管是露出地表的岩屑、大石头、沙堆，还是地面上的坑洼或凹洞，甚至是巨大的仙人掌，只要是阴凉处即可。不过要记住，并非所有的阴凉处都会提供保护，让你免受日晒之苦。

在大白天里，由花草树木（如树林和草丛）所形成的避难所，往往要比岩石来得好，因为后者就像一个锅炉一样，会储存太阳向外辐射出的热。比方说在莫亚布沙漠，我就发现那儿的岩石滚烫得可以在上面做香煎乌鸦蛋，甚至不到两秒钟蛋就会嘶嘶作响。

花草树木也可以透过蒸发作用，让周遭的空气较为湿润。到了晚上，会产生储热效应的岩石，便可以适时发挥其作用而变得有利于你。如果有救生毯、由整块布料做成的外套（仅在中央开个洞，供头部伸出），或是一些降落伞的材料，那就可以把它们覆盖在身上，或是用它们包裹住身体。

如果交通工具发生故障，要记得待在附近别动，通常这也是最安全的选择，因为如此一来，就有更大的机会被救援人员从空中或是在地面上侦测到。不过，也别停留在车子里，否则白天它会把你烤熟，到了晚上又会把你冻僵。不妨善用主结构所形成的阴凉处，并在那儿的地上挖个洞，如果深入地下 15 厘米深，那么其温度要比地表低上 17°C。另外，最好再沿着侧边筑起沙障，上达车身底盘，这样既可把风隔绝在外面，又有助于为避难所降温。

交通工具就是现成的避难所，可以随时取用，若任意弃置而前往他处，那无疑是最愚不可及的做法，由下面这个悲剧性的案例即可充分印证。1989 年，有对英国夫妇安德鲁 · 霍奇斯与珍妮 · 霍奇斯（Andrew and Jane Hughes），带着两个幼儿远赴撒哈拉沙漠的边缘突尼斯度假，有一天他们从饭店出发，打算到附近杜斯镇（Duse）的集市来个一日游。

不过他们在路上受到了重重阻碍，不是道路破损不堪，就是路标腐朽或标志不清，最后车子终于在沙地里抛锚了。他们认为该镇就在附近，于是决定立刻出发，打算徒步前往，不过在走了一个小时后，仍然什么东西都没看到，也不知道自己究竟在什么地方。这个时候，安德鲁就让妻子和孩子沿着道路回到汽车那儿，而他自己则继续前往该镇。他知道他们才刚刚在马路边经过一些贮水槽，更何况他们本身还携带了1.5 升的水。

在毒辣的高温高热下，再加上水已被喝光，安德鲁终于崩溃了，并且在沙漠的地上过了一夜。第二天清晨，一位路过的农夫救起了他，并带他回到汽车那儿，可是却只发现了空车，爱妻和孩子不知去向。屋漏偏逢连夜雨，这时又发生了另一件更不幸的事，那位农人在发生故障的车子边放下安德鲁后，便头也不回地扬长而去，使得安德鲁没多久又再度崩溃。最后，他终于被一队巡逻的突尼斯军人搭救，不过，他们却告诉他一个噩耗：他的爱妻和孩子既没出现在贮水槽那里，也未现身于坏掉汽车附近，而是在两天之内，都在无情的酷暑中因缺水以及没有待在阴凉处而死。不过，如果他们全家人至少在夜色降临前都继续待在汽车旁边的话，那么景况便完全不同了。

搭建避难所

结果为何，全赖手段而定。所以，任何需要付出劳力的避难所，都应该尽量在一大早动手，不然就得挑在黄昏之前，因为那时阳光犹在，温度最宜人，况且脱水的可能性也会保持在最小的程度。在沙漠地区搭建避难所，其关键就在于善用自己的想象力，以及随机应变的能力，有效利用所能找到的任何材料，并将其长处发挥到最大。

沙漠的避难所需要一层屋顶，保护自己免受太阳的荼毒。事实上，如果没有遮阳伞、遮阳帽、救生毯、由整块布料做成的外套、防水布，甚至是一把伞的话，那么任何人都不应该考虑冒险进入沙漠地区，而且打从一开始便应该这样，更何况如果来到一处连树叶和树枝等代替品都供应短缺的地区，那么上述对象可能就是唯一的选项了。如果可以用某些材料制作出遮阳伞或遮阳帽的话，那就不妨把它折叠成一半，因为两层的保护作用要比一层来得更为有效，其中外层可以防止阳光的直接照射，而内外两层中间的空间，亦有助于通过对流而达到散热的效果。

避难所的种类

由花草树木等植物形成

虽然这得根据沙漠地形的种类而定，但一般来说，小树和草丛可以提供一处十分有用的阴凉地方。如果可以取得足够的材料，那么单倾斜面式及 A 字形骨架的结构，应有效阻隔大地的热气，到了晚上则可御寒。

岩壁和洞穴

若是你身处于这种多岩的沙漠地形，那么岩壁和洞穴便是最完美无瑕的选择，而且也

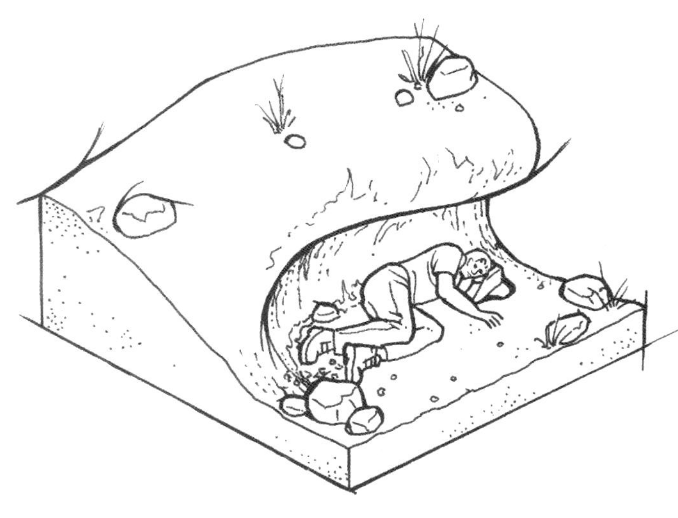

人工阴凉处

太空毯、用整块布做成的外套，或是防水布之类的人工材料，全都可以提供适度的遮蔽，抗拒毒辣的阳光。而且太空毯的表面还具有反射作用，对于减轻沙漠的闷热感，具有一流的功效。一旦陷入了困境，我们就可以把它铺在地上，然后把自己包覆在里面，但如果要保持空气的流通，便可以先把它覆盖在岩石或是草丛上。还

往往具有一定深度，足可让空气流通，并把辐射驱离岩石。不过要十分小心，因为经常会有蛇、蜘蛛、蝎子，以及各种会叮人和咬人的动物出没其间，甚至连美洲狮都可能遇到。它们和你可谓“英雄所见略同”，同样想要寻求些保护，以免在白天受到高热的荼毒。而且它们才算是“当地居民”，早在你这位不速之客大驾光临之前，它们便已经在那儿生活许久了。(顺便提醒你，在白天的高温高热下，如果蛇没有躲在阴凉处的话，那不出一个小时便必死无疑。所有动物都会像你一样，需要在阴凉的地方躲藏。)

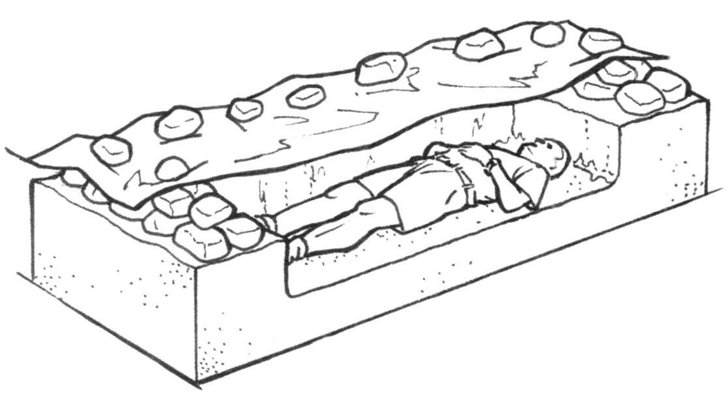

有，如果能制作两层式的“屋顶”，并且在两层之间留下60到90厘米的空间，便可大幅降低下面的温度。

地洞式避难所

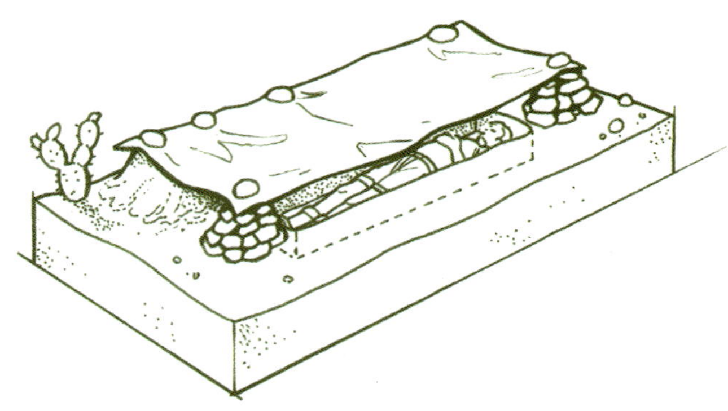

如果地面之上的任何天然物可以投射出阴影，那就不妨在产生阴影的那一侧挖掘出一个浅洞，宽度则无须超过 60 厘米。还有，我们可以废物利用，把挖掘出的材料，如土堆等，沿着地洞周围堆成一面墙以抵挡炽热的艳阳。避难所的位置宜采用南北坐向，这意味着太阳在每天由东到西的轨道上，会投射出最大程度的阴影。当然，我们也可以把防水布或太空毯覆盖在地洞上，并在四周用石头压住，进一步加强阴影的作用。如果没有太空毯或防水布，那么任何较平的石块都可以取用，并把它们放置在地洞四周，使之成为金字塔形。挖掘地洞需要耗费些时间与精力，所以较适合在一大清早或是黄昏时动手，因为这个时候阳光是最不强烈的。

我一个人奋战不懈地越过撒哈拉沙漠。

寻找水

在沙漠地区，脱水可谓头号劲敌。如果发生了脱水的情况，那么不但体液会以惊人的速度流失（在日正当中时，每小时会流失约一升），而且，找到可以仰赖的水源补充流失水分的机会，亦会大为降低。如果没有食物的话，我们可以存活几个礼拜，但在沙漠中如果缺水的话，那么由霍奇斯这一家的悲剧即可看出，能够活上两天就算是很幸运的了。我曾在犹他州的搜救队待过，在他们之间流传过这样一句警语，对于在沙漠中缺水的状况是十分深刻的描述：“12 小时内就会倒下，24 小时内就会进天堂。”因此，可别让这样的情况降临到你头上。

由于水很重，体积又过于庞大，所以任何人如果在没有机动化交通工具或骆驼的情形下，便贸然进入沙漠的话，那除非能找到其他的水源再次提供用水，否则所能携带的水量无法让你活过数天，而这也是沙漠地区何以会比其他蛮荒环境难应付的原因。换句话说，如果在沙漠地区走失的话，那么最紧急的课题便是如何找到重返文明世界的路，以及如何顺利获救，其急迫性要远超过其他蛮荒地区。

我们一定要考虑到这样的情况：在沙漠地区，温度动辄会超过 29°C。专家建议，每人每天实际摄取的水量，应至少为 4.5 升。不过，这只是指躲在阴凉处下休息时的情况，如果温度上升到 50°C以上，并且开始徒步旅行的话，那么水的消耗量便会猛然上蹿到每天至少 13.5 升。于是我们大致可以得出一个数据：在热度逼人的大白天，每小时约需要一升的水。

在正常条件（无雨、植物稀少）的大多数沙漠中，发现如此多的水量，机会可以说是微乎其微。基于这个原因，水的保存便成了迫在眉睫的最优先处理事项。另外也要牢牢记住，如果没有想清楚便慌慌张张地出去寻找水，那么几乎可以断定只有一种结果：经由出汗而流失的水分，要远大于在意外下能寻获的水量。

在沙漠地区，温度动辄会超过29℃。专家建议，每人每天实际摄取的水量，应至少为4.5升。

在沙漠地区碰到任何需要求生的状况，都必须找到遮蔽处，并把力气的运用降到最低的程度。只有在这样的情况下，才可以及时把握住任何到手的机会，让你拥有的水不至匮乏。

即使仍拥有某些水源的供应，对于是否应采取配额的做法，专家们也是各执一词，莫衷一是。不过由常识不难知道，只要仍在小便，且不管尿量有多少，即使把剩下的最后一些水一饮而尽，也是无济于事的。另一方面，如果没有多久便会因中暑而死的话，那即使保存再多的水也没有任何意义。既然这样，何不善用自己的判断力——如果已呈现十分严重的脱水状态，那就立刻喝水，不要迟疑，但如果没有的话，或许采取配额制是最好的解决办法。

即使是单纯的呼吸动作，也会使得大量的体液流失掉，因为一旦把沙漠的热空气吸入肺部之后，就会在呼气时把体内的大量水蒸气一并吐出。包括贝都因人在内的许多沙漠居民，都

像这样有河流流经的小峡谷是可以救你一命的，要学会辨识可以把你带领到水源的一些迹象或征候。

会因此把他们的嘴巴盖住，而这也是尽量用鼻子呼吸的原因。

有一个叫塔拉乌马拉（Tarahumara）的墨西哥部落，就可以仅靠着一点点的水每天奔跑80公里，之后我也现学现卖地尝试了他们所采用的那套技巧。他们是怎么办到的？很简单，他们先含着一口水，不要咽下，然后只用鼻子呼吸，这表示他们吸入的空气都不断地在进行水合作用。

这套技巧十分有效，但需要意志坚定到不能把水咽下。而且在这个时候，不妨让脑袋里浮现出甜甜圈的画面，发挥“望梅止渴”的作用而自然分泌出唾液，并不时地舔舔嘴唇。我便曾要求自己以15分钟为目标，也就是每次把水含在嘴里15分钟之后，才把它咽下去，这样可以使得整个旅程变得轻松，同时有助于维持水合作用。

小秘诀：我们可以拜骆驼为师。它们的脚十分长，会让下方的空气充分流通，因此，在白天时我们便该躺在草丛上充分休息，保持身体下方空气的流通。还有，骆驼在休息时也都会把屁股对准太阳，这样一来，投射到它们身体上的光线便会达到最少的程度。因此，你也可以有样学样，设法躲避太阳，用东西把自己遮盖起来，或是寻找阴凉的地方，把阳光的威力降至最低程度。

水的迹象

寻找水源会耗费不少时间，所以在出发之前，不妨暂停片刻，仔细察看周遭的沙漠，看看是否有水的迹象。记住，你所踏出的每一步，都会让脱水情况进一步恶化。受过训练的双眼，往往能够找出远方各种有水的迹象，而且，以知识为基础的推定，也总比盲目探寻好得多。

以下的自然征候全都称得上是良好的提示，告诉你水就在眼前，或是在附近的地表上。

植物

在处处干焦的沙漠景观中，如果突然冒出一片植物的集结地，在广袤的不毛之地上显得十分抢眼的话，那便是水要出现的迹象。虽然一堆群生的草丛、仙人掌或野草等，未必保证会有可以轻易到手的水源，但这通常表示，在地表之下的45厘米之内，会有水分的存在，至少在过去曾出现过。

动物足迹的交会处

动物也需要水，这点和人类一样，而且它们都有一种习惯，那就是会日复一日地回到相同的水源处饮水。因此，各种动物的足迹也往往会在水源处附近彼此交错，并在最后汇集成一道较大的足迹，而把我们带领到水源地。动物通常会在大清早或是黄昏时跑来饮水，所以如果在这些时间里有大群动物移动的话，也可以成为找水时很好的参考。

动物通常会在大清早或是黄昏时跑来饮水，所以如果在这些时间里有大群动物移动的话，也可以成为找水时很好的参考。

动物的粪便

动物粪便的集中地，代表动物们不时在这儿聚集，正如同动物的足迹一般。这也往往表示，水源就在附近了。

鸟类的飞翔

鸟类也在清晨和黄昏时饮水，因此如果有一群鸟从头顶飞过的话，往往就表示它们是在朝着水源的方向前进。如果家鸽和野鸽就在附近，那就几乎可以确定离水不远了，而且它们也像其他的鸟类一样，在前去喝水的路上会飞得高高的，但在回程时却会低飞。可是要记住，这样的原则并不适用于秃鹰、老鹰或猎鹰之类的食肉类禽鸟身上，它们的水分大部分来自于其猎物的肉。

我最终和外籍兵团一起完成了基本训练。

蜜蜂和大群昆虫

蜜蜂通常会停留在距离水源 800 米的范围内，而且来回水源地都是以直线飞行，因此我们要随时保持警惕，以免干扰到蜂群。除此之外，苍蝇也会逗留在水源附近，而蚊子的出现更是几乎可以代表你已发现了千辛万苦所要寻找的东西——水。

海岸的沙丘

水通常会沿着海岸线往内陆渗流，从而进入沙漠，留下一些湿地。这些湿地会容纳若干水分，虽然表层会有盐分，但却在可以容忍的范围内，要不可以在“沙漠蒸馏所”中加以蒸馏。涨潮点附近的沙丘有时候会出现些浅池，其表层的水盐分较少，可以安心饮用。

水源

水也像地球上的其他任何东西一样，会受重力作用的支配，而且不管落在何处，都会往山下流动、滴下或是渗透。基于这个理由，若是来到山谷、干涸的河床、小型的侵蚀谷、狭窄的峡谷、断崖的底部，或是岩层的底部的话，顺利寻找到水源的机会要远大于山脊的顶端或是沙丘。当某个气孔甚多的岩石带被夹在两个无气孔的岩石带之间，通常是在悬崖或露出地面的岩层基部，那就可以在沙漠中形成泉水，这些水会流经气孔甚多的岩石带，并向外滴出而成为泉水。

不管身在何处，都要目不转睛地留心观察，因为雨水会迅速被沙子或土壤吸收，不过，它们也可能会停留在多岩的地表上若干时间，积成池子。还有，如果砂岩地带的阳光被遮盖住，那么，上面的窟窿便往往有水的存在，且时间会长达数月之久。

在那些受到季节降雨或瞬间洪水支配的沙漠中，水流的路径或河道深度和宽度各不相同，虽然它们已经干涸，但在潮湿的沙地地表之下约 30 厘米深的范围之内，往往仍会含有水分。如果水道蜿蜒曲折有如蛇形一样，那么，最有机会找到水源的地方，便是弯处外侧的最低点，因为这儿是洪水涌现时水流速度最慢的地方，而且同时又是停留最久的地方，即使其他地方都已干涸，这儿仍积水未退。

我们可以把碎布或丝质大手帕浸泡在土中，再把水拧到容器中，也可以挖出一个井或太阳蒸馏器，就能从潮湿的沙地中汲取出水来。如果我们所冒险进入的地区经常有瞬间的洪水，那么目光就要机警而敏锐，随时注意天气的变化，在极端的情况下，干涸的河床有可能在数分钟之内成为凶猛的激流。我就曾听说过，瞬间袭至的洪水在短短几秒钟之内，便把 25 米深的水注入小峡谷，可见这种在猝不及防下涌至的大洪水会随时取人性命。

由于沙漠的水十分稀少，且又缺乏源源不绝的供应，很难把污秽的东西冲走，因此显得格外容易被污染。当然，这也是因为沙漠的水大都会被淤塞，且往往含有小型啮齿动物的腐烂尸体。在这种情况下，或许需要些过滤和净化的技巧，避免疾病上身以及体液进一步流失。但若是我们怀疑这么做得耗费许多体力，那么在动手之前便得慎重考虑，以免得不偿失。

天然的水源

仙人掌

仙人掌固然为水的来源之一，但其价值一般来说都受到了高估，即使世居沙漠的住民，也只把仙人掌的汁液当成求生的最后手段。在利用仙人掌之前，有个问题一定要确认清楚，那便是它们是否具有毒性，更何况它们的味道既不讨喜，又会让你呕吐个老半天。至于一定得解决的问题，便是如何从它们身上提取出汁液。不过在美国沙漠，鱼钩圆桶仙人掌却是液体的绝佳来源，可以由其汽油桶似的身形以及鱼钩状的尖刺辨识出来，它们可以在紧急状况下额外供应我们些水分。

仙人掌通常被高估为极佳饮用水来源，不过尽管如此，仍可以将它们当成最后的活命手段。

霸王树

像霸王树这类仙人掌的果实就可以捣碎成泥状，从而得到果肉里的汁液。霸王树的茎部也满是水分，但如果所含的树液甚多且呈白色的话，那就最好不要饮用，因为它们可能并非霸王树，而且有毒。另外，在墨西哥索诺拉沙漠（Sonoran Desert）低地所生长的管风琴仙人掌，也会长出香甜多汁的果实。

龙舌兰

龙舌兰栽种在欧洲热带花园里，至今已有几个世纪的历史。它长长的叶子上有尖锐的边缘，并以类似于玫瑰形构造匝绕着花柄生长，一副慵懒状，因此非常容易辨识，而水分则通常会积存在叶柄的底部。另外，美国种的龙舌兰（大型龙舌兰）则有硕大无比的茎干，高度可达十米，因此在远处就可清晰地辨识出来。通常雨水会会聚在基部，另外也可以从其茎干和树叶中搜集水分。

花草树木和根茎类植物

在全世界的沙漠地区里，许多花草树木如根茎类植物，全都是在危机中十分有价值的水分来源，包括非洲和澳大利亚的猴面包树树干、澳大利亚的针叶树树根、撒哈拉沙漠地区的葫芦嫩枝或幼苗，以及南美洲阿塔卡马沙漠的各种龙舌兰和丝兰等。在澳大利亚，有些树木包括猴面包树、沙漠木麻黄、澳洲木麻黄和白千层等，都可以用虹吸原理搜集来自于树皮下的水分。有些树木如猴面包树、异叶瓶树、金合欢及若干橡胶树等，也都可以把它们的根部切成较短的数段，然后底端朝上直立于容器之中，从而使其中的水分可以缓缓滴落下来。

小秘诀：虽然仙人掌每年仅靠少量的水即可存活，不过在沙漠地区像柽柳这样的灌木，却每天都得从地下贮水池里吸取好几加仑的水才够用。如果可以找到这些灌木，那就不妨四处搜寻留在岩石上的沉淀盐分，从而得知在过去水分蒸发的地点。这些沉淀物往往来自于某个“渗流处”，表示涓涓细流会从岩石那儿汩汩而出。我曾在莫亚布沙漠中发现一处，并利用紫葳的中空茎部为吸管，从富含矿物质的小水池中吸取新鲜的水。在几秒钟之内，这些水池便会重新注满。

大自然通常会慷慨地提供你生存的一切所需，即使在又焦又干的沙漠中也是如此。其中最典型的例子要算是三裂漆木了，它红色浆果的外表覆盖着一层含有矿物质的盐分，可以生食，也是维生素 C 的绝佳来源，有助于补充流失的矿物质。像美国沙漠地区的印第安当地居民，便会在行进时以这种植物搜集满篮的水用于烹饪，并随时补充盐分。有一个很好的现象可以判定你是否流失了盐分，那就是一旦滴落到眼睛中的汗水没有了刺痛感，就表示身体的含盐量较低，且须摄取更多的矿物质。

吉卜赛井

如果在干涸的水路附近幸运地找到了一些湿透的地表，那就可以在离淤塞的水源处稍远的地方掘个小坑，好让周遭的水流进去。如果水的颜色看起来很阴暗，那就立刻排放掉，并重新注入新的水。一些已经干涸的河床，其弯处的外侧即是挖掘的最佳地点，挖掘时不妨找最低点进行，深度则不超过 45 厘米，如果再往下挖掘，便无疑是浪费时间了。

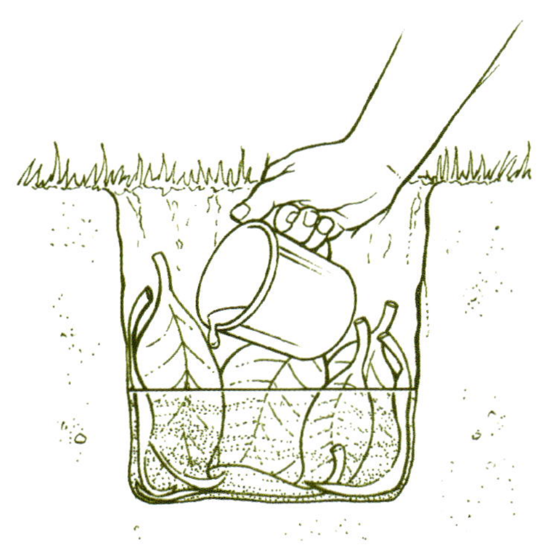

凝结出水来

纵然在最干燥的环境里，也会有水的存在，即使一直未曾看到过，但它们却是一直存在的。至少在空气中会有一些蒸汽，土壤中会有些水汽，而且在花草树木的树叶和根部亦会有若干水分。不过真正的挑战是，如何让凝结出来的水量超过经由出汗而流失的部分。

太阳或沙漠蒸馏设备

在沙漠蒸馏设备的有效性上有许多争论，其原则是先让水陷入地上的陷阱中，再用小坑和塑料把其中的水分加以凝结。这时，被单和周遭地面的温度，就会导致湿气凝结，并滴落到放在下方的容器中。

有些救生专家声称，他们能够在 24 小时内制造出多达半升的水，不过，每一样东西都得视土壤本身中的含水量而定。其实事实是这样的，只有在潮湿的河床上装设蒸馏设备，而且你有办法把水舀出来，或是把丝质手帕浸透，然后把水拧出来，这样才能每天搜集到半升的水。不过这得需要付出些力气，挖掘出蒸馏设备来，当然可以趁着晚上较凉快时施工，但最后如果只能汲取到几口水的话，那就未免划不来啦！

基于这些理由，太阳蒸馏设备最好被视为其他水源的补充管道，不然这套技术也和前述类似，只有在可取得较多水的区域才值得进行。用来过滤受到污染或是有盐味的水，如果有足够的容器和塑料，且要在某个营地待上较久的时间，那就值得安装多重过滤设备。

一旦滴落到眼睛中的汗水没有了刺痛感，就表示身体的含盐量较低，且须摄取更多的矿物质。

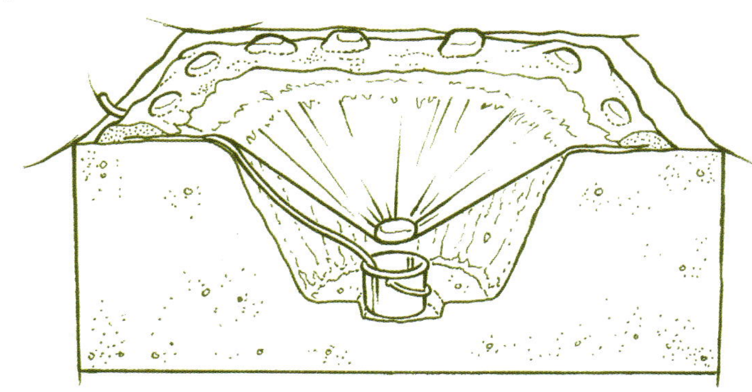

斗。最后，再用一些泥土或石块沿着坑的边缘摆放，并把塑料边缘牢牢固定住，形成一道防空气的“封条”。当然在过程中，还要确保该塑料不会接触到坑的内部，以免水流不到中间的容器中。

我们可以在土中挖出一个碗状的坑，深度为60厘米到120厘米之间，宽则在90厘米到120厘米之间。此外，还要确定坑的侧边维持在某个适当的角度，使得土壤不至于向内塌陷，并让所有的外侧周边都保持在同一高度，否则，该蒸馏设备就无法运作。接下来，还要在这坑的中央挖掘出一个较小的洞，放置盛水的容器，把水搜集起来。如果已经弄好了一个这样的蒸馏设备，就可以接上一个小管子，这表示接着可以把水吸出来，而不必非得拆掉该蒸馏设备不可。

紧接着用沙子磨塑料的一边，这样做会有助于让凝结后的水流到锅碗瓢盆中，并把拭磨后的那一侧朝下放置在坑上。然后用一块石块压在中间，使中间下陷而形成一个陡峭的漏

露珠陷阱

先挖掘出一个45厘米深的小坑，接着在坑中放满石头，并趁着太阳公公露脸之前，把

沾在石头上的露珠舔掉。这套技术改良自贝都因人的方法，贝都因人在日出前把半埋在土中的岩石翻面，这样一来，较冷的表面即可凝结出露珠。

小秘诀：要想增加蒸馏设备中所搜集到的水量，可在坑的底部堆满石头，再覆盖上附近的任何草木，例如植物的叶子、仙人掌，或是沙漠的灌木等。接着就可以注入尿液，或是任何受到污染且有必要加以过滤的水增加水量。比方说我就曾把自己的尿倒入这样的过滤设备中，增加蒸馏作业所能取得的水分，而且效果还很好呢——要学会别浪费掉自己的尿液。如果有碎布的话，那就往它上面尿吧，尿在布上，会比尿在花草树木等植物上，更能使尿液有效地蒸发。

蒸发式的蒸馏设备

在植物生长相当茂盛的地区，蒸发式（通常称为“蒸散”）蒸馏设备是十分有效的集水工具，而且在制造上要比太阳能蒸馏设备简单得多。我们要先找到一株适合的植物或树木（无毒的），再把一个袋子覆在多叶或是肉质较多的部分，并把它固定好，使得空气无法进入，同时确保袋子可接受到阳光的直射。一般来说，根部呈果肉状的植物所含的水分，要超过根部细瘦又有尖刺的植物。太阳出来后，水分从叶子的部位汲出，并搜集至袋子的底部。当我们准备享用时，不妨在袋子上刺开一个洞，就可以大口大口喝了，喝完后只要把袋子打个结，便又可以封起来。不过，留置的时间不要超过几个小时，因为这段时间一过，叶子便不再制造出水分了，即使它仍含有水分也依然如此。总之，喝干这些水，然后从头再做一遍。也可使用层式蒸馏设备，在作业上会更具效率。

要善用自己的判断——如果脱水的状况已经很严重，那就喝吧！如果没有，那么按配额饮用或许就是最佳的解决方法了。

在撒哈拉沙漠遇到一个巨大的河道，终于气喘吁吁地爬完了。

寻找食物

在沙漠里，永远都不应该把寻找食物列为首要之务，事实上，即使能够弄到食物，若没办法找到水源的话，那最好也别大快朵颐地享受。因为我们的消化过程会耗尽人体所储存的大量水分，并加速脱水的速度，尤其当所摄取的是脂肪或含盐较多的食物时，更是如此。果实、根部和树叶这些碳水化合物，通常都会含有水分；诸如肉类和坚果类等——脂肪和蛋白质则需要大量的体液才能消化。

在吃饭时，须遵守一套颇具实用价值的粗略原则：除非有半升的水配饭，否则别吃任何的食物，即使连蔬菜也不可以；还有，除非有约 1.5 升的水，否则宜避免摄取肉类。如果在采取配额的情况下出现任何脱水的状况，那就千万不要在没有水的情况下进食。

在许多沙漠地区生长的植物，其果实、根部、叶子或是茎部在食用上都是安全的，其中许多植物吃起来虽然味同嚼蜡，但仍会有价值不菲的营养。另外也要记住，所有哺乳动物的肉，及爬虫类、昆虫、蛆和鸟类等，也都是可食的，只要去头、清除内脏，并摘除任何有毒的腺体即可。

在一开始，便永远都该把植物、昆虫和蛆列为最优先的食物来源，并先以搜寻它们为主。在这之后，才考虑猎捕其他动物，摄取它们的肉，否则只会损耗大量的水分和体力，而使猎捕行动得不偿失。但有些爬行动物，如蜥蜴等，或许是此原则的例外，而且有时候可以用简易的陷阱捕捉到，甚至也可以徒手捕捉。在这种情况下，我在第 1 章中所描述的设陷阱技巧，也可以在沙漠地形中发挥其作用。

在澳大利亚内陆地区尚未开拓的沙漠中，“灌木丛食物”可算是闻名遐迩的美食，甚至和受欢迎的当地居民主食，如蚂蚁、蜥蜴、蝗虫、蛇荣登一流餐厅的食谱。还有，虽然像撒哈拉沙漠和阿塔卡马沙漠等满是沙丘、环境最为严酷的沙漠，食物的供应会陷入短缺，但是，其他沙漠却远比它们外表看起来，有更多可依赖的食物来源。

即使能够弄到食物，若没办法找到水源的话，那最好也别大快朵颐地享受。

花草树木

沙漠的植物大部分可归属为两类：第一类是一年生的植物，也就是在每年一度的雨季降临时，它们才会活出短短的一生；而另一类则为多年生的植物，它们会把水分保留在根部系统、叶子和茎部，并借此不断地进化，熬过较长的干季。在沙漠地区成长的许多树木、灌木类和花草等，都是可以食用的，但其中有许多都必须先行烹煮，因此如果缺水的话，那么它们就未必是符合实际需求的选择了。要避免食用任何有乳状树液的东西，因为几乎可以确定它们是有毒的。如果有任何存疑，那就千万不要吃下肚，不然就得进行第 4 章所描述的食物安全测试法。

棕榈

棕榈树的大部分部位都是可食的，包括果实、花、花苞及树干的肉，但几乎可以确定的是，烹煮后会改善其味道。像是可长至六米高的尼巴棕榈，在叶柄底部周围所搜集到的种子，就是可以食用的；至于在完全长大后可长至 15 米那么高的糖棕榈，也拥有可以放心食用的坚果。而在中东地区遍地可见的枣椰，亦被视为沙漠地区最奢侈的美食，它的叶子在烹煮后是可食的，果实的肉当然也是可以吃的，不但营养丰富，而且在任何生长阶段下，食用时都是安全无虞的，不管是绿色时、未熟时，或是成熟后的椰果都是如此。不过，果实里面的椰汁却只有在果实为绿色时方可饮用，果实若成熟，则汁液会呈乳状，食用后恐有腹泻的风险。

霸王树

霸王树的果实，亦被称为“金枪鱼”仙人掌。主干长有平坦的肉垫，果实围绕着它而成长，成熟时颜色会转变为明艳的红色。

我们可以用棍子把这些果实敲开，以避免被它细小的毛刺到，并把果实放在沙漠中滚动以除去尖刺，然后把果实扯裂，吸出其汁液并食用其果肉。如果只能取得未成熟的绿色果实，也是可以食用的。要想得到这种仙人掌肉的主体部分，我们可以用火烧或是去皮以取出尖锐的大刺。

管风琴仙人掌及又大又独特的柱仙人掌时常出现在描述牛仔生活的漫画中，它们也有可

食用的果实，不过，这些仙人掌只生长在美国西南方的索诺拉沙漠里。

豆科灌木

我们可以在美国的沙漠中找到某些品种的豆科灌木，其中有些会生长到九米那么高。所有

品种的豆荚都是可食的，而且还是美国印第安当地居民的最爱。它们在许多地区都长得十分茂密，能提供很好的阴凉处。

刺槐

全世界有 1 300 多种刺槐，大多数皆为澳大利亚的原生品种。它们有中等尺寸的繁茂树丛，叶子很小，烹煮后可食。另外，其根部也是水的很好来源，而种子则可以烤食。

猴面包树

柔软的果实可长达 25 厘米，树干的凸出部分鼓鼓的，绝对不至于认错，在全非洲及澳大利亚都可以发现。可生食的部位有许多，包括种子。

昆虫

昆虫通常都是绝佳的营养来源，幼虫更是如此，含有价值不菲的脂肪、蛋白质和碳水化合物等，而且其中有许多都含有大量水分，利于养分消化。不过，不要吃有毛的，或是反肤呈现黑色的蛆虫。

白蚁和蚁卵

白蚁和蚂蚁卵是所有“灌木丛美食”中，最可以依赖、营养最丰富且风味最佳的食物。我们可以用一根细枝刺入白蚁蚁丘中，并且往四周迅速地摆动，就会发现它们自然的反射动作——叮咬。而这则促使它们全都抓住那根细枝，并紧紧抱住不放，于是就提供给你一顿兼具健康与美味的大餐。另一个办法则是在白蚁蚁丘或蚁巢的顶端挖个洞，再用一个胶袋当衬里，这样一来，等到白蚁跌到里面后就可以活捉了。白蚁生食起来较具营养，虽然大家往往都说油炸后风味更佳，不过，生的白蚁却是鄙人的最爱（当菜单上只有蚂蚁时）。

木蠹蛾幼虫

这类蛆虫依靠一种刺槐——木蠹蛾灌木及其他橡胶树的含糖树液而活，它们身躯硕大，呈白色，会食用木材。它们富含蛋白质与钙质，数千年来一直是澳大利亚当地居民的主食，可以生食也可以烤烤再吃。生的蛆虫味道略甜，烹煮后味道有点像蘸了花生酱的鸡肉。它们会在已死的树木、残枝或树根中钻洞，因此，可以在这些地方找到它们。

蟋蟀看起来很可怕，有点像电影里的异形，但以每单位重量而言，它们可是蛋白质含量最丰富的虫子之一。

蝗虫和蚱蜢

经过烹煮，蝗虫和蚱蜢是可食的，它们所拥有的那层甲壳有助于保留住身体的水分，不过，在食用前一定要先拔掉头、腿和翅膀。

蟋蟀

蟋蟀习惯钻到灌木丛或岩石的后方寻找阴凉处，避开白天的酷热。不过在华灯初上时，它们会来到花草树木那儿喂饱自己的肚子。它们的噪音十分独特，可以显示出所在的位置，不过在捕捉时确定要用这样的程序：先移开旁边的石头，然后以手用力打下去。像我便以这样的方式有技巧地捕捉了好多。食用前拔掉它们的腿，以免卡到喉咙，然后即可一整只生吞下肚，连头部都不要丢掉。这些家伙看起来很可怕，有点像电影里的异形，但以每单位重量而言，它们可是蛋白质含量最丰富的虫子之一。

蝎子

从学术上来说，蝎子应该算是节肢动物而非昆虫，所以它们拥有八只腿而非六只。只要能够迅速而安全地收拾它们，并注意尾巴的那根针刺，那么其余的部分还是很可口的。处理蝎子的方法是用手指按住它尾端那个毒球的两侧，确保它的螯针不会刺到你。不过要记住，通常蝎子越小，毒液越强，所以在选择食用对象时，务必要仔细斟酌一番。

有一次我在肯尼亚，便在食用它之前进行了很慎重的考虑，看看是否需要先吃掉状似螃蟹爪子的那对钳子，以免它利用这对钳子来咬我。在几番思量后，我终于把它生吞活剥。只见我嘎吱嘎吱地大嚼起来，没想到味道竟出人意料地甜美，而且还有满满的蛋白质及其他营养，不过在处理时要小心。

哺乳动物和爬行动物

有袋动物、野山羊、野猪、野兔、蛇、蜥蜴及野牛等，全都是遍布全世界的沙漠居民。所有的爬行动物都是可食的，包括毒蛇在内，只是在食用前要先去除它的脑袋和毒腺。

蜥蜴

蜥蜴性喜日照充足的岩石地区，有时候可以徒手活捉，有时候也可以用棍子猛力敲打，或是用沉重的石头砸死。美国的印第安人会用一套很古老的捉蜥蜴技巧，你也可以现学现卖。那就是用丝兰做的绳索和一条旧鞋带制成陷阱，然后引诱它们出洞，或是用树枝深入洞中到处撩拨，逼使它们出洞，好顺利加以捕捉。不过过程中要小心，一定要避开其腺体，因为有时候它们可能有毒。还有巨蜥又肥又油，很适合烹调，白色的肉吃起来也很美味。

蛇

所有陆生的蛇都是可食的，最好在安全距离之外先用大石头丢向它的脑背，然后伺机宰杀。不过更好的做法是先用末端较平的棍子按住它的脑袋，使其无法动弹，再像刚才的方法那样，用石头把它砸死。如果你可以制住它的脑袋朝向下方，我还见过更有效的一招，那就是先抓住肛门上方的尾巴，然后以迅雷不及掩耳的速度抡起整条蛇，并甩过头顶上再猛力把它的脑袋砸向地面，这样就可以在瞬间杀掉它。

对付蛇的关键，就在于认识你所置身的地区里，到底哪些蛇是有毒的（有毒的蛇通常脑袋较大，呈三角形，而尾巴则较圆）。这个时候，就可以利用此技巧识别其他的蛇类，而它们则往往是无毒的。当然，这时你也会更有信心地追踪这些无毒蛇，找到后先把它们按在地上，然后加以宰杀。要知道一条蛇相当于一份牛排，不过在猎捕毒蛇时要特别小心。

除掉它们的脑袋时要记住，有些蛇类在被剁掉脑袋后，仍有可能咬人，那是因为它们的神经末梢这时仍十分活跃。还有，在去除内脏并烹煮其肉之前，要先沿着其肚子下方纵向地扯裂蛇皮，并顺势将其剥掉。

撇开蝎子尾巴顶端的毒囊不说，其余部分皆是可食的。

导航及行动

不管有没有地图的帮助，如何成功地导航并顺利通过所有的蛮荒地域，都算是一项重大的挑战，否则便容易迷路。我们接触过的所有荒野地区中，在沙漠中所产生的方向迷失最让人焦躁不安，因为，在这里的赌注是那么高。无论在丛林还是高山地区，我知道只要保持冷静，并恪守基本的求生法则，就一定有很大的机会顺利离开这些险境。可是在沙漠中，我却明白时间一直是和我对立的，即使找到了水，或许也不能让我长久支撑下去。因此，务必要牢记那句话："12 小时内就会倒下，24 小时内就会进天堂。"

沙漠是特别容易让人失去方向感的地方，上一刻你还自信满满，凭着地平线极远处的一个目标物，便觉得自己好像可以掌握一切似的，不但精确地知道自己位于何处，还可以把目光专注在远方的那个目标物上。不过，下一刻当同样的地标离开了我们的视线，或是又突然出现另一个类似的目标物时，就会让你非常疑惑，甚至好像觉得它正把你带往一个完全相反的方向。

毫无疑问，热度在你脑袋内外所引发的效应，也和此事大有关系。从地表一直到地表之上约三米的这段范围内，热空气可谓超级惊人，往往还会不时闪烁，并让光线折射，使得海市蜃楼的效应就此出现。而地平线上的目标物亦会忽明忽灭，或弯曲或折射，不管对着它们走了几个小时，似乎永远都无法更靠近。况且，这还是水合作用良好，没有脱水的危险，且能够把自己保护得好好的，有效对抗毒辣阳光的时候。想想看，如果脑袋这时开始乱成一团，并开始丧失对心智能力的掌控，那么事情会变得多么棘手啊！

所以要再次提醒，务必牢记下面的教训：打从一开始，就别让这种状态有酝酿的机会。到了沙漠地区，尤其得做到三思而后行，并让每一滴水以及每一分力气都花在刀刃上，这些要求要比处于其他的蛮荒地域更为殷切。

在开始了解到自己是孑然一身在沙漠中迷失后，一股恐慌感油然而生，而这也往往会导致人们就像快要溺毙了一般，哪怕只是一根稻草也会紧紧抓住不放，且为了寻找出路，更经常会作出些孤注一掷式的豪赌。还有，如果出现水洞，那就可以肯定是朝向正南方，但我们却很容易错过这些洞，要不就是它们早已枯干——或是在绝望之余，仅凭着预感来决定到底哪个方向会通往道路或是市镇，这不就是赌博吗？这种策略的不利处在于，它成功的机会相当渺茫，而且不出几个小时，太阳的热度便会让你在毫无所得下，陷入求救无门的绝境。如果决定动身，那就要挑一大早或是黄昏时再走，不然恶毒的太阳绝对不会放过你，而且这个时候更能确定自己的方位，同时也更容易看清地平线上的目标物。

从地表一直到地表之上约三米的这个范围内，热空气可谓超级惊人，而且往往还会不时闪烁，并让光线折射，使得海市蜃楼的效应就此出现。

我们在第1章中可以看到，有许多种方法可以有效地利用太阳、月亮和星星等，确认自己的位置所在。这些方法包括树枝阴影法，即利用不断移动的太阳阴影及手表上的指针，来确定自己的方位，或是利用新月找出大致的南北方向。在北半球，如果沙漠的夜空清晰可见，那么北极星便很容易找到，如撒哈拉沙漠及戈壁沙漠等莫不如此。到了南半球，比如在大多数地区都被巨大沙漠所占的澳大利亚，也可以轻易地根据南十字星座而辨识出南方。

至于另一个诀窍，便是观察丛生的桶形仙人掌（亦即罗盘仙人掌）朝着什么方向倾斜，一般来说，这些罗盘仙人掌会朝向南方成长倾斜。当然，如果只有一株仙人掌如此，那么上述原则自然不足以信赖，但如果注意到一整丛仙人掌全都朝着同一方向倾斜，那么指向南方的规律便八九不离十了。这项规律之所以可信，是因为开花的植物会向着南方成长，保护它们的花朵免受太阳高热之苦。同样，当骆驼躺下来休息时，也会把身体的末端（尾巴）对准太阳。

在沙质的沙漠区，沙丘的形状也可以确定方向，而且相当有用——假定你已经知道当地最盛行的是什么风。一般而言，上风侧通常都没有背风侧来得陡峭。

虽然在方向基点的定位上应不至于造成太大的问题，但是，在决定最佳的前进方向时却往往流于运气的成分，而非仰赖确切的判断力。以徒步的方式横越一望无际的沙漠，可谓一项大业，不管任何种类的沙漠都是如此，所以，在出发前应针对其中的利弊得失进行最仔细的权衡。

如果月亮或星辰的明亮度足够的话，有时候挑选在夜间行动也是可行的。不过一定要十分小心，要知道在沙漠地区受伤可以说是司空见惯的，有时候即使连脚踝扭伤这么微不足道的事，也意味着将断绝所有往前推进的机会。如果没什么月光，你难以看清眼前的东西，那么在夜间行动就绝对不是明智之举，不但冒着失去方向的危险，而且也无法看清楚一些危险的地形，如峡谷或侵蚀谷地等。

记住，如果只往目标物的上方看去，或是望向该目标物的一侧而非直视它的话，往往就能够清楚地看到这些目标物。这种现象之所以会发生，是因为我们眼睛视网膜外缘对光线的敏锐度，要远胜于中央的锥状感光细胞，后者只对颜色较为敏感。

在撒哈拉沙漠的高温下，在眼睛下方涂木炭可以把阳光的刺眼程度降至最低，并有助于预防因强光而导致的暂时性失明。

越过沙漠地区

越过沙漠地区的最佳方式，就是先用上面讨论过的方法确定自己的方位，然后朝你所要前往的方向大致看去，并把目光固定在地平线上的某个物体上。为了确定自己是以直线前进的，不妨边走边察看足迹，或是边走边在后面留下一堆堆的石头，这样就可以随时回过头去察看，并确定行进的路程是否正确无误。

如果你经过沙丘，盛行的强风会在这地方把沙子刮成波状的皱纹，那么就要注意行进时和沙丘所形成的角度，并在往前走时保持该角度始终不变。

要随时照顾好双脚，因为它们可是你仅有的交通工具！行进前要确定没有沙子进到靴子里。如果觉得脚磨破了皮，不论多么轻微都得立即停下脚步，然后加以调整，否则很容易迅速恶化。预防永远要比治疗简单许多。有一次我在莫亚布沙漠，由于全天候的高热，以及上上下下地在沙丘地区匍匐前进，导致双脚肿得很厉害。因此，务必要花时间照顾好脚，不时地按摩它们，在林荫下休息时，不妨把鞋子和袜子脱掉，好好放松一下。

要踏着稳健的步伐前进，每走半小时便休息几分钟，并且小口小口地啜饮你所拥有的水。来到有沙丘的地方，要沿着沙丘之间的低谷前进，否则走在沙丘上面会有举步维艰之感。

障碍

瞬间涌至的洪水

走在已呈干涸状态的河谷盆地时，要随时保持警戒，一有下雨的初步征兆，便要立刻往高处走去。洪水有可能在瞬间涌至，事先连一点警告都没有，即使附近毫无下雨的迹象，洪水都可能在一眨眼间出现。即使雨水落在 150 公里外的高地，都可能立刻找到它们的出路而涌入山谷中，并越过坚如岩石般的地面。有时候你可能会沿着小小的侵蚀谷地而行，或是在这些侵蚀谷地上休息。这个时候便要小心，小小的雨势有可能在瞬间转为滚滚洪流，并要了你的命，因此，千万别在这些容易掀起狂涛巨浪的小型侵蚀谷地里徘徊。

多石的河床要比沙质的河床更容易引发洪水，当一些植物在河床上出现，而且周遭区域都呈完全干透的状态时，通常就表示这条河有洪水泛滥的可能。

1997 年，一支由 12 人组成的观光团硬是不理会气象预报的警告，硬闯亚利桑那州的羚羊峡谷（Antelope Canyon），结果才

下到100米的地方，便全被瞬间袭至的滚滚洪流冲走了，最后只有导游生还。

流沙

全世界的沙漠都会出现流沙，有流沙就表示下方有一处看不见的水源，当沙子混合了从该水源处向上喷出的水之后，即会形成这幅景观。流沙的表面有时候会被一层干沙子覆盖，而这就是它们为什么总是难以被人发现的原因。通常流沙并不会很深，所以一般来说双脚都能探到底部。如果正处于不断下沉的危险之中，那就不妨把沙子视为一般的水（事实上它的密度要比水大），让背部浮起来，或是开始“游泳”，只是过程中要尽可能让身体保持水平。

有一次在莫亚布沙漠，我便身陷在河床上的一处流沙里，并因而明白牛在陷入流沙后何以会这么快速步入死亡。流沙的危险，在于越挣扎的话，它的吸力便越会把你往里拉。因此，千万别与它抗争，而是保留自己的体力，有技巧地操控身体，先让身体浮出表面，然后匍匐前进以脱困而出。

沙暴

由于沙漠的空气混合着各种不同的温度，因此很容易造成强风，并因而形成沙暴，有时时速可达130公里。它和雪不同的是，雪会把某个呈静止状态的物体埋掉，如我们人类等。可是，沙子却会很快地席卷而过，快得一如它的发生那么突然，所以是否会被沙所掩埋，一般来说并不是我们所关注的。简单地说，沙暴的主要危险在于当它平息后，我们会迷路，或是无法确认自己的方位。因此如果碰上了沙暴，便得在能力范围内寻找一些天然形成的保护物，并顺着风势躺下，头或脚朝向原先打算前进的方向，这样一旦风暴平息之后，就知道要继续朝哪个方向前进了。当然，过程中要用某些东西保护住双眼、脸和嘴巴，并且尽量回避它。

海市蜃楼

如果沙漠上方的空气呈高热状态，那么在光线受到高热空气的折射后，即会产生海市蜃楼的自然现象。这个时候，空气会闪烁不定，使得远方的物体，如群山等，会从地平线上升，并给人一种错觉，好像它们在突然之间比实际的距离近了许多。我们只要在离地表三米以上找到一处制高点，或是静待黄昏的到来（温度在这时候会再度下降），就可以清楚而真实地看到周遭的景观。

判定距离

在沙漠中，要想判断远方物体的距离，应是一件相当困难的事，再加上缺乏比例尺，以及不清楚热空气所导致的光线折射，就进一步加大了难度。由实际的经验可以显示出，人们总是会低估远方物体的距离。

到了沙漠地区，不妨寻找丛生的植物——通常这表示地下会有水源。

大自然的危险

> **衣服是唯一的“可携式”蔽荫物，也是抵抗热效应的第一线战士。**

在沙漠中，有许多状况都会让我们面临崩溃，包括蛇、蝎子、蜜蜂、毒蜘蛛、沙暴，以及瞬间大洪水所带来的危险等，真是不胜枚举。但是，堪称为头号杀手的，却只有热度，以及热度所产生的效应。

在沙漠地区，地面的温度有时候会上冲到65°C，使得人直接暴露在红外线和紫外线等太阳辐射线之中的时间变长，因而让皮肤及双眼受到伤害的速度加快，导致急速脱水。体内核心温度也上升到一种无法控制的程度，并进一步造成痉挛、体力枯竭、中风，最后甚至死亡。

我们已经知道，减少由直接日晒和高温所引发的脱水效应，应该被列为求生的首要目标。因此永远都得遵循如下的原则：在白天温度高得吓人时，要寻找阴凉的地方，选择一大早或是黄昏时行动；如果月光足够时，晚上行动亦无妨；还有，要抗拒任何想要脱去衣服的欲念。要知道衣服是唯一的“可携式”蔽荫物，也是抵抗热效应的第一线战士。

太阳辐射的效应

热度通常会通过来自于阳光的辐射线、来自于地面的传导作用，以及来自于空气的对流作用等渠道被我们人体吸收。如果没有适度的保护，人体便很快无法透过出汗而让自身冷却下来。在过热的环境中，人体正常的核心温度只要上升区区几摄氏度，即可能渐渐引发一系列严重的状况。

热导致的刺痛

当我们逐渐适应较热的环境时，通常这种情况便会出现。也就是说当身体突然暴露在更高温度下时，汗腺就会被堵塞，进而导致皮肤表面出现过敏和刺痛等症状。

热痉挛

如果在过热的情况下大量出汗，体内的盐分和电解质便会流失，并导致严重的肌肉痉挛。每排出半升的汗水，所流失的盐就高达两克，并会大幅降低肌肉吸收水分的能力。

低钠血症

当水的供应充足，并持续饮用大量的水，但却因为沙漠的异常高温而停止进食的话，那就会通过汗水而流失掉许多碘、钾和其他的电解质。而这种情况则有可能导致水中毒，即大家所熟知的低血钠症，其症状包括反胃、头晕目眩及浑身无力等。如果无法摄取到其他种类的盐分，还可以用舌头舔岩石或崖面背光的那侧，因为曾有含有丰富矿物质的水分在这儿蒸发。不然就像我们先前所讨论的那样，寻找三裂漆木上生长的浆果。

热衰竭

逐渐脱水和身体核心温度越来越高等，都会导致热衰竭，而其症状则包括脸色苍白、汗流不止、精疲力竭、虚弱、头晕眼花、脾气变坏，以及无法有条理地思考等。

中暑

当人体丧失其通过流汗而控制核心温度的能力时，就会产生过热的现象，最后，就会在核心温度上升到 40.5°C时，引发中暑。在极端的状况中，中暑可能会突然发生，且事先没有任何警示性的症状，这些症状包括肌肉痉挛及热衰竭等。至于中暑的症状则包括严重的头痛、在没有出汗的情况下皮肤发烫、脉搏冲到 160、眼白部分泛红、脸色火红、虚弱、疲倦、头晕眼花、打战、反胃、腹泻和呕吐。

由沙或太阳所引发的失明

这是由于太阳光反射到沙子和岩石上所引起的，情况大致类似于在寒冷地区发生的雪盲现象。如果没有太阳镜，那么最佳的防护之道就是用树皮制作临时眼睛保护装置，或是用衣服、头巾把眼睛盖住。另外，把炭涂在眼睛下方，也有助于减少光线的刺眼程度，不过为了有效达成此目标，还得随身携带从火堆所取出的炭，并且每隔几小时就要重新涂抹。

以上全属热力压迫所引起的情况，它们只有一个有效的治疗方式，那就是尽快找到阴凉处和水，并让身体缓缓地冷却下来，同时重新进行水合作用。

记住，如果你是沙漠上仅有的生存者，那么太阳便会很快影响到你的精神状态，而你也会立刻变得无法帮助自己。因此，预防永远都要胜于治疗。

蛇

沙漠地区一如丛林，毒蛇是极可能出现的危险来源，所以谨慎永远会有回报，不管脚步走在哪里，或是把手放在什么地方，都要小心为上。另外有一点也和丛林地区相同：棍子或是行走时的辅助物是十分重要的，不但可以借此随时察看前方的路径，同时更可以做行走时的支撑物。大部分的蛇类都会避开人类，只要事先听到有人走来，就会立刻三十六计走为上策，但如果突然受到惊吓，就会立刻变得十分具攻击性。在白天温度很高时，它们都会寻找阴凉的地方，所以当我们一屁股坐在草丛中，或是岩石的庇荫处时，就务必要当心。如果沿着山侧匍匐往上爬，那就要在攀登到岩架之前睁大眼睛瞧个仔细，以免有些不受欢迎的不速之客猛然出现在眼前。

一大清早起来时，应该要把前晚脱下的靴子摇一摇，并察看其他所有的衣物。千万别赤脚行走在沙漠上，不管白天还是晚上都不应该这

蛇是伪装大师，千万要小心！

样。要想了解各种蛇类的毒性，以及被咬后的处置之道，可以参阅第 4 章。

避开沙漠的蛇类是值得的

银环蛇：身体有红、黄、黑三色相间的条纹，色彩艳丽，可以在美国的沙漠及墨西哥南部发现。身长可达 60 厘米，属神经毒。

埃及眼镜蛇：埃及艳后就是以这种“凶器”自我了断的。它的毒牙很短，脑袋较小，注册商标则是眼镜蛇特有的头冠。身长可达 1.8 米，属神经毒。

死亡蝰蛇：在澳大利亚土生土长，是全世界最致命的蛇种之一，灰棕色的身躯带有阴暗的花纹，身材较宽，尾巴细瘦，属于夜行动物，白天会把自己埋起来。身长可达 90 厘米，属神经毒。

沙漠蝰蛇：世居于撒哈拉沙漠和中东地区的沙漠，以侧面穿过沙漠这种独树一帜的行动方式闻名。浑身为鲜艳的黄棕色，夹杂着暗色的斑点，而头则呈三角形。身长可达 60 厘米，属出血性毒。

蝎子和蜘蛛

在全世界 800 多种蝎子中，虽然大多数都不足以致命，但若被它叮咬到的话，还真够呛，而这只会使求生之路平添不少麻烦。所以，应竭力避免和它们接触，除非知道自己在干什么，而且准备把它吃下肚。对付蝎子要掌握一个大原则：它的钳子越大，叮咬的力道便越弱，反之则越强。蝎子大都为夜行动物，白天会隐匿在凉快的地方、潮湿处或是树荫下，所以不管在哪种地形，都该以小心谨慎的态度和它们打交道。

有一次在美国出外景时，我便巧遇一只毛茸茸的巨蝎，真是个让人印象深刻的怪兽。可是，你真正要保持警惕的，却是树皮蝎子。它个头相当娇小，全身为透明的黄色，它所注射的神经毒会让你痛不欲生，并导致呼吸困难以及肌肉痉挛。此外要记住，含有毒液的部位是蝎子的尾巴。

徒步跨越任何一种一望无际的大型沙漠，都算是一项大业，最好选在一大早天色还微暗时动身，要不就是趁着满月时在夜间行进。

在非洲的沙漠以及中东地区有一种沙漠中最要命的蝎子，这些地方的蝎子可以长到 15 厘米那么长，针刺具有强烈的神经毒，可以致人于死地，所导致的症状，包括身体痉挛、复视、眼盲，以及眼球不由自主地快速转动等。因此，清晨时分务必要察看自己的靴子，这是相当值得的措施。

至于生活在沙漠中的毒蜘蛛，则仅限于黑寡妇及提琴背蜘蛛。

美洲狮

在美国西南方的四个沙漠中，全都可以找到美洲狮（或称山狮）的踪迹。它们十分罕见，通常不会主动攻击人类，不过，还是应该小心为妙，不要误闯了它们平常用来睡觉的洞穴，或是打扰到它们猎捕小动物的水洞。最近这些年来，美洲狮攻击人类的事件层出不穷，这大概是因为它们的自然栖息地和狩猎区域已日益受到来自于人类活动的压力。

蜜蜂

虽然蜜蜂和沙漠没有多大的关联性，但在全世界某些特定的沙漠区域，如北美洲的索诺拉沙漠，蜜蜂的数量仍然十分惊人，必须要注意。如欲取得进一步的信息，敬请参阅第 4 章的内容。

在沙漠地区的生存之道

原则一：时时都要想到水

在沙漠中，脱水可谓头号公敌，因此，即使一滴水都不要任意浪费，并把寻找水源列为自己的首要任务。

原则二：用东西罩着头部

在极端热度下，脑袋和脖子会很快地吸收热气，速度一如这两个部位在冰天雪地里迅速失去热量一样。因此，始终都要用东西把这两个部位给遮盖住，不过要宽松些，不宜太紧。

原则三：找寻阴凉处

再也没有一种情况，要比直接暴露在阳光下更快地引发脱水了。因此，要寻找一个很好的隐蔽处，避开阳光，并且善用周遭的地形和叶子当遮蔽。

原则四：不要浪费体力

在白天的高热下，任何耗费体力的活动都会让你流汗，因此，除非确定会有所收获，否则千万别从事体力工作。

原则五：在一大早行动，不然就等到黄昏。

如果确定展开行动会有所帮助，而且很有信心可以找到水的话，那就要趁着一大早时出发，不然就要等到晚一些，当太阳没有那么毒辣时，或是在满月下行进。

chapter 6

海洋

自己的独木舟自己划。

美国谚语

在艺术和文学的领域中，以船难为题材的作品如同恒河沙数，像莎翁的遗作，同时也是最伟大的一出戏剧《暴风雨》（*The Tempest*），即是以船难开场；另外像19世纪英国诗人柯尔律治的《古舟子咏》（*The Rime of the Ancient Mariner*），则讲述一则鬼故事：一名幸存者登上一艘载满囚徒的船，最后全体船员遭到亡灵诅咒；而席里柯的《梅杜萨之筏》（*Raft of the Medusa*），则是一幅宏伟油画，描述船难时同类相食的惨状，震惊了19世纪的法国。

当然，还有许多古典小说都谈到了海中求生的故事，其中有些是真实的，也有些是想象的，如梅尔维尔的《白鲸记》，笛福的《鲁滨孙漂流记》，以及威廉·戈尔丁的《蝇王》等，而这份名单还在持续增加中。长久以来，人们对于在大海中迷失的那种恐怖感简直到了着魔的程度——对此有很好的理由解释。

在时下复杂的现代化科技中，你或许会认为，发生海难以及之后在大海中长途漂流的故事，都是八百年前的陈年往事，因而把那种恐怖感忘得一干二净了。尽管海难的次数在第二次世界大战期间达到最高峰后，如今已大幅减少，但是如下的事实俱在，不容置疑：每一年都会有些人从某些地方出航，认为那只是趟短暂的旅程，谁也没想到几个小时后，却发现自己竟漂流在海上，前不着村后不着店，身上带的口粮更少得可怜。

尽管现代化的科技随处可见，如紧急位置指示无线电信标（EPRIBS：Emergency Position Indicating Radio Beacons）、救生衣、全球定位系统、卫星电话、超高频无线电，以及可以从海水中制造出淡水的反渗透泵等，但问题是并非每个人都可以在需要时取得这些配备，而且意外状况很可能猝不及防地发生，因此并非每个人都能充分为此准备。

虽然安全程序在绝大多数的场合下都能发挥出良好的作用，而且绝大多数幸存者会在短短几个小时被装备一流的救生船救起，可是，永远都会有一些人没那么幸运，如孑然一身的游艇驾驶员、逃跑的难民，或是船难后在远离陆地的大海中进退不得的探险者等。这时，你或许会发现自己正陷入生存的残酷战争中，一个人孤零零地漂流在海上，安全器材、收发信号的辅助装置及救生设备等都严重不足。难怪英国特种部队再三告诫他们的士兵，最最重要的事情，就是为突发状况作好准备。

即使众望所归且最孔武有力的人，在面对无际的海洋及它百变的面容时，也会俯首称臣。赐人生命的水在这儿可谓到处都是，但就是喝不得；营养丰富的食物是那么近在咫尺，却难以捕捉上船。还有，尽管船难者声嘶力竭地求救，但其他船只依然置若罔闻，在远方的海平面上疾驶而过。总之，等待救援的时刻永远都是那么难熬，即使看得见也摸不着，而且在日复一日的等待中，被救的机会不断从手中溜走。这时，自己就像被困的囚犯，终日在一个看不见铁栏杆的超大牢房中随处漂流。

海洋的规模绝非地球上其他任何的荒野地区所能比拟，它涵盖了地球表面的3/4，充满了

划着我的小船，穿过阿拉斯加州的巨大浮冰，回到安全的处所。

高达约 13.5 亿立方千米的海水。它由五大洋组成，其中大西洋、印度洋和太平洋把这世界的主要陆地板块拆散开来，另外还有侧翼的两大洋，分别为北半球呈结冰状态的北冰洋，以及南半球的南大洋*。位于中央的前三大海洋表面的主要海流，会让温暖的海水和较冷的海水绕着全世界循环，就像超大的心脏一样，不断抽着水，进而在过程中控制全世界的气候。

海洋的规模绝非地球上其他任何的荒野地区所能比拟。

海洋的表面缺乏陆地表面的那些地标，若我们伫立在陆地上，是不可能看不到任何东西的。因此，在天空与陆地相接的那条地平线上，亦不可能是完整的 360 度圆圈，没有被一丝一毫的东西遮盖住。可是一旦孤零零地置身在船

* Southern Ocean，又名南冰洋或南极海。

上，那种海天紧紧相连且不会被任何东西遮蔽的景象，就是每天都会上演的真实场景。这时，贯穿我们心灵深处的，是那种寂寞孤独的感觉，而非对大海那种深广壮阔的礼赞，这些都远非地球上其他任何蛮荒地带所能比拟的。

发生船难时，即意味过去曾拥有过的“安全保护”已遭剥夺。不管你的身份或地位如何，在这无边无际的海洋面前，都众生一律平等。海洋是谦卑的，但也会打得你抬不起头来，至于你对这种情形的回应方式，将会决定自己的命运。

如果坚持以消极被动和宁愿束手就擒的心态面对海洋，那么求生的意志便势必面临最大的威胁。或许在本书探讨的所有环境中，在海洋中求生所需要付出的意志力，其他任何环境都无法比拟。这似乎可以解释，在这么多的求生故事中，为什么以在海洋中发生的最让人动容。这当中最为人津津乐道的，当推沙克尔顿在 1916 年的壮举：当时为了替遭搁浅的其他船员寻求援助，他曾驾着一艘无甲板的船，从象岛跨越 1 300 公里远的南极水域，来到英属南乔治亚岛（South Georgia）。

至于在海上最久的求生纪录，则长达四个半月，令人难以置信。第二次世界大战时，中国水手林鹏 (Poon Lim) 服务于英国货轮罗莽山号（Ben Lomond），船在巴西外海被德国潜水艇的鱼雷击中。虽然林鹏的装配简陋，但他却及时穿上了一件救生衣，并且在长达两个小时内，都能够一直漂浮在海上，最后才终于攀爬上一艘救生艇。而艇上的口粮包括一桶十加仑的水、一些巧克力、糖、饼干，以及一把手电筒。

2003年，我在北极之航中和其他船员一起迎向北大西洋的暴风。

在往后的 133 天里，他唯一的生机就是那股百折不挠的精神。面对大海随时会把他吞噬掉的恶劣情况，林鹏的无限巧思帮助他在这种条件下顽强生存下去，对抗令人难以置信的不利局势。换句话说，求生意志让他的想象力始终维持在活跃的状态，使得林鹏可以找到各种途径搜集到淡水，并在口粮吃完后仍能从海里获取食物。

在大字都不认得几个的情况下，他靠自己的力量运用了许许多多在本章及前面几章描述到的求生技巧。比如用帆布盖在救生衣上当防水布搜集雨水，把将口粮绑在船上的麻绳拿来当钓鱼线，用手电筒上的弹簧和船身木板上的钉子制成鱼钩。他还用装盛面包的马口铁制作成刀子，再用它来宰杀钓到的鱼，并在取出内脏后把鱼切成一条一条的，在太阳下晒成鱼干，同时利用残余的部分当鱼饵。后来，他还用从船底拖上来的海草编织出鸟巢，并顺利逮到一只海鸥。海草也被他做成钓鱼用的饵。他在宰杀海鸥后则生饮其血、生吞其肝，同时吸吮骨头以获得水分。更让人啧啧称奇的是，他还捉到一只鲨鱼，在把它拖到船上的过程中，他用帆布包裹双手，防止滚烫的绳子伤到自己。

他也像许多其他的海上幸存者一样，历经惨痛的折磨，比方说有许多的船擦身而过，也有许多飞机从头顶飞过，可是，全都未能侦察到他。后来他下定决心要去寻找陆地，而过去的经验也让这个意念变得更加坚定。最后，在历经 133 天的海上漂流后，他终于被一艘经过的船只救起。船员们判定他的状况还不错，甚至连体重都未见丝毫减轻。后来，他还和他们连续捕了三天的鱼，才被对方送往医院。

这个离奇的故事可谓绝无仅有，令人难以置信。难怪英国海军会把林鹏的事迹当研习的个案，而且在往后的数十年间，还把这些编在军方的求生手册里。

沙克尔顿爵士——一位天生的海上求生专家。

寻找避难所

在海上，生存者和他的避难所是合而为一的，虽然船只少了你后或许仍能航行，但是你若少了船只，便哪儿都去不了。当你弃船或弃飞机而攀上小艇后，或是像自传《蝴蝶》(*Papillon*)* 的英雄那样用椰子自行搭造船筏后，它便成了你仅有的避难所，直到能够发现到陆地为止。到最后，想法子抵达陆地一定是不可避免的抉择，除非在抵达那儿之前船便沉没，或是你被冻死、被太阳晒死、葬身鱼腹。这是个颇耗时间的旅程，或许需要好几个月，甚至长达数年，不过不管怎样，洋流和风到最后一定会把你抛到岸上，而唯一的关键，则是你在上岸时，能否活着庆祝这件喜事。

如果能够生存下来，很大程度上是仰赖自己的心理状态、体能状态、船筏的牢固程度，以及在灾难发生后，自己所拥有的设备和口粮。人们到底是如何在海难后生存下来的？当然我们期盼海难永远都不要发生，不过一些分析报告显示，事先的准备无疑会大幅提高生存的机会。

依据海难的性质来看，它往往来得极快，让我们防不胜防。一个叫史蒂夫·卡拉汉(Steve Callahan)的人曾在大西洋漂流了3 200公里，前后长达76天，后来就把自己的悲惨故事写成了一本书，书名为《漂流记》(*Adrift*)。在书里他曾描述自己是如何在追求生存的过程中，变成一个“水中的山顶洞人”。原本他打算独自一人完成横越大西洋的壮举，不过游艇很不幸和一只鲸鱼相撞，结果在几秒钟之内，游艇便开始下沉。

我一个人孤零零地置身于南太平洋的一个小岛上，苦思着逃亡计划。

* 法国人昂利·沙里叶(Henri Charriere)因为被诬告谋杀而被判终生监禁，并于第一次世界大战后被关在法属圭亚那群岛上。他在胸前刺了一只蝴蝶表达追求自由的意志，他一次又一次地越狱，虽然都被抓回，但仍屡败屡战，最后终于在垂垂老矣时成功逃脱。好莱坞还根据其自传拍成《恶魔岛》(*Papillon*)一片。

虽然他差一点就惨遭灭顶之灾，但还是设法找回了救生袋。那一幕还真让人胆战心惊，在船开始下沉时，他起初还无法切开绳子取出救生袋，所幸后来有惊无险。

在登上救生艇后他发现，艇上的食物和饮水足以支撑两个礼拜，可是他心里明白，要花上大约三个月的时间，才能靠着来自于撒哈拉沙漠的信风把自己吹到加勒比海。这时，他更发现救生袋里空无一物，再加上本身又无法借助于蒸馏设备生产淡水，也没有钓鱼线和标枪去抓鱼，几乎是必死无疑的形势。

不过也有许多其他的案例显示，如果人们确实遵循安全处理程序，再加上如果船员在事先对安全设备十分熟悉，平时把它们维护得很好，并且在紧急事故发生时又很容易把它们配置妥当，这些人应该是可以存活的，可是，实际上他们却枉死海上。有时候，安全设备的制造商在设计产品时，也未能考虑到遇难者在生死存亡的关头，可能出现的精神状态和体能状态。比方说指导手册往往过于复杂，让人不知道如何遵循，或是必要的处理行动对于手指已冻僵的遇难者来说，根本不具任何意义。

当船沉没时（就在这一刻，你会从半夜中猛然惊醒，发现冰冻的海水已涌入船舱），每一个必须执行的动作，都得立刻贯彻实施，根本无暇进行任何的思考。如果还需要些时间搜肠刮肚，然后才开始想起来各样的东西都放在什么地方，以及是否真的需要把它们带在身边的话，说不定自己早就已经在生死边缘上挣扎了，甚至还没想起来便已经枉死。

登上一条救生艇，并且面临海上求生的局面时，所有海上求生的八字诀便应该在此时铭刻于心中，即“割断、顺流、挨近、维持”。所谓“割断”，是指将救生艇系在船只上的那根绳子及时砍断，以免救生艇随着那艘不幸的船只一同沉入海底。“顺流”，即是顺着海锚而流动，这样会有助于维持稳定度，并保持在沉船的附近，好让搜救人员可以找寻到你的位置。“挨近”，即是紧靠在顶篷的入口，在获得温暖的同时，还可以保护好自己免受大海、雨水、寒冷及艳阳的侵袭。至于“维持”，则是指把救生艇、设备、口粮、卫生和士气等，均维持在最佳的状态，把能力发挥到极致。

当船沉没时，每一个必须执行的动作，都得立刻贯彻实施，根本无暇进行任何的思考。

要想登上陆地，就必须在改善自己的海上避难所上多下功夫。在海上漂流时，这是可以让自己所拥有的东西发挥出最大效率的唯一途径，除此之外，再也没有一样事物是自己可以使上力的。当难民为了逃离战争或经济崩溃的乱局，驾着不堪远航的破烂船只奔向大海时，他们往往都是在仓促之中启程的，甚至连最基本的准备都没有，结果自然是付出最大的代价——失去生命。

当你发现自己正孑然一身置于船筏的那一刻，就该抛出海锚，或用一个水桶或任何大型容器，马上制作出一个类似的东西，然后放在海流中拖曳。这样可以使船筏始终停留在海难发生地点的附近，并使搜救人员能够及时发现你。当然，此时若能发射无线电求救信号的话，一定会让拯救行动更便捷。此外，海锚亦有助于让船筏维持固定的航向，不至于受到风和浪的影响。船在翻覆之前，第一步往往就是船体被浪打得偏向一侧，因此务必要在浪潮变得更加汹涌之前，先一步安置好海锚，让桨可以在海中发挥出作用。

如果艳阳高照的话，那就一直待在可以抵挡阳光的顶篷之下，减少脱水的程度。如果风雨交加，那就不妨在船筏上配置任何可以遮盖的东西，并确保漏水的程度降至最低。要尽量保持甲板的干燥，为了加强隔绝效果，可以把帆布或防水布盖在甲板上。还有，除非意外事件是发生在热带地区，否则一旦我们克服遭水淹或受到伤害的初步危险，那么最大的杀手显然便是寒冷，其次则为脱水和缺少食物。

接下来，便是在心中列出所有可以任由自己支配的设备和口粮，并拟妥一份口粮配给计划，尽量把配给量减少，以最低的水准勉强维持生活所需，这样才可以把日子尽可能拖久一点。还有，我们可以在露天下铺好防水布，搜集雨水使用，并赶造一些钓鱼装置。没错！要想在海中捕获些战利品，的确是对耐心的考验，但此刻正是开始付诸行动的时刻，因为我们还需要很多很多的时间进行练习。

要持续不断地检查救生艇，看看充的气是否足够，并确保其浮力依旧稳定，但又不可过紧。记住！筏体遇热时里面的空气会膨胀，不过到了夜晚天冷时，就会收缩。还有，注意所有可能会磨破筏体，以及可能在日后导致漏气的任何东西。如果有，就要现在固定它们，否则日后才注意的话，可能就来不及了。“及时补漏，事半功倍”（A stitch in time saves nine）永远是句颠扑不破的至理名言，再也没有其他任何一句话要比它更宝贵的了。

要持续不断地检查救生艇：注意所有可能会磨破筏体，以及可能在日后导致漏气的任何东西。“及时补漏，事半功倍。”

躲避暴风雨的避难所……

海上求生者要做好保护自己的工作，防止暴露在风雨之中，这应该是一场持续不辍的战争。虽然其成效大都视船上所配置的设备而定，不过不少案例都显示出，虽然许多人都可以在沉船时逃过一劫，但后来却因为没做足可以自我保护的工作而葬身水底，可见漫不经心和懒散往往是可以致命的。在身体变冷后才想办法取得温暖，永远都要比在一开始就保持温暖困难得多。

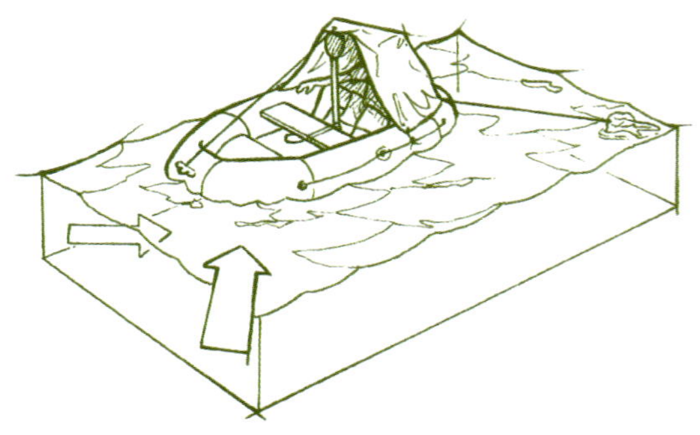

小秘诀：你可以让海锚与风保持于某个角度，好把船的方位摆正，这样就可以赶上让人凉快的微风。

冷

在海上的意外事故中，溺水后温度过低往往是致死的主要原因。不论是温带抑或极地，都可能因为身体一直被浸湿，而使得寒冷成为难以摆脱的困扰。如果有救生衣的话，就应该一直穿在身上，一定要避免让身体持续浸泡在冷水之中。还有，要尽快离开海水，即使在水里一直跳动也无济于事，因为一旦太阳西沉，大地为黑夜所掌控时，海水就会变得更冷。通常在船筏的底部是十分寒冷的，因此，应该尽量与之隔绝，就像陆地上的避难所一样，要将自己与地面隔绝。我们可以立即制造出有效的保护物，抵御潮湿和寒冷，而垃圾袋则是十分有效的材料。

太阳

要在自己的能力范围内尽可能地保护好自己，防范太阳的毒害，否则日晒会带来严重的脱水现象，并导致因此而生的水疱生脓溃烂。大多数的现代船筏都有顶篷，因此应该以它做避难所并躲在下面，不过要确定有足够的空气流通其间。如果没有顶篷，便可以利用防水布或是船帆赶造出一些保护物。如果有帽子，就把它戴起来，或是把浸过海水的衣服盖在头上和脖子上。海水所反射的刺目阳光有可能会带来伤害，尤其像双眼以及下巴这些部位，更容易受到晒伤或被擦破皮。如果有必要，可以当场制作些保护物，如把一条布料包覆在双眼周围，并留一条细缝好让你看清东西。我们可以把鱼的肝脏放在太阳下晒干，制作鱼肝油，或是搜集由肝脏汩汩流出的油脂，这些都是相当有效的防晒乳液。此外，包括鸟类的油脂或脂肪在内的任何形态的油脂或脂肪都有助于皮肤的保湿，并能提供若干保护作用，阻挡太阳和盐分对我们的伤害。

盐

长期浸泡在盐水中，会对我们的肌肤造成严重的伤害，并迅速导致溃烂和脓肿，进而很容易肿胀，同时导致感染。还有，由压力引发的疼痛会像褥疮一样难受。在操舟时如果压力一直局限于某些容易受到伤害的部位，难以转换位置消除这些压力，问题便会日益恶化。手部、肘部和屁股等，都是特别敏感的部位，务必要小心。另外，盐水会吸走皮肤表面的天然润肤霜，并加速其恶化，所以只要下起雨来，就要立刻把身体及衣服上的盐分洗掉。

暴风雨

在阴沉的天气来到时，要确定拉下所有的船帆替代品，并安置好海锚。如果海浪从身后打来（顺风在海中航行），就要机动地操控海锚，使得舱门远离波浪，并避免在船上受波浪冲打。这时要坐在最接近风的那一侧，保持船身的稳固，同时在船上也要始终把身子放低，保持重心在下。如果觉得船筏快要被掀翻了，那就把气放掉一些，这样会使得它软起来，并能在吃水较深的情况下航行，如此一来，就不容易翻覆了。不过，也千万不可做过头了，以免把宝贵的气体多放掉。

寻找水

不管是在真实事件抑或文学创作中，海难的幸存者似乎都千篇一律地描述过一件充满苦涩和讽刺的事：尽管他们四周全部被水包围，可是，却连一滴可喝的水都没有。从实用的角度来看，丰足的海洋和干焦的沙漠并没什么两样。

如果全身上下完好无缺地到达一艘救生艇，那么你的念头就会立刻转到水上面。由于水的重量惊人，体积又庞大，所以要想在救生艇上储存大量的水，是完全不可行的。在这种情况下，我们往往会退而求其次地在救生艇上配备一些其他的东西，如太阳能蒸馏设备，或是反渗透泵。通常这些设备体积较小，且经过良好的设计，相

在南极大陆，你必须安然克服全球两大蛮荒地——海洋和冰。

较之下，我们在第 5 章中描述的太阳能蒸馏设备，也是运用相同的液化原理。总之，无论是携带或是自行制作，这些蒸馏设备越多越好。

水的储存

正如同其他每一种荒野地形一样，储存水的重要性毋庸置疑，无论人体内还是人体外都是如此。如要维持良好的水合作用，每天就至少得喝下一升水。不过也有资料显示，就短期间而言，温带地区的求生者每天仅需要 60 毫升到 70 毫升的水量即可，也就是介于 1/4 杯水和半杯水之间。

即使拥有太阳能蒸馏设备，而且又有足够的能力搜集到雨水，仍有必要在船上实施水的配给计划。毕竟你还不知道，到底要多久才会获救或是抵达陆地，因此，这算是一种聪明的预防性措施。不管面临哪一种严酷的生存考验，如果水合作用依然良好的话，通常也都应该从第一天开始，便严格限制水的耗用。身体必须立刻适应缺水的状况，更何况即使喝下过多的水，到最后也不过会随着尿液一同流失。

我们应该把每一滴水都视为黄金一般，充分运用自己所拥有的每一个容器来搜集水分，哪怕只是一个垃圾袋，也要充分加以利用，然后把它们全都密封好，再牢系在船身上。如果水的供应渐趋稳定，那就要轮流使用那些容器，并且先喝储存最久的水。

此外，还要采取每一项可能的预防性措施，好让这些水不受到海水的污染。此外，确定在喝水时，要先漱口，并把嘴唇沾湿，然后再把水咽下肚，这样会有助于保持嘴巴和喉咙的湿润，并消除严重口渴的症状。在白天热度升高时，要留在遮阳篷下，如果流汗过多，就用海水浸湿衣服，这样会让身体凉快不少。只是要记住，唯有在热得让人受不了时，才应该用到这招，否则皮肤会因为海水中的盐分而溃烂，并进而导致其他让人不舒服的副作用。其实，最好是用尿液来浸湿衣物，因为尿液对皮肤而言，作用就有如防腐剂一般。

我们应该把每一滴水都视为黄金一般，充分运用自己所拥有的每一个容器来搜集水分，哪怕只是一个垃圾袋，也要充分加以利用。

下水沿着船筏四周游游泳，好让身体冷却下来，也是个不错的选择。不过，过程中要十分小心，如果没有把自己绑在船筏上，就不要动这个主意，同时还要仔细注意周遭动态，以免有鲨鱼前来。有一次我曾跳到小船外面，想要好好地凉快一下，不料立刻就被一只将近 5 米的虎鲨盯上了！其实许多死亡事故，都是由于人们在跃入海中打算清凉一番时，船只被风或洋流冲走所致。一般来说，船的漂流速度，要比人类的游泳速度还快，至于洋流的速度则更是有过之而无不及。因此务必要小心！避免去冒没有必要的风险，并且永远都要在跳下水之前，先察看一番四周的海水。

晕船是个警告

虽然晕船的问题会在本章稍后讨论海上危险时加以剖析，就像一般正常的处理程序一样，

最后，我们终于完成了跨越北大西洋的长征。

但是，由于它和脱水的情况大有关系，而且重要性无与伦比，因此有必要先探讨一番。这是一种极为难熬的磨难，没有一个人可以避免，其症状易于辨认：汗水流到眉毛附近对会产生刺痛的感觉，接着感到头晕目眩、反胃，并且你会突然发现，自己连走到船边的力气都没有了。

任何人置身于海上的狂涛巨浪中，都会面临晕船的危险，就像登山客爬到很高的山上后，会发生高山症一般。晕船其实是感觉器官暂时处于混乱中所导致的，因为一旦到了海上，每一样东西都会移动，而在正常的三维空间下，用来定位的感官就容易陷入混乱。我们的眼睛、内耳中的液体，以及骨头里的“侦测器”等，通常都可以借由找出像是地面或海平面等呈静态的表面，而意识到旋转和摇晃。不过当这些东西也在动时，上述感官便无法由静态的静止点而确定自己的方位，在这种情况下，反射动作便是呕吐。

一般来说，晕船是我们可以忍受的，甚至到最后我们还会适应并接受。如果在某一段时间里一直晕船的话，那么一旦痛苦结束后，还会觉得挺不错的，可是，如果独自置身于一条船筏中，那可就不好玩了！不仅会有不舒服的感觉，接下来还会觉得恶心，而这只是最轻微的症状而已。胃里的呕吐物虽然不太可能会吸引鲨鱼前来，不过，真正的风险却在于，宝贵的体液和盐分会因此而流失许多，日后也无法轻易补充，而且当水成为珍贵而稀罕的东西时，这就成了一个十分严重的问题。

大部分的船筏都配置了克服晕船的药丸，当晕船的第一个征兆，也就是那种恶心的感觉涌上心头时，就要立刻服下。这个时候，目光不妨一直放在远方的海天交会处，这可以让你意识到，至少还有一个稳定的目标好让自己专注地凝视着。不然的话，也可以仿照针灸的那套技巧，施压于手腕的中心，这样会刺激手臂上的神经，并帮助头脑忽略掉从其他地方接收来的矛盾信息。

有一次我在格陵兰出游，曾遭到这辈子碰过的最严重的暴风雪之一。在出行前一位当地的老渔夫就告诉我，晕船可以分为两个阶段：第一个阶段是反胃的感觉涌现，此刻，你会觉得好像马上就要死翘翘了；而第二个阶段，则是反胃又恶心的感觉严重到你反而希望一死了之。当时我是一笑置之，丝毫没把这话放在心上，直到出发后航行了 800 公里，也就是到了北极圈的边缘时，才惊觉老渔夫的话丝毫不假。当时正面临九级的暴风，温度在 0°C以下，再加上我们所搭的又是无甲板的小船，因此大伙儿全都吐得满地。真的，当时的生存机会可谓微乎其微，而这就是我们所面临的现实状况，不过，那又是另外一篇故事了。

晕船的第一个阶段是反胃的感觉涌现，此刻，你会觉得好像马上就要死翘翘了；而第二个阶段，则是反胃又恶心的感觉严重到你反而希望一死了之。

收集饮用水

雨水

要想让搜集雨水的工作更具成效，关键就在于周详地进行准备。平时要经常仰观天空，如果云层发生有利的变化，那就立刻取出手上所拥有的东西，不管是防水布、被单或帆布皆可，然后摊开成碗状，并尽可能让它的表面积最大，然后放置整个晚上。如果在半夜里摸黑或是匆忙做这些事的话，一定会事倍功半，而且雨水往往也会随着风一起降临，在波浪越堆越高之际，就很难让这些盛水的工具保持静止。

露水

即使到了海上，清晨时依然会形成露水，而且往往也值得我们花费心力努力搜集。即使天空没有要下雨的迹象，也可以在入夜前铺好一张防水布，然后留置一整个晚上。

太阳能蒸馏设备

如果救生艇上储备了一个或多个太阳能蒸馏设备，那就可以抽空详阅其操作说明书，因为，这类设备往往有许多不同的设计，如果遭遇海难而在海上漂流时，就得立刻把它们安置妥当。它们通常是利用空气而膨胀的，而且呈球状或是圆锥状，不过，只有在风平浪静的海上，它们才会发挥出功效。通常沿着蒸馏设备的边缘会拉出一层黑布，当黑布遇到太阳而受热时，从黑布蒸发的水滴便会在边缘凝结，并滴落到下方的贮水桶加以搜集。不过，它们通常无法搜集到足可依赖的水量，也就是每天 0.5 升左右，除非运气真是特别好。

如果手边有适合的材料，也可以根据第 5 章所描述的设计原理，自行组装成一套太阳能蒸馏设备。不过，要在较大型容器的底部放置一个杯子，加重量在它上面，并且在四周放上手边所有的吸水性材料，然后在较大型容器内注入约 2.5 厘米深的海水，让这些海水围绕在杯子四周。最后，再把一张塑胶布盖在容器的外缘，使得中央处因重量而下沉，并让塑料布跨过杯子而呈漏斗状。只要把这套设备留置在大太阳下，蒸发后的海水便会凝结，并滴落到杯子中。不过，只有在平静无波的天气里，这样的构造才会发挥出作用。

反渗透泵

如何为海难的幸存者提供足够的淡水，在过去一直是有待克服的问题，不过自从有了反渗透泵这样的设备后，这问题才总算有了突破。它们会在高压下抽出海水，使其穿过一层薄膜，把盐分滤掉。不过一旦面临生死存亡的关头，就不应该过度倚赖它，或是把它当成淡水的唯一供应来源。

鱼和海龟

鱼类的脊骨和眼睛是很好的液体来源，我们不妨把脊骨切成两半，吸吮里面的汁液，或是把鱼包在一件衣服里，然后又搓又拧，好像要把它扭断似的，从而取得脊骨里的汁液。至于鱼眼部分，我的习惯是把它整个吞下肚，这样，就不必品尝里面的味道如何了。此外，鱼的血也是适合饮用的，但应该在杀完鱼后立刻一饮而尽，否则极容易腐败。而海龟的血中有很多盐分，一如我们人类的血液一样，同时又是液体的绝佳来源，只要割开海龟的喉咙，便可以轻易搜集到龟血。

会产生再水合作用的灌肠剂

上帝在创造人类时，便设计出直肠来吸收水分，因此，灌肠剂便是使人体进行再水合作用的一种有效途径。如果某些水被脏东西或是船筏的塑料残渣所污染，而且又无法净化其水质的话，我们就可以透过灌肠剂而获得再水合作用所带来的好处。透过直肠摄取水分，即意味有可能受到污染的水不至于经过胃部，像道格 · 罗伯森和琳恩 · 罗伯森（Dougal and Lynn Robertson）夫妻，便运用这套方法而产生极佳的成效。1972 年，他们夫妻偕同三个儿子，以及一些朋友的孩子，一同出海到加拉帕哥斯群岛（Galapagos Islands）的西侧海域游玩，结果他们的帆船被一只虎鲸攻击而沉没，一行人便乘着一艘救生艇漂流到海上，这时，灌肠剂便发挥出效用。

在灌肠之前要先以鱼油或脂肪把装灌肠剂的管子润滑一番，然后插入肛门内，不可超过八厘米深，再注入约半升的水，并趴着躺下约十分钟，每天重复这样的程序两次。

喝海水的危险

不喝海水需要钢铁般的意志，必须不惜一切代价，避免喝到海水。翻遍整个历史可以发现，在海上遭遇船难的人到最后都会日益虚弱，并且会试着喝下海水，这么做只会导致幻觉和精神错乱，进而发疯。有些人一开始只是用海水漱漱他们的嘴巴，不过，残留的盐分却无情地让口渴的程度加剧，并无可避免地诱惑你大口吞下海水。海水实际上也是有毒性的，因为它所含的盐分在浓度上是人血的三倍，并会无可避免地导致肾衰竭。

有若干案例显示，若是把少量的尿液或海水连同大量的淡水一起喝下的话，长期而言并不会产生什么不良效应。不过，只有当淡水的供应十分稳定且可信赖，可以借由大量的淡水稀释盐分或尿液时，这样的情形才告成立。

> **海水实际上也是有毒性的，因为它所含的盐分在浓度上是人血的三倍，并会无可避免地导致肾衰竭。**

如果淡水的供应不够丰沛，就千万不要采用这套方法，而是要发挥巧思和创意，如钓鱼、自行制作蒸馏设备，以及搜集雨水和露珠。总之，千万不要喝海水。

脱水情况最严重时，就会导致体液进一步枯竭，进而让你更加绝望。只要喝下海水，它所含的高浓缩盐分便会让流通于细胞之间的液体量大为降低，进而导致精神失常，并带来自暴自弃的绝望心情。

这就是为什么到最后人类会彼此相食的原因——发疯和绝望。这时你的身体不需肉类，而需大量水分。在《白鲸记》的传说背后，有一个真实的故事：据报道，那艘船在海上漂流许久后，终于被人寻获，当时只剩下最后两名生存者，但却都陷入精神错乱的状态，进而大打出手。人生若走到这一步的话，真是够悲哀的。

喝海水：虽然奇怪，但却是真实的

直到现在，仍有一些争论一直在生饮海水这个主题上打转，而这些争论的焦点，则都集中在法国人阿兰·邦巴尔（Alain Bombard）的那次航行上。1951 年，他曾在没有食物和饮水的情况下，随兴地乘着一艘船筏横越大西洋，在头七天里，他滴水未进，只喝些少量的海水，后来终于能找到一些鱼和雨水，于是就以这些水分代替。在经过 65 天的海上航行后，他终于抵达巴巴多斯（Barbados）*，不过，体重几乎掉了一半，除了患有痢疾外，皮肤上也长了许多疙瘩，脚指甲也脱落掉了，还好小命犹在。

虽然邦巴尔的尝试算得上是一则令人悠然神往的故事，让我们见识到一个大无畏的勇士勇于挑战的雄心，但是，他的事迹却经不起严谨的科学分析。邦巴尔并没有记录下他到底喝了多少数量的海水和淡水，更何况在航行的途中，

* 位于西印度群岛的东端

他曾两次被经过那儿的船只“救起”，不但能饱餐一顿，还几乎可以确定他饮用了一些淡水，可是，他却对这些事实轻描淡写地一笔带过。

喝海水的后遗症乃是既定的事实，不容狡辩：喝下海水后虽然不至于立刻见阎罗王，但生命却会危在旦夕，即使没有先发疯，肾脏缺少淡水的状况也会让你挺不了一个礼拜。

小秘诀：如果碰到了狂风巨浪，即使有紧急救援也往往无济于事，因此千万别高兴得太早。有时候救援人员根本找不到你，或是转瞬间就与你失去接触。在这种情况下，或许还得在海上经历许多天痛苦的日子，才能最终被人搭救。在真正登上拯救你的船只之后，再庆祝也不迟。

在逃出无人岛时，汹涌的波涛往往是第一个障碍。

寻找食物

刚才曾提到过，在发生船难后往往会发现，四周虽全是一片浩浩荡荡、横无际涯的水域，但却一滴都喝不得。其实除此之外，还有另一项既充满讽刺又颇折磨人的事实：海洋里的食物虽然十分富饶，但通常看得到却吃不着。至少已有充分的证据证明，海难的幸存者想把鱼从深海中拖上来，但这往往要比他们想象中困难许多。不过各位也别因此而灰心丧气，比方说船筏底部的海草和藤壶就会慢慢滋长，凭这些不就可以开创出一个小小的生态系统，进而吸引到大得足以满足自己口腹之欲的鱼类吗？在这种情况下，找到食物的机会自然会越来越大。过去的英国海军会让水手们吃下石灰，以免在海上的长途航行中染上坏血病，不过，这样的日子已一去不返了，更何况坏血病至少需要三个月的时间“培养”，因此，你无须为这种事而担心。在保持人体健康所需的维生素中，绝大多数都可以在鱼的身上找到，另外像是蛋白质、维生素 A 和维生素 D 等，也存在于鱼肉中，而维生素 B_1 和维生素 B_2，则可以在鱼肝中发现。

到底要不要吃？

如果水源是不可靠的，那除非有足够的水来消化食物，否则吃任何东西都是不明智的做法。比方说存在于鱼、海龟、鸟类或海草身上的蛋白质，便比碳水化合物需要更多的水才能消化，但是在从海里所取得的食物中，偏偏又大都以这些蛋白质为主。有鉴于此，如果在口粮中有任何碳水化合物的东西，那最好先吃这些食物，因为我们只需要较少量的水，便能消化这些它们。

几乎可以确定的是，你会先耗尽船上的口粮，因此，如何在没有专业钓鱼设备下在船筏上抓到鱼，无疑成为一项严酷的挑战。

在海上钓取食物

如果船筏可以用，就一定可以在上面找到些有用的东西，而且只要稍加改良，就可制作成钓鱼装置，这几乎是可以确定的，而唯一的变数，则是求生者自身的发明才能。比方说钓鱼线可以用鞋带、衣服上的捻线、船帆或是防水布制成，鱼钩可以用金属、塑料、鱼骨头或

月光如果投射到水中，便会有助于你吸引到鱼儿。

是安全钉制成。还有，若把刀身绑在桨的尾端，即可制成鱼叉。

在使用诱饵之前，必须要先抓到些东西才可以，因此在一开始时，就要使用船筏上所能找到的任何饵食。只要捕获到什么东西的话，那你又生龙活虎了，不过得先留下一些当诱饵，增加自己的机会。

鱼会被灯光所吸引而聚焦于光点，所以夜间便往往成了捕鱼的黄金时刻，尤其在满月下更是如此。如果有面镜子或是会反射的表面，那就可以利用它们把月光反射到海上，另外像是手电筒之类的人造光源，也可以吸引众多的鱼群前来。到了白天就完全相反了，这时鱼会喜欢待在阴凉的地方，因此，不妨把钓鱼线放在有阴影的船侧。此外还要记住，光照在水中会产生折射作用，所以如果能够对准真正的目标而非鱼的表象，那么用矛枪（如果有一支的话）叉到鱼的机会便会大增。当史蒂夫·卡拉汉在大西洋上漂流时，便几乎虚耗了两个礼拜的时间，才成功地叉到一尾鱼，到最后他也明白到一件事：如果对准的鱼儿在船的正下方，那就等于垂直地往下方瞄准，在这样的情况下，无论距离还是折射的程度都会趋于最少，而且其目标也会更趋于真实。

鱼会被灯光所吸引而聚焦于光点，所以夜间便往往成了捕鱼的黄金时刻，尤其在满月下更是如此。

如果抓到鱼但却苦无烹调设备，那就不妨当成生鱼片吃。我在抓到鱼后，便经常这样享用大餐，更何况这还是最新鲜的食用方式。

过去在西方，生吃鱼还一度被视为另类做法，不过自从这种来自于日本的佳肴引进到西方世界后，大家的看法便完全改变了。如果没有烹调设备，能否生存下去就依赖这些生鱼？我怀疑那些洁癖是否还会留驻在你脑海中。虽然生活在暗礁中的鱼类可能含毒，但只要是在深海中所捕获的鱼，就应该不至于构成问题。

当鱼线收紧时

鱼线收紧大概是每一个钓鱼者的梦想，但对于在海上遭逢船难的幸存者来说，这又格外具有意义。一旦鱼线拉紧了，那不论对你还是对那条倒霉的鱼来说，都是一场恶斗的开始，看看海明威的著作便不难明白。* 这本书描述了一个老渔夫在一条马林鱼上钩后，与它缠斗了数天数夜，其间只吃了几块生鱼片，最后终于把它顺利抓到，不料却在返航期间被鲨鱼啃食殆尽。所以，如果要把目光锁定在这场世纪大决斗的话，就千万别忘了钓鱼线可能带给船筏以及双手的伤害，要知道这两样东西在你的求生之路上，都是重中之重。如果还是非这么做不可的话，那就要用些帆布保护你的双手和船只。

鱼钩的锐利处

我们一定会把鱼钩设计得十分锐利，因此可别忘了，它不但会对鱼儿构成伤害，也会对你本人及船只构成潜在的伤害。过程中务必要注意双手，千万不要被鱼钩刺到，以免破坏了自己的回家之路。当然，在用矛枪叉鱼时也应如此。

---

* 指《老人与海》（*The old man and the sea*）。

成群的鱼儿上钩

任何一个曾经把一条满是鱼钩的线抛到一群鱼之间的人都会明白，那种群鱼上钩的感觉是多么美妙：在鱼儿大咬下，船下会出现疯狂的骚动，不出几秒钟的时间，每个鱼钩上便都会附着一条鱼。接着，那条线几乎要从水中一跃而出……如果看到群鱼接近，就得立刻把鱼线抛入海中。

小就是美

我们曾提过，林鹏的鱼钩还钓上过一条鲨鱼。尽管有此案例，但如果你的鱼钩碰巧也钓上一条大鱼的话，那最好立刻把线剪断。如果这条大鱼挨近船筏，便有可能弄沉它。而且即使顺利把这条大鱼捕获，你也根本无计可施，除非能够以最快的时间把它烘干，不然用不了半天便会腐烂。

生活在暗礁的鱼类及它们的雪卡毒素

任何鱼类只要外观可疑，就不要把它们吃下肚，尤其在热带地区接近陆地的海域，更要特别当心。因为优游于暗礁的鱼类是吃不得的，它们当中有许多都是有毒的，会携带一种雪卡毒素，而它的毒性则会累积在鱼的身体中。身体长有倒立的“铁钉”、颜色呈青灰、双眼下陷、浑身斑点、鱼肉起皱纹，或是会发出恶臭等，全都是这些鱼的特征，吃下它们不是会染上疾病就是会中毒。吃有毒的鱼，要比没有食物的晚上还更快让你一命归天。

充分享用战利品

除了头部和尾巴之外，鱼类的每一个部位几乎都是可以吃的，包括内脏在内。鱼类的内脏部分或许味道差，颇难下咽，但却可以在烹调后食用，而鱼骨里所含的髓质则可以吸个精光。热带地区的鱼类在捕获后，只要几个小时便会腐烂。所以，对于任何无法立刻吃下的鱼肉，都可以切成一片一片的，放在太阳下晒干并储藏好，以备日后食用，一般它们可以无限期地保存。不过在晒的过程中，要定时地翻面，确保这些鱼肉不会开始发霉，而且，切得越小越薄越好，以尽可能减少晒干的时间。

飞鱼

凡是驾着游艇出海的人，相信都曾目睹过成群飞鱼掠过水面躲避掠食者的神奇画面。入

如果飞鱼在你的甲板上“着陆”，那就好好感谢上帝吧，然后立刻吃了它。

夜之后，有时候甲板上会传来砰砰的声响，接着是一阵势如破竹的“骤雨”声，最后又恢复一片死寂。不用说，这就是它们大驾光临闹出的动静，到了第二天早上，丰盛的早点便已经在等着你了。如果在晚上看到它们的话，可以用手电筒往它们的方向照过去，这样飞鱼就会被明亮的光线吸引住。如果再安置好一面白色的船帆，飞鱼往往就会笔直地朝着帆面飞奔而去，并且晕倒在甲板上。此外，飞鱼也是钓剑鱼用的上好鱼饵。

鸟类

所有的鸟类都是可食的，只要把它们的内脏清除，并且剥掉羽毛即可，而且生食、熟食两相宜。因此，不要过于神经质，也不必嫌脏，不管用钩子还是设陷阱捕捉，都是可行之策。有时候，鸟类会在你的船上“着陆”，此时便可以大展身手了，无论用桨把它击毙，用鱼叉叉死它，还是拿东西盖住闷死等，都是可以使用的招数。当然，一个简单的活结式陷阱，也可以发挥出作用。如果能用一片诱饵吸引它站上去，那就再好不过了，而它们的脚也就会更容易落入陷阱中。除了这些方法之外，还可以使用另外一招：把带着鱼钩的钓鱼线扔出去，钩子上放些诱饵，或只留下三到四个安全别针当饵，然后再把钓鱼线固定在顶篷的天花板上，这个时候，这些鸟便有可能被鱼钩钩住。至于杀死鸟类的最快方式，则是先抓住翅膀，然后扭断脖子。

所有的鸟类都是可食的，只要把它们的内脏清除，并且剥掉羽毛即可，而且生食、熟食两相宜。因此，不要过于神经质，也不必嫌脏，不管用钩子还是设陷阱捕捉，都是可行之策。

海龟

海龟含有丰富的营养，在中南美洲地区，仍有许多当地居民捕食它们。一般来说，海龟是血、肉及蛋白质的绝佳来源，是比鱼还要棒的营养来源。如果有选择的话，那就最好捕捉母海龟，因为母海龟有蛋，而蛋里面则是满满的蛋白质及脂肪。当然，你应该有办法分辨出公母之间的差异，比方说公海龟有根较长的尾巴，而背上龟

在佛罗里达州南部的沼泽地，我把谆谆告诫别人的话加以身体力行，以身教代替言传。

壳的凹面较低。

不过在用鱼钩或鱼叉捕捉海龟时一定要小心，不要和较大的海龟死命纠缠，因为它们的爪子和嘴巴会对你自己和船身造成极大程度的损害。如果你是唯一的幸存者，而且又孤立无援的话，那么最可靠的做法就是先把它淹死，然后带到船上。淹死的程序是把它们的脑袋死命按在水面下，千万不可松开，直到它停止摆动为止。

不要忘了，要趁着海龟还新鲜的时候赶紧喝它的血，它可是绝佳的流质来源。

浮游生物

它们对鲸鱼大有裨益，也会给你带来许多好处。在全世界的海洋里，都可以发现浮游生物的踪迹（不过它们喜欢在较冷的海洋里）。只要将任何种类的小型网状体放在船后，好让它在海上拖行，即可顺利捕获到，例如女性所穿的裤袜，或是编织得很紧的衣物皆可。在白天的时候，这些浮游生物会待在接近海水表面的地方，不过入夜后就会下沉在较低之处。虽然辛辛苦苦的结果很可能只是一碗味道有点怪的汤，但里面却富含维生素 C 和糖分！

海草

除了上述的食物来源外，也别轻忽了海中的蔬果。有时候海草十分美味可口，富含蛋白质、碳水化合物、维生素与矿物质。只是生食海草的味道可能不尽如人意，因此煮开后再食用较佳。不过，如果缺乏淡水，而且又无法彻底洗涤的话，那最好就别吃。取得海草的最佳方式，即是在船的后面拖行着一根带钩的线，不过要确定，这个钩子是即使弄丢也不会心疼的东西。

海岸的食物

如果在千辛万苦上了岸之后，却发现自己搁浅在一个无人岛上的话，也不要垂头丧气，因为一般来说，找到海产类食品和贝类的机会将会大增。总之，海岸的食物数量丰富，种类又多，更何况还极容易捕捉呢！

螃蟹、龙虾和海胆

在全世界的海岸线上，像螃蟹和龙虾之类的甲壳类动物多得不可计数。另外像章鱼、乌贼、贝类和海胆等，都莫不如此，更何况在全世界的许许多多地方它们都被视为美食。以海胆为例，可以先把它敲开，然后食用其内脏。我从经验中知道，海胆不论外观还是味道，都很像婴儿的排泄物，但营养却极为丰富。

此外像贻贝、帽贝、藤壶、蛤、海螺及海蛞蝓等，亦全都是可食的。

海螺

在全世界的热带地区，只要属于多沙的海底，就可以在海草之间发现这些海螺的踪迹。它们的肉呈白色，隐藏在甲壳里面，最好先捣烂甲壳的尾端，再抽出里面的肉，这么做可以打破其真空保护层，以便抽取出里面的肉。不过在食用之前，要先去除它们浑身周围的暗色皮肤，只吃里面的白肉部分。

海参

海参生活在全世界多沙的海床上。当我们把这些海参捡拾起来并加以挤压时，它们便会分泌出像丝一般的白色黏液，十分黏稠。这些黏液具有刺激性，因此在食用之前，必须彻底清洗干净，并去除其内脏。

海参是非常容易辨识的。

在打破世界纪录的远征中，我们跨越了北冰洋，其间曾花了好几个礼拜的时间通过已呈冻结状态的水沫。

导航及行动

如果遭遇海难的人损失了船、帆及动力来源的话，那就只能任由风势及巡回于全球海洋的洋流摆布了。在海洋中，无论行动还是方向的选择，都大受限制，这绝非其他蛮荒的环境所能比拟。在海上，如果是单一的幸存者困在船筏里进退不得的话，那就只能任由这种无法抗拒的力量左右，掌控长距离的航程更别想了。除此之外，这些船筏都是靠空气而膨胀的，无法发挥出良好的航行功能，何况大多数的船筏都只是为了能够在海上漂流而设计的，虽然靠着桨和海锚的操作，还可以在掌舵及推进上发挥若干作用，但毕竟是十分有限的。因此到最后，一切都会受海洋左右，它要把你带到哪儿便带到哪儿，你毫无置喙的余地。

若把海上求生者的长途航行路线绘制在地图上，我们便不难发现，有极大比例的受害者在一开始是在距离陆地仅 80 公里之内的沿海地带漂流，可是到最后，却往往朝着反方向漂流了好几百公里之后才获救。这一切案例带给我们的教训就是，抗拒风雨往往是徒劳无功的，而唯一值得进行的长距离导航策略，是尝试着运用以下所谈的一些技术，并利用太阳和星辰来预估自己的位置，进而凭着一些知识判定自己正被带往什么地方，如此才能知道最有可能在什么时候接近陆地。

察看自己的位置

在大海这样毫无特色的景观中，一眼望去的几乎全都是一个样子，在这种情况下，第 1 章里探讨的天际导航技术，就格外关乎我们的性命了。由第 1 章的内容可以了解到，在北半球只要观察大熊星座和北极星，在南半球则只要观察南十字星座，便很容易建立起罗盘的四个方位基点。

船筏的前进方向得视风及洋流而定，而前者在方向上所造成的效应又往往会大于后者。一般来说，如果在北半球的话，船筏通常会在风的右侧约 30 度的地方漂流；如果在南半球的话，那就会在左侧约 30 度左右的位置上漂流；如果在赤道附近，那不管是风或者洋流，通常都会朝西前进。北半球的洋流是依顺时针的方向前进的，而南半球的洋流则是逆时针的方向。有了这些知识，再配合从星辰上确认的方向，那就应该有办法推定，你最有可能到达哪一个大陆。

如果在方向的判定上能力有限，并且全都要仰仗手上那些航海图的话，那就应该把目标放在一般船只的航线上，因为在这儿的获救机会会更大，或是以降水量较高的地区为目标，因为可以在这儿搜集到淡水。此外，不管置身于任何地方，都要把船筏维持在上风处，这样即可借助于风力，漂流到接近陆地的地方。反之，如果任由风将自己吹往下风处，那就很有可能错过目标。

不管置身于何处，都要把船筏维持在上风处，这样即可借助于风力，漂流到接近陆地的地方。反之，如果任由风将自己吹往下风处，那就很有可能错过目标。

操舟的技巧

就算最复杂且精巧的救生船筏也都没有龙骨。对于任何舟船来说，最重要的一点即是有办法航行到有风的地方。如果少了龙骨，可以借由下列方式，充分利用风和洋流所产生的效应。

- 调整船筏的充气程度，当船筏很硬且因充满了气体而膨胀得鼓鼓时，风便会以更快的速度在水面上推进这艘船筏前进。但如果没有风的话，那么洋流对船筏的作用便会增强，在这种情况下如果稍微放点气，船筏就会吃水较深，进而增加其稳定度。
- 配置海锚，或是将其在海中拖曳。
- 把顶篷或船舱的门口转向风。
- 制作一面临时船帆。
- 把桨当成舵使用。

试图积极且长期地操控并推进一艘现代化的救生艇，其实是得不到什么效果的，因为它当初只是为了在海上漂流而设计的。至于你自己所赶造的临时船帆，其机动性也是很有限的，因此，只应该在我们真正看见陆地时才加以使用。这个时候，你会扫视整个海岸线，并寻找最佳的登陆地点，而它就可以在此刻发挥其功能。

临时船帆

临时赶制船帆是需要想象力和创造力的，这样才能把手边可以取得的材料进行最佳运用。不妨先把橹绑在一起，使之形成船桅的十字形基本结构，接着再把这套结构绑在座位上、船筏的侧边或后面，这样就可在匆忙之中制作出基本架构。如果还有其他的绳子，就可以把这船桅由上而下分别固定在船筏的不同点上，接着还可以用一张防水布把这套船桅盖住，或是拿什么东西像用灯罩遮住灯一般遮蔽住，或是盖上任何又大又牢固足以捕捉到风的织物。

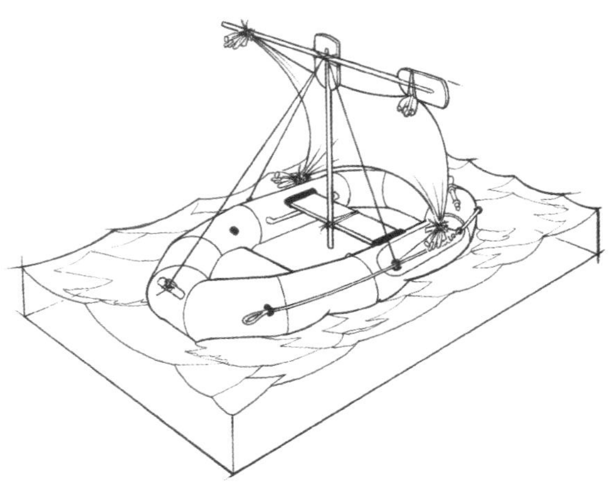

这些基本的架构一旦就位，接下来就要特别注意了，千万不可把船帆直接固定于船体的底部，不然强风能轻易地让船筏翻覆。相反地，要把任何长度适中的绳子绑在那张“帆”的各个角落，并把这些绳子的另一端固定在船筏的侧边，这样即使强风来临，也可以免受其害。

当船筏很硬且因充满了气体而膨胀得鼓鼓时，风便会以更快的速度在水面上推进这艘船筏前进。但如果没有风的话，那么洋流对船筏的作用便会增强，如果稍微放点气，船筏就会吃水较深，进而增加其稳定度。

海锚

传统的锚会用它的爪子紧紧抓住海床，并深深地刺入其中，使船的活动范围仅限于锚四周的一个圆圈之内。不过海锚却与此不同，它是用来拖行于船后的，把旋转的情况降至最低程度，而且如果船只是被洋流拖着前进的话，海锚亦可发挥类似于刹车的作用，使之能够顺利地在风中前进。在恶劣的天气下，使用它是再好也不过了，因为它可以稳定住船筏。风平浪静时，它就可以被船拖着前进，使得船筏可以从洋流中获得最大的好处。

海锚有许多种不同的设计，但绝大多数都是在一根长绳子的末端附上一张降落伞，或是一个圆锥体。如果你的船筏并没有配备这么一套玩意儿，那也可以利用一个有孔洞的篮子代替，然后再把底部附在一根绳子上。甚至把一片布料绑在一根绳子的末端，也都可以在没入海中后膨胀开来，进而产生阻力。

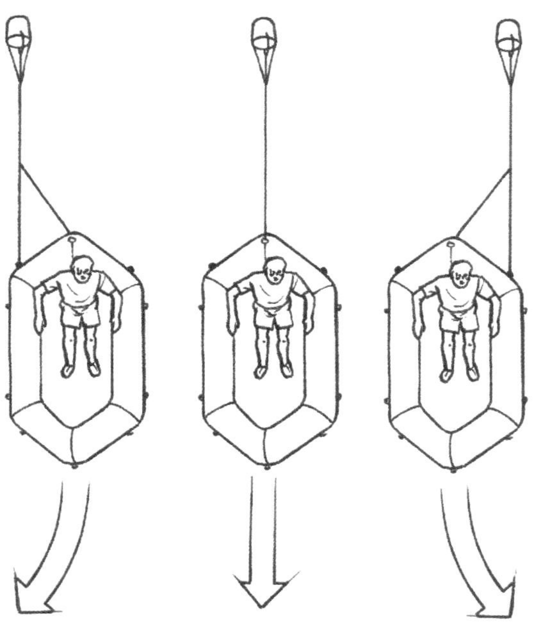

如果要求效率达到最高，就得调整绳子的长度，以确保当船筏在浪顶上的时候，海锚会落于两浪之间的凹处。这样一来，即使天气十分恶劣，依然有助于维持船身的稳定。当风向与海流方向相同时，就不要放下这套海锚，否则会产生类似于刹车的作用；但当风向与海流的流向相反时，那就要使用海锚，这样会有助于让船筏与海流的方向统一。

我们可以借由拖曳式掌舵法，让海锚在某种程度上发挥出控制方向的功能。比方说把它置于船的正后方，就有助于让船体和海流保持一条线；如果把海锚移向左侧，就会把船筏转到海流的左侧；反之如果移到右侧，就会把船筏转到海流的右侧。这似乎有些瞧不起我们的直觉反应，而变得过于制式化、机械化，但我们却是使用同一套原则在掌舵。

陆地在望的迹象

如果知道陆地即将出现在眼前，士气便会在瞬间提升不少，同时更可以确定，自己是在正确的方向前进。其实在接近陆地之前许久，便可能会看到、嗅到或是听到一些陆地在望的迹象。比方说置身于大海中已有一段时日，那么在陆地真正出现之前，在嗅觉上会产生十分明显的差异。我还记得有许多回都是这样的，也就是说早在亲眼看见陆地之前许久，便已经可以闻到陆地的气味了。在长期接触到水沫及盐水的腥味后，那些牧草、野草或是石南的味道可真让人心旷神怡，让我们打从心底里舒服。

鸟类的活动

若出现成群结队的鸟类，那真是非常值得信赖的迹象，表示陆地已相当接近了，除非它们正远离陆地往他处移栖。此时要注意它们的活动习性，比方说清晨时，它们往往会从陆地飞向海洋，到了晚上再返回陆地上的窝巢。此外，海鸥、鸭子和鹅等，都是陆地已经在望的确切迹象。

海鸥的出现表示陆地已近，顺带一提，它们也是可食的。

积云

如果你看见一堆固定不动的积云，而它周围的云则在移动中，或是如果在晴朗的天空只出现唯一的堆积云，而它周围的云则在移动中，那就有极大的机会可以在附近看到陆地。积云往往会越过一些岛屿而来，有时甚至会形成岛屿本身的形状。此外，也不妨多留意云层下方是否出现不寻常的色泽，比方说在热带地区是否会有特殊的绿色成分，如果有的话，就是丛林植物的绿色往天空上反射后造成的。

海、天的颜色改变

接近陆地的海水会开始改变其颜色，而且通常会变浅，比方说在温带的水域会变成浅蓝色，而在热带的水域则转为淡绿色，甚至在河口地带的淤泥亦会变为棕色。亚马孙河河口的棕色淤泥，就由南美洲的沿岸向大西洋扩散了数百公里远的距离。如果在热带水域靠近陆地，那么天际便会出现绿色，云彩也会这样，这是丛林绿色植物的反光所致。还有，如果一大清早出现闪电的话，就表示陆地已近，而且该陆地还属于山区地形。在航行于南北极地区的开阔水域时，如果云的下层出现深灰色，那就要注意了，有时它会照亮附近的陆地。

波浪的形态

当我们接近陆地时，波浪的形态便会容易出现变化，因为海流及波浪的起伏和形态等，都会受到邻近陆地的干扰，而且如果正要接近某个岛屿的背风区，风所造成的效应即会降低。如果波浪的起伏程度减弱，但风却维持不变的话，就表示附近有个岛屿正阻隔住风势，而且，你正要接近这座岛屿的背风区。

漂流木和植物

如果漂流木或海中植物的数量增加，就往往表示陆地已经在望。

风向

在白天，风通常会吹向陆地，到了晚上则由陆地吹向海洋。那是因为在白天时，陆地的热气上升速度要比海上的热气来得快，等到陆地的热空气一旦上升，来自于海上的冷空气便会竞相填补所留下的空缺，所以在白天时，风会吹向陆地，到了晚上则会发生相反的情形。如果发现了这种情形，再配合其他迹象，那便是已接近陆地的很好暗示。

登陆

即使接近了人口稠密的陆地，你也别指望一定会被搜救飞机发现，因此在可能获救之前，必须做好登陆的研究工作。只要能够安全着陆，那么我们便往往会发现，在岛屿或是大陆的海岸线上生存，通常要比海上容易多了，而且无论淡水或是食物等，都会有丰富的供应。

不过如果上岸十分困难，以及在上岸时又不知道会有什么危险正等着你的话，那么发现陆地的喜悦便会立刻化为乌有。当沙克尔顿率领他的船员跨越 1 300 公里长的全世界最凶恶的水域后，曾被迫在一座岛屿的西边登陆，这意味着他仍得凭着少得不能再少的设备，越过危险的高山地区，才能抵达位于东岸的捕鲸站。也只有平安抵达那儿，才能够展开拯救任务，把滞留在象岛上的其他船员一起带回来。总之，登陆的行动可能会十分危险，所以永远要尽最大能力挑出最好的地点。

慎选登陆地点

如果好不容易才跨越数千公里的海洋，但却在试图上岸时因为漫不经心而淹死，那不是一切的辛苦都白搭了吗？这多让人扼腕！不过，这又偏偏是很容易发生的事，尤其在经过好几天的海上漂流，肌肉力量都已经严重耗费后，更容易因疏忽而致命。

在登陆时，务必要寻找风平浪静、坡度和缓并且远离多岩石或悬崖边的海滩，在多岩石或悬崖边的海岸，波涛也往往是最凶猛的。如果在热带地区，则应该避免挑选有珊瑚礁的地区，否则会十分危险。如果刚好又碰上恶劣天气，船筏就更容易被扯得四分五裂，或是把船员们打散。河流和海的汇合处通常是没有珊瑚礁的，不过要小心危险的海流。

保护好自己

尽可能绑好每一样东西，不论是你自己还是船筏都是如此，并确定已经穿好鞋子，同时穿上具有保护作用的衣服。不过千万不要把自己绑在船上，不然会有被拖到海底的危险。如果穿上了救生衣，那就要确定其充气的程度是最合宜的，这样游起泳来也往往要轻松许多。在登陆前，要移走船筏上的所有东西，以免被风袭击，或是模糊视线，让人无法看清楚前方的海岸，顶篷之类的东西就会在这个时候成为累赘。如果在跳下船后发现自己正往岩石那儿漂去，那就要把脚抬起，并置于身体前方，这样一来，双腿和膝盖就会吸收若干的冲撞力道。

要想在无人岛上生存的话，是需要耐心、决心与想象力的。

观察海浪和潮汐

最安全的登陆地点就是风势和海流最不起眼的地方，因为那些地方激起的海浪也往往最小，比方说在大陆的背风处，或是不至于被强风猛然吹到陆地上的地点均可。在潮起潮落频繁的地区，不管是在涨潮或是退潮时，都要试着跟随潮水的律动而行。当然，最好是选在涨潮时登陆，这样会被冲到更深入内陆的地方。

有效运用海锚

在接近陆地时，不妨放下海锚，这样会有助于船筏在做不规则的摆动时稳住船身，并让前桨以90度的角度面对波浪，同时在上岸时，还能够避免在波浪的最高点上发生船被刮走而陷于失控的状态。另外，在海锚上最好固定住一些能浮在水面上的东西，如充气后的塑料袋等，这样可以使船身始终贴近于海面，并不至于被沙滩上的碎岩屑所阻。这个时候，要有效运用桨或是橹，好让船筏对准海岸而去，并不停地调整海锚，随时应变。

与波浪保持垂直

要避免船筏摆荡到波浪的某一侧，否则船身就会立刻失去其稳定性，并面临被波浪掀翻的极大危险。这个时候，不妨利用桨来协助船往前推进，并发挥出舵的功能。

七的定律

当“蝴蝶”计划乘着用椰子制成的船筏逃

离恶魔岛时，曾观察到海浪通常会分为七波打到陆地上，并且一层比一层高，一层比一层力量大。因此在恶劣的天气下，要想办法趁着前一个循环的波浪已经结束，后一个循环的波浪正要涌起之际靠近陆地。

岛屿往往会被危险的暗礁及岩石包围，因此得学会如何小心翼翼地接近海岸线。

避免碰到大波浪

如果风势强又波涛汹涌的话，那就要确定自己不会被波浪所袭，也不至于像冲浪者那样，在波浪的最高点上被冲到岸边。冲浪的人会适时转向旁边，并在作出选择时把波浪留在后面，不但不至于被浪所袭，甚至还能像腾云驾雾一般驭浪而行。但是，你却有可能被波浪堆叠起来撞向海岸或岩石。这个时候，最佳的技巧便是或前或后摇着桨，使船筏一直保持在两道波浪之间的凹处。当然，如果跳进海中并且游泳上岸，也可以运用同一套技巧，让自己始终保持在层层波浪之间的凹处。

不要与海流正面对抗

如果发现自己正被拖回海里，或是始终与海岸保持平行而无法顺利登上岸，那就千万不要和海流做正面交锋，而是得顺势而为。它能把你带到什么地方，就让它带到什么地方，不要顽强抵抗，要不就操控好船筏，让它和海流保持直角，直到找到岸边为止。如果是在海里游泳，也要和海流保持斜线，然后朝岸边游去，过程中要保持正常的步调。

等待船筏搁浅

当接近陆地并且波浪的力量开始渐渐平息时，就有能力趁着浪把自己推进到海岸，尤其在陷于退潮力量强大无比的危险中时，便更应该如此。此时，要尽最大的能力“滑上”浪头，等到船一搁浅，就要立刻跳出去，并尽可能把船筏往内陆拖行，能拖多远便拖多远。

游泳时要和海流保持斜线，朝岸边游去，并保持正常的步调。

大自然的危险

在狂风巨浪里漂流的船难者会面对各式各样的危险，不过大都没有巡行于海面下的那些庞然巨兽更让人不寒而栗。虽然它们对人类生命所构成的实际威胁，尚不及脱水、缺少食物，或者其他的危险，但是，这些巨兽及它们的家族成员会一直张着满口的森森白牙，在那儿恭候我们大驾。

鲨鱼

对鲨鱼的畏惧乃是我们人类最原始的本能之一，而早在人类到达食物链的最顶端之前许久，这样的本能便似乎已被唤醒，成为集体潜意识的一部分。

鲨鱼是攻击时完全悄然无声的食肉动物，而且皆来自于海底深处，根本不易被我们察觉。

鲨鱼生活在全世界的海洋中，从热带水域一直到最严寒的北极水域，都有它们的踪迹。鲨鱼的品种已逾 375 种，但是，被认为会危及人类的，只有十几种，其中又有三种被视为狠角色，它们分别是大白鲨、虎鲨及牛鲨。

若是大海中出现杂音、震动、血腥味或是腐烂食物的味道，就会从数公里之外吸引它们而来。鲨鱼对任何不正常的噪音或震动都特别敏感，这无异于暗示附近有受伤的猎物，无论是人类、鱼类或是同类，都是它们的盘中餐。即使水中含有一百亿分之一的血，它们都能够侦测出来，而这就意味只要在一个如奥运游泳池般大小的水域中出现一滴血，它们都能闻出来。此外，鲨鱼也有办法感觉到电场的存在，这不但有助于导航，更能帮助它们侦测到猎物。

鲨鱼可以以高达 65 公里的时速展开攻击。而且在它们的嘴巴里，也就是颚的内侧，更布满了一排排利如剃刀的三角形巨齿，咬合的力量犹如一把蒸气推动式大铁锤。

鲨鱼攻击船筏的事件早已为人熟知，不过这种情形尚属罕见。在全世界每年约有 50 起至 70 起的鲨鱼攻击事件，但其中只有 10 起致死的案例。根据佛罗里达州自然历史博物馆（Florida Museum of National History）国际鲨鱼攻击档案（International Shark Attack File）的资料，渔民们每年都会宰杀掉 2 000 万到 1 亿只的鲨鱼。这些数据表明，每死一个人平均就有 200 万到 1 000 万只的鲨鱼陪葬，这样高的报复比率似乎让它们成了相当值得原谅的生物。

不过，对鲨鱼还是得小心防范，因此，当你觉得它们就在附近时，就要注意下述事项：

- 不要钓鱼，如果钓到，就饶了它们一命吧！
- 不要在海中清洗鱼类，或是去除它们的

内脏。

• 不要把任何垃圾或废弃物往船外扔。如果非丢弃不可的话，也要集中一次扔，且全都倾倒在船的后方，以避免形成一道形迹，方便鲨鱼展开追踪，同时更要在夜间趁着船筏航行时进行。

• 不要把手臂、脚或设备等伸到水中。

• 保持安静，不要在附近移动。

• 除非它们的确是冲着你而来，否则千万不要主动攻击鲨鱼。

• 想要上厕所时，请一次解决，以免形成一道痕迹，而且尽量在夜间趁着船航行时进行。

• 如果遭到它们的攻击，就要用刀或棍子向它们连续刺去，甚至拳头在这个时候也可派上用场，且把目标对准其双眼、鼻子、鳃，或是位于眼睛正上方脑袋部位的神经中枢。

鲸鱼

鲸鱼攻击游艇的事时有所闻，在我先前所提的史蒂夫·卡拉汉及罗伯森一家这两个案例中就发生过，至于《白鲸记》里的情节就更不用提了，不过，它们通常不会攻击救生艇。如果有鲸鱼出现在附近，那就立刻停止手边所做的一切事情，不要钓鱼，保持安静，确定没有任何东西会在船侧形成什么形迹或是线索，好让它们可以追踪而至。在正常情况下，它们没多久就会失去兴趣，然后扭头就走。

梭鱼

梭鱼是瘦长型的肉食动物，可以长到两米长，不过通常只有 90 厘米到 120 厘米长。它们有满口的森森利齿，好像恶魔的獠牙一般，如果咬起东西来，那才真的很恐怖。还有，它们会同类相残，经常彼此“断手断脚”，而且宰杀猎物的效率一流。通常它们并不会构成什么困扰，不过，梭鱼攻击人类的事件却是已知的事，只是一般都会发生在幽暗的水域里，或在夜间当被害人佩戴着珠宝首饰或其他明亮的东西时，也会吸引梭鱼进行攻击。一般来说，它们总是成群结队出现，且数量极为惊人。

水母

水母会用刺丝囊捕捉它们的猎物，这是位于触须上的小型器官，专门用来刺人的 很像迷你型的鱼叉，尾端还带有倒钩，会把毒液注入猎物的体内，好让对方麻痹。虽然曾发生过人类因此而致命的案例，但通常被害人在遭受到极端痛苦的折磨后，仍然会幸存下来。如果不幸被水母刺到，那就要在伤口上撒尿，尿液中的酸性会有助于中和毒液中的蛋白质成分。在全世界 2 000 种水母中，会对人类构成威胁的约有 70 种，而下列则是其中最常见且最致命的。

箱水母

可以在澳大利亚北部附近和菲律宾的太平洋及印度洋上发现，通常会在 11 月到第二年 4 月之间现身。这种水母以“海中黄蜂”著称，是海中最毒的生物，甚至可能是地球上最毒的生物，其触须所含的毒液足以杀死三个成年人。可以由它盒子状的白色“身体”立刻辨识出来，至于该“身体”则往往有一个篮球那么大。它通常是由一束 10 到 60 根带刺的触须组成，身长可达九米。

葡萄牙僧帽水母

葡萄牙僧帽水母是墨西哥湾和加勒比海中常见的生物，不过有时候，它们也会被墨西哥湾流带到其他各地，其中北可远至欧洲，南可远达澳大利亚。

虽然通常它们被归类为水母，但实际上却是一种由四类个体组成的群栖动物。其触须通常会长到 12 米，刺的致命性十分罕见。其身躯包括一个充满气体且状如膀胱的浮囊，通常会呈现粉红色、蓝色或是紫色等色彩，长可达 30 厘米，浮起时可至水面上 15 厘米。浮囊下方的触须实际可长到 50 厘米。

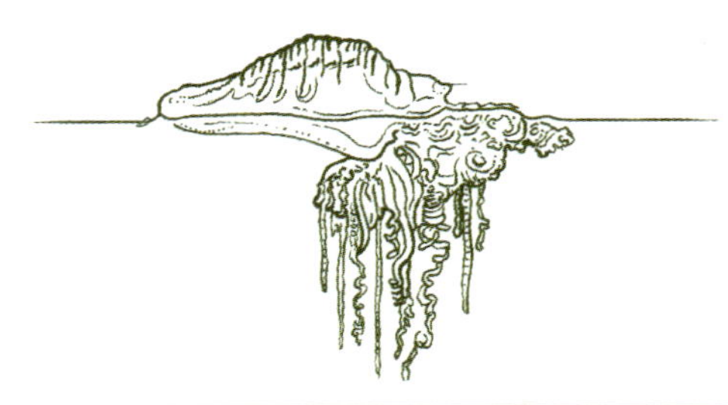

在海洋地区的生存之道

原则一：作好事前准备

再也没有一件事比彻底作好事前准备，以应付各种想象不到的局面，更能提升你在茫茫大海中的生存机会了。要不断排演你在求生训练中学到的技能，并确定所有的装备都经过妥当的保养，可以轻易且迅速地在紧急事故中加以配置。

原则二：保护好自己免受风雨的袭击

冷和潮湿会迅速地导致温度过低，而不甘寂寞的太阳也会掺和上一脚，让你脱水、晒伤，除非你把自己保护得好好的。

原则三：储存水

只有在下大雨时才大量饮水，而其余时间则想办法把水注满在每一个容器中，而且永远都不可浪费任何一滴水。在第一次出现反胃的征兆时，就要立刻服用晕船药（在所有现代化的救生艇上都有），再也没有一件事会比生病让你加速脱水和虚弱了。

原则四：千万不要喝海水

喝海水在乍看之下似乎无关痛痒，但实际上却会引发严重后果，哪怕只有一口也是如此。这样做只会带来暂时的缓解，但紧接着就会无可避免地产生精神错乱及肾衰竭。

原则五：永远都不要放弃

在海上遇难就等于被迫坐进漂浮的监牢，让人无所适从，因此，精神的力量重要无比，除非对此已有准备，否则精气神便有可能为之枯竭。要做一个坚强的人，因为你天生就是一位优胜者，只要一心寻求出路，就一定会掌握到生存的本质。

求生的四大要素

一、技巧

相关的求生技巧尽在本书中，若能充分吸收并且时常练习的话，就一定会终生受用。如果发现自己孑然一身地受困在任何一种充满敌意的环境中，那么这些技巧即可适时派上用场。在从事探险活动时，不妨带着这本书一同上路，或是善加利用，当成求生“幸运袋”的一部分。平时把它放在卧室里，或是楼下的洗手间里，只要一有空便翻开，每一次只读一点点即可，不过要定期地接触，不可荒废，试着每一天都学习一点新的东西，这本身就是一门很棒的学问。记住！知识即力量，而这些技巧就是最基本的知识，必须不断注入生命之中，进而让自己成为一位有实力的全方位求生专家。

二、保持健康的体魄

如果缺乏实施这些技巧的条件，而且又没有足够的体力保持活动，要凭着两条腿走回安全之地的话，那么上述的一切技巧就全都沦为纯学术性的泛泛空论了。因此，务必要保持强健的体魄，让体能训练成为一项持之以恒的习惯。而每天都至少得进行30分钟的训练，比方说快走、跑步，或是做些如俯卧撑、仰卧起坐以及舒展四肢等简单的重复动作。总之，这三项要素（跑步、体能训练以及舒展四肢和筋骨）是良好体能的构成基础，并会让你在生死攸关时受用无穷，此外，它们还能确保头脑和专注力都处于最有效率的水准——直截了当地说吧，这两项都是你所需要的，缺一不可。

三、好运气

在任何重大的求生及逃亡行动中，运气永远都扮演着一个不可或缺的角色，可是，运气也并非如你想象那样是随机的。换言之，要学会盼望美好的事物能够出现在自己的人生中，并假定你必会蒙幸运之神的眷顾。为什么一心梦想嫁给一位痴肥银行家的女孩，到头来会梦想成真？我们的心理就是一块磁铁，而千古不变的宇宙定律，即是“心想往往会事成”，换句话说，我们会吸引住自己深切期盼的事。我所认识的最幸运的人们，都是那些会对事情感到兴奋、易受鼓舞、主动积极，并且认定自己是幸运儿的家伙。不妨把拿破仑的那句名言改成这样：“我不想要当什么优秀的将军，只想要当幸运的将军。”

四、最后的要素：求生的意志

到最后，你能否生存下去便要靠这项要素。你到底有多么想要生存下去？你决心的源头到底有多深？或是更确切地说，在你已经拥有的源头中，到底准备在里面挖多深？在我最喜欢的故事里，有一篇就谈到两只老鼠掉到一壶牛奶中，其中一只估量自己绝无逃生的希望，因为那把壶那么高，又那么滑溜，根本不可能爬上去，既然举目所见死亡已经无可避免，于是只好没入牛奶中，希望生命尽快画上休止符。不过，第二只老鼠看到的并不只是一壶牛奶而已，它还看到了牛奶的无限可能性，于是开始踩踏水（其实是牛奶），越踏越快，不一会儿，牛奶即慢慢开始凝结，变得浓浊起来。这时它还是不断地踩踏着，并不断在上面游着泳，而牛奶也顿时乳化为奶油，然后缓缓地转为固态的牛油，于是这只勇气可嘉的老鼠就这样一路爬出了那个壶。我猜想，其关键就在于求生的最后一项要素——求生意志。

结语

本书涵盖了大量的信息，数量之多恐怕已超过了你的需求，不过，关键在于掌握每一项要素的一些基本技巧，如搭盖或找到一处优质的避难所、简单的生火方式、设陷阱捕捉动物，以及搜集水分等，至于其余的部分也会让你深入了解到，求生到底是如何运作的。当所学的东西逐渐增加时，就可让这一基本知识变得更加丰富，这样到一定时候，自然就能融会贯通地运用，让这些技巧成为一套适合自己的东西，这不是很棒嘛！

在小时候我第一次学习到这么多的东西时，我便发现吸收这些信息的最佳方式，就是随手带着那些书，不管在浴缸里、在上厕所时，或是在火车站闲得发慌时，都利用这些时间充实自己。至今我仍保持着相同的习惯，浴室里就堆满了许多我那时开始读的求生手册。

我曾试着把自己所学过的一些最实用、最容易记住且最具效率的方式，收集在这本书中。我曾见过一些由“专家”推荐的陷阱，那些需要投入大量的时间去制造，因此这些部分便只好割舍。当又湿又冷且独自一人时，你心里所想的，无非是如何迅速且简单地获得食物和饮水。有鉴于此，本书的目的始终如一，那就是让你活下去，而不是在木工比赛中获胜。

要点即是本书所涵盖的每一样东西，都是必备的求生技巧，这样一旦落入全世界一些最荒凉的地区时，即可适时地派上用场。本书的这些技巧经过屡次尝试和层层验证，并且一而再、再而三地在我身上发挥出奇效。

最后，我想额外提一件事作为结语：把“求生”式聚会游戏当压箱底的拿手绝活，绝对是个很棒的主意，像我的拿手绝活，便是可以让一只鸡沉沉睡去。

当我还在法国的外籍兵团里服役时，有一次便曾在一间酒吧里用这一招和人打赌。当时军营里有一只公鸡整夜叫个不停，吵得每个士兵都无法入睡，连续熬了好几个夜晚，但部队的士官们又严禁我们宰杀它。在那间酒吧里，我就和其他的新兵打赌，说我可以在一分钟内让它沉沉入睡，结果这一招让我就此扬名立万，所获得的掌声远超过我在爬过所有名山大泽后，或是待在军中任何部门时所获得的好评。

这套技巧十分简单，而最困难的部分就是捉住这只既野蛮又喜欢横冲直撞的小不点儿。只见大伙儿不断地把它逼近墙角，冲过去动手就抓，或是把被单向它扔去，简直使尽了一切看家本领，才把它捉住。但一旦把这只喜欢撒野又聒噪不休的小家伙拎在手中，就到了该决定赌盘输赢的时候了，而且，没人相信这只又疯又野的公鸡可以在一分钟之内睡过去。当你看到满桌子钞票时，必定会心花怒放，于是我一把拎起它的脖子（别担心，我不会把它扭断的），把脑袋塞进翅膀下面，然后轻柔地放在适当的位置上。只见它就此安静下来，并且保持固定的姿势，一动也不动，不到一分钟，便呼呼大睡。看来我的绝技奏效了，让它以为当时正值深夜（毕竟鸡并非世上最聪明的生物）。当你觉得它一动也不动，并且完全放松下来时，就可以再度把它的脑袋从翅膀下面拿出来，并把它放在桌子上。因为这小家伙很快就睡着了，接下来，就到了该收集战利品的时刻了。

祝大家幸运，希望你们能够充分享受到这本书所带来的乐趣。对了！如果下一回我在某间酒吧里看到一只呈昏睡状态的鸡，那我就知道，你至少已经读过这页内容了。

所有如史诗般波澜壮阔的求生故事都证实一件事：生存的本质在于希望。当内心深处每一样东西都在呼喊“放弃吧”的时候，能支持你继续前行的动力就是“希望”二字。对我而言，在历经这么多冒险后，这些照片中就有我的希望。生命真的就是那么简单，能被家人围绕，就是我最大的喜乐，也是我人生最大的骄傲。